昭和イラストマップ

名古屋なつかしの商店街

名古屋タイムズアーカイブス委員会［編］

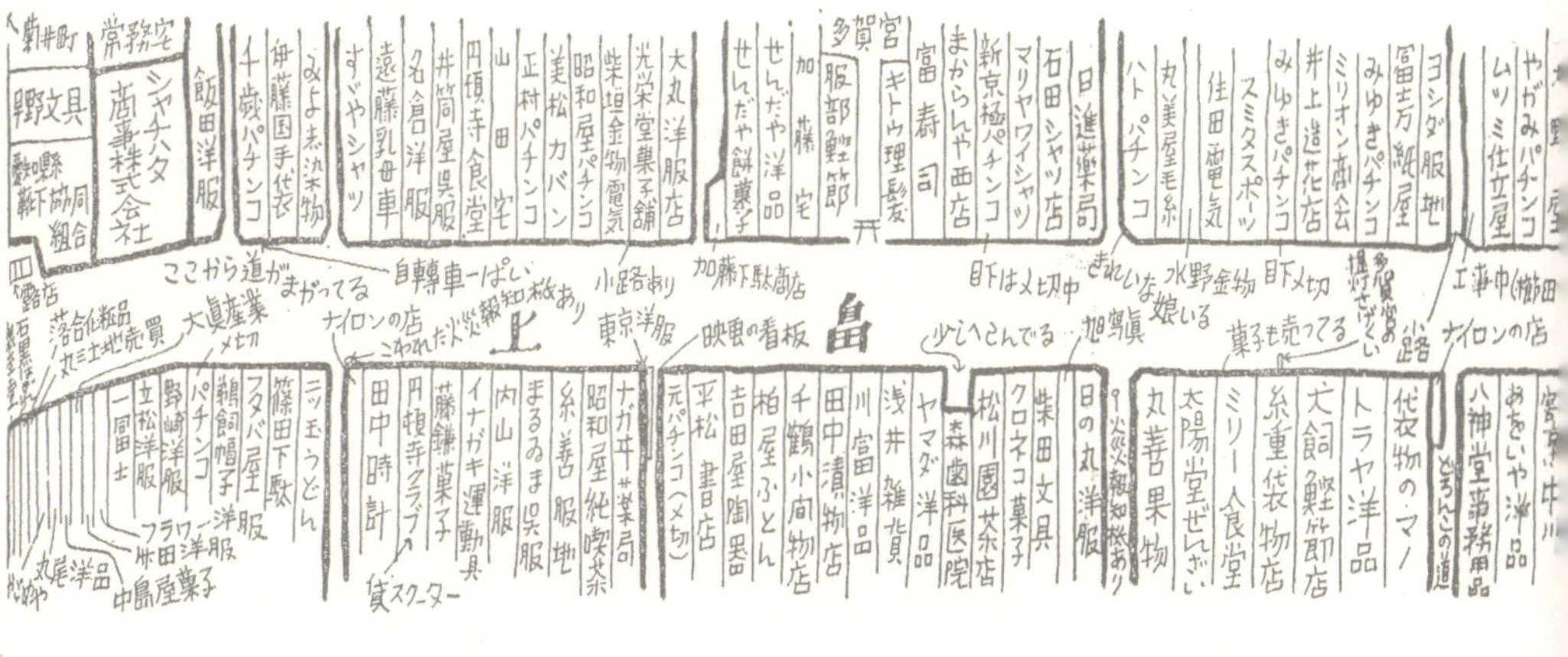

風媒社

はじめに

本書は昭和20年代から50年代にかけて夕刊紙「名古屋タイムズ」（平成20年休刊）に掲載された名古屋の商店街のイラストマップと写真を中心に構成し、懐かしい「昭和の商店街」の姿を紹介するものである。

名古屋タイムズ（通称・名タイ）は終戦翌年の昭和21年5月に名古屋で産声をあげた。戦前からある一般紙に対抗して、大衆に寄り添った、わかりやすい報道を目指した。いわゆる「街ネタ」を得意として記者、カメラマンたちは大衆の中に入り、大衆の一人として取材した。

創刊時、名タイの社屋は久屋大通の南端、現在の「ランの館」のすぐ北側にあった。すぐ南に大須商店街が広がり、北は広小路通、西は南大津通と商店街に囲まれていた。昭和38年9月、中区南外堀町（現・丸の内1丁目）に移転したが、西側には円頓寺商店街があった。商店街は街ネタの宝庫であった。記者とカメラマンたちはそこに入り込み取材をし、人々とともに飲み、笑い、怒り、泣いた。大衆紙・名タイと「人生の縮図」といえる商店街は同志であった。

各地の商店街を紹介する企画は昭和27年10月7日、「廣小路新地図」を第一回としてスタートし、中断を挟み週1回のペースで掲載した。戦後復興時の商店街とそこに生きる人々の姿を手書きのイラストとくだけた文章のルポ記事で描いたシリーズは評判を呼び、昭和29年12月19日まで続いた。

その後、高度経済成長期を迎えた昭和40年10月17日、「名古屋新地図」のタイトルで復活し、名古屋駅前地下街など新たに誕生した商店街を加えて1年以上にわたって連載した。また昭和50年1月9日には、「新版ガイド図絵　50年目のなごや」と題して、商店街などの今昔を比較する企画を半年間、掲載した。

本書はⅠで昭和20年代のシリーズ、Ⅱで昭和40年代のシリーズ、Ⅲで「50年目のなごや」シリーズから、それぞれ厳選してイラストマップを掲載し、当時の記事を抜粋した。各ページの写真は必ずしもシリーズで掲載されたものではないが、名タイ撮影の写真などの中からイラストマップに該当するものを選んだ。また、本書の編集に際して、商店街に縁の深い人々を改めて取材し、インタビュー記事とルポを掲載した。河合文化教育研究所研究員の小林貞弘氏からは商店街の繁栄を担った映画館について寄稿いただいた。

イラストマップ、写真、インタビューなどから、昭和の名古屋の商店街のリアルな姿が浮かび上がるよう構成した。大げさに言えば「忘れられた名古屋大衆史」として参考にしていただければ幸いである。また、イラストマップを手に現在の商店街を歩いて、当時との比較を楽しむ「街歩きガイド本」としても活用していただけるはずだ。

イラストマップの中には文字やイラストがかすれて、読みにくいものがあるが名タイ掲載時から時間が経過して劣化したためであり、今回の出版での印刷ミスではない。また、手書きのため、屋号や店の境界線、位置など不正確である可能性もあることをご了承いただきたい。イラストマップや抜粋記事の一部に今日では不適切な表現があるが、資料性を鑑みて、そのまま掲載した。

平成26年6月

名古屋タイムズアーカイブス委員会　長坂英生

……昭和イラストマップ……

名古屋なつかしの商店街

●目次●

昭和 25 年 7 月、円頓寺通商店街

I 戦後の風景——11

II　昭和四十年代の名古屋

III ガイド図絵 名古屋今昔 123

本書で登場する主な商店街の位置図

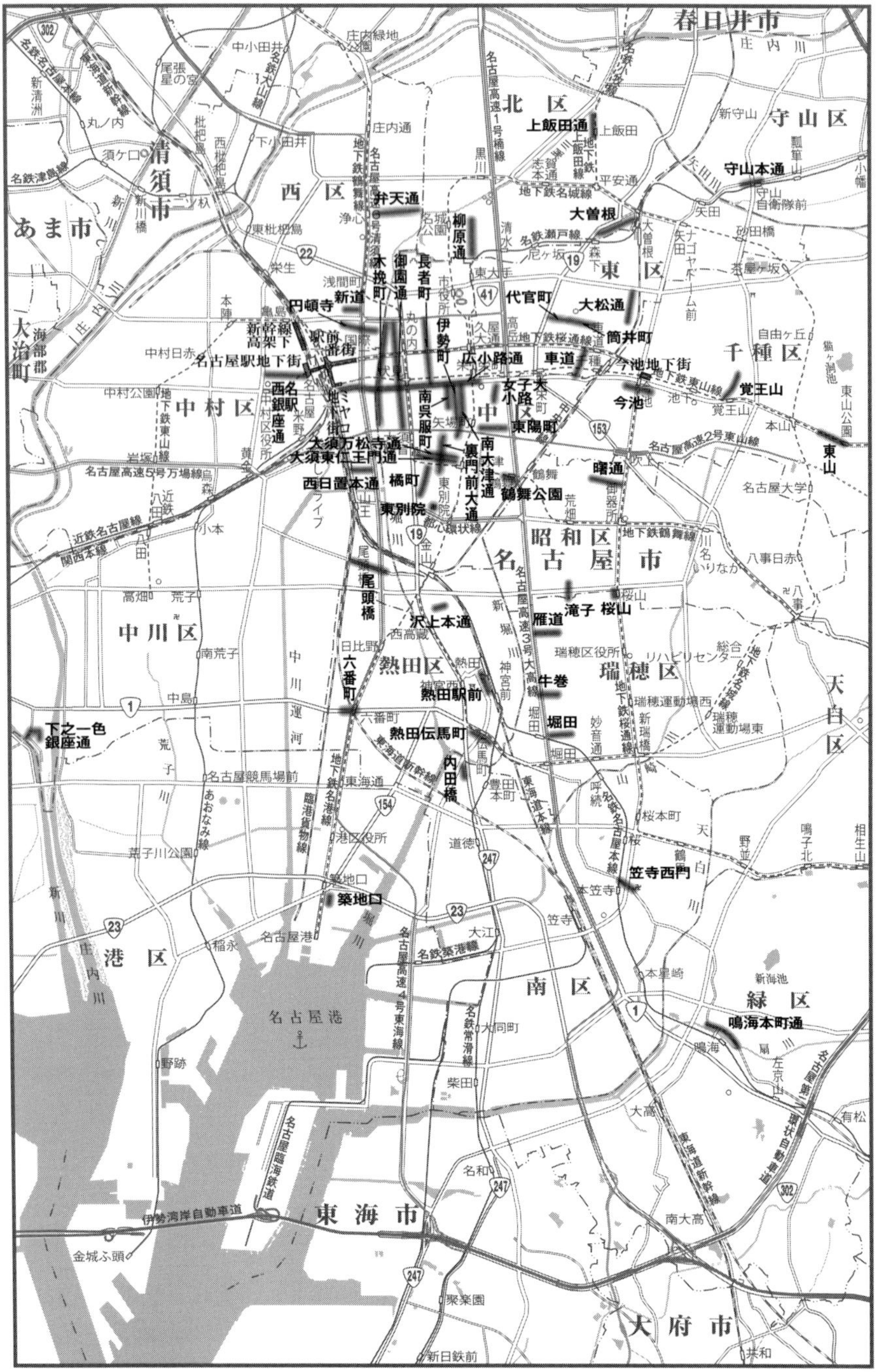

I……戦後の風景

戦後復興とともに商店街の黄金時代が到来

名古屋の商店街は市街地の拡大に伴って名古屋城下から周辺部に展開した。大正時代には人口の増大や土地区画整理によって住宅街が整備され、人口の多い地域には住民の日常生活を支える商店が立ち並ぶ商店街が次々に形成された。

商店街の太平洋戦争前のピークは昭和10年ごろで、中区、東区、西区など旧城下の商店街をはじめとして市内に77の商店街があった。戦時の統制経済によって商業は停滞し、さらに米軍の空襲によって市内の商店街・問屋街の三分の二が焼失したが、戦後、各商店街は急激な復興をとげた。新たな商店街も形成され、昭和28年ころには市内の商店街は140を数えた。映画館や寺社の祭りなどがにぎわいに一役買って、このころから昭和30年代前半までが商店街の戦後のピークと言われる。

ここで紹介するイラストマップはまさに商店街が戦後の黄金時代を迎えた昭和27年から昭和29年にかけて、名タイが「○○新地図」（○○に商店街名を毎回入れた）「発展会風土記」（「発展会」は現在の商店街振興組合）のタイトルで連載したものの一部である。

「○○新地図」シリーズは昭和27年10月7日～昭和28年8月16日に連載。前口上もなく連載がスタートしているが、戦後復興の象徴である商店街のリアルな姿を伝えるもので名タイの地域密着路線の一つであった。一方、「発展会風土記」はこれを踏襲して半年後の昭和29年3月7日にスタート、同年12月19日まで連載した。スタートにあたり「買う身と売る身になって紹介する」と書いてある。ルポであると同時に、消費者の実用性も考えた企画であった。

＊参考文献『新修名古屋市史第６巻』『同第７巻』（新修名古屋市史編集委員会・編）／『大正昭和名古屋市史第三巻』（本庄榮治郎・監）／『名古屋市における商店街に関する調査研究』（名古屋都市再開発促進協議会）／『商店街活性化の基本戦略』（杉戸厚吉・著）

注目したいのはディテールである。マップには店名のほかに「きれいな娘がいる」とか「菜の花が咲いている空地」などの書き込みがあり、記事にも商店街の名物や商店主の声がいきいきとしたタッチで紹介されている。

昭和35年6月、浄心で花火を売る露店。当時、露店の花火売りは6月半ばから7月半ばの束の間の勝負。時期を過ぎるとさっぱり売れなかった。客は主に子どもだが、束の本数を間引いて売ると「あそこは高い」とうわさになって、子どもが寄り付かなくなるシビアな商売だった。

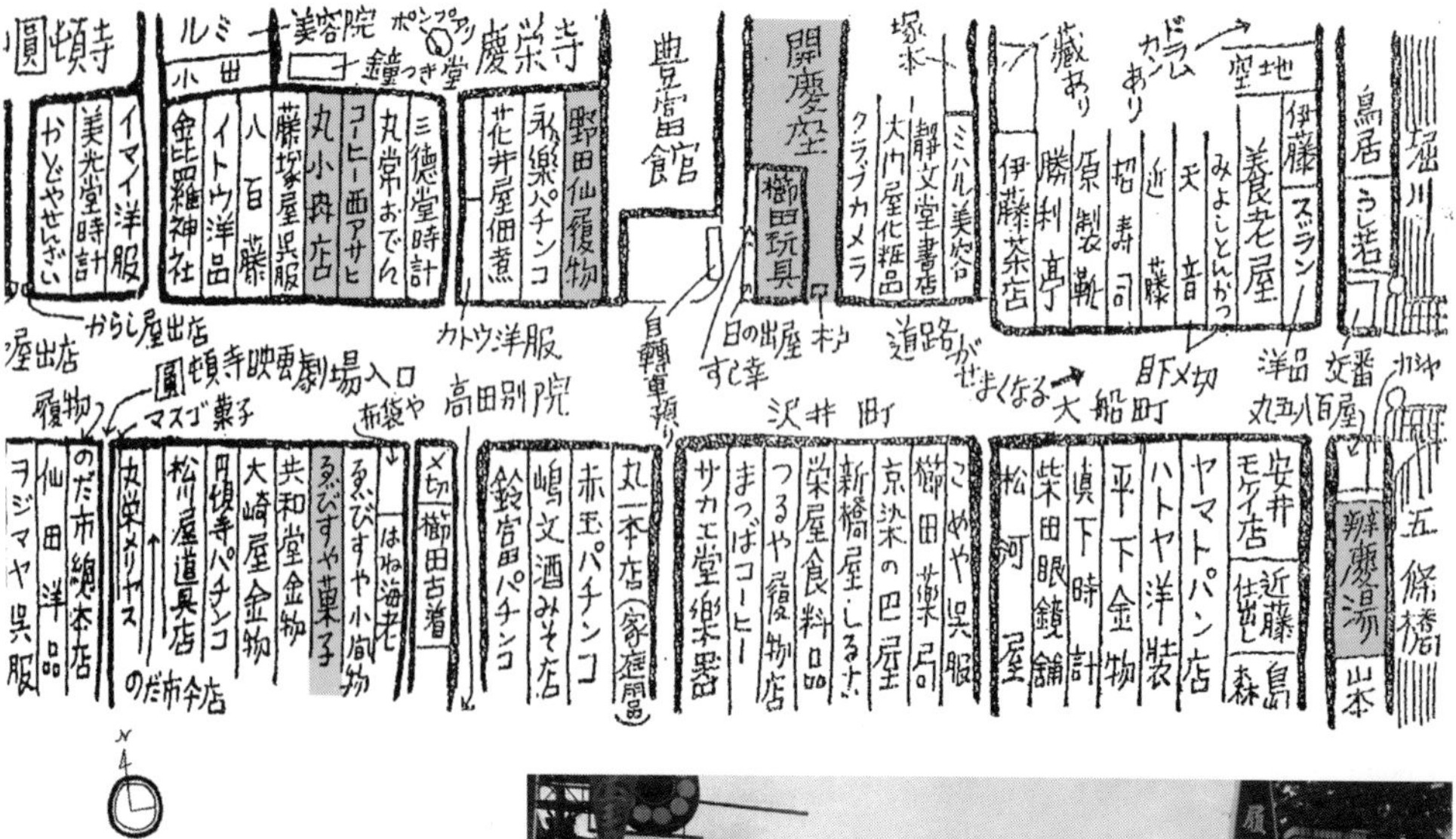

平成 26 年 6 月撮影。
右端が「野田仙」。

昭和32年10月の円頓寺商店街。アーケードはまだないが、現在も営業している店が見られる。

五条橋と円頓寺入口
（昭和 28 年 1 月 28 日の紙面から）

いつも活き活き、ふだん着の街

円頓寺（西区）

江戸末期から日蓮宗の長久山円頓寺を中心にして発展した商店街。庶民的な佇まいが最大の魅力で、当時は街全体がひとつの市場のような活気に溢れていた。

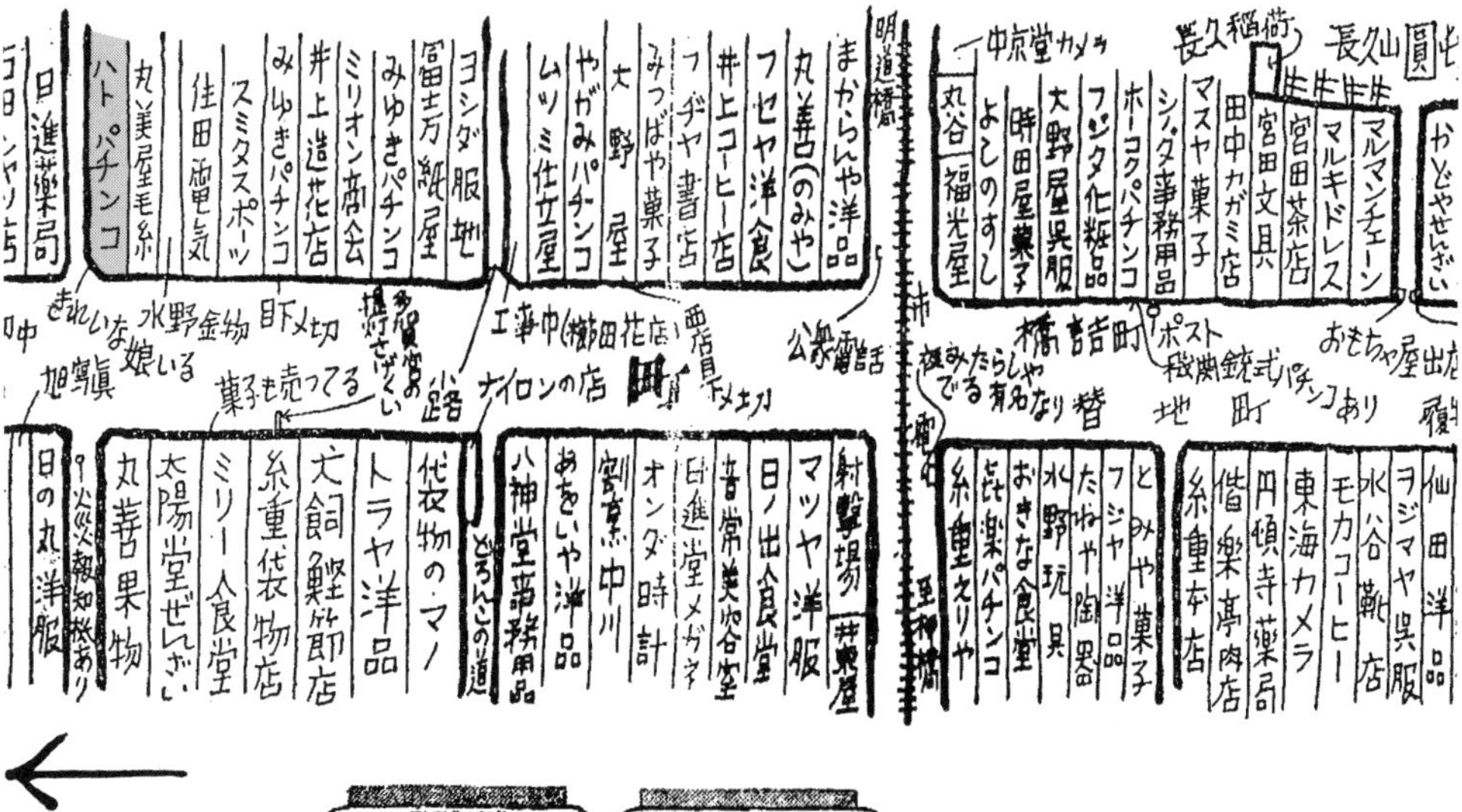

（昭和25年7月21日の紙面から）

【記事再録】

喫茶店西アサヒはこの辺では珍しくスッキリした店でコーヒーもうまいので繁昌する、一月から六十円のを五十円に値下げした、朝いろいろの外交員がここに集って相談をして仕事に出かけるが、その自転車が店の前一杯になってとなりの肉屋の丸小支店の前までハミ出る、営業妨害ですよ、と肉屋の親父がおこっているとか、西アサヒの客は上ッ張りのおばさんやアンチャンが多い、円頓寺は喫茶店が多い、大ていアンチャンがゴロゴロしている、この辺の連中は昔から「エンゴロー」という固有名詞があるくらいで昔はバーや玉突でゴロゴロしていたが、今では相場はかわった、喫茶店でトグロをまくかパチンコ屋でガンガン叩いているくらいのものだ、流行歌手田端義夫は彼らエンゴローの偉大なる先輩である（昭和28年1月28日）

一番にぎやかな十字路。手前がハトパチンコ（昭和28年1月28日の紙面から）

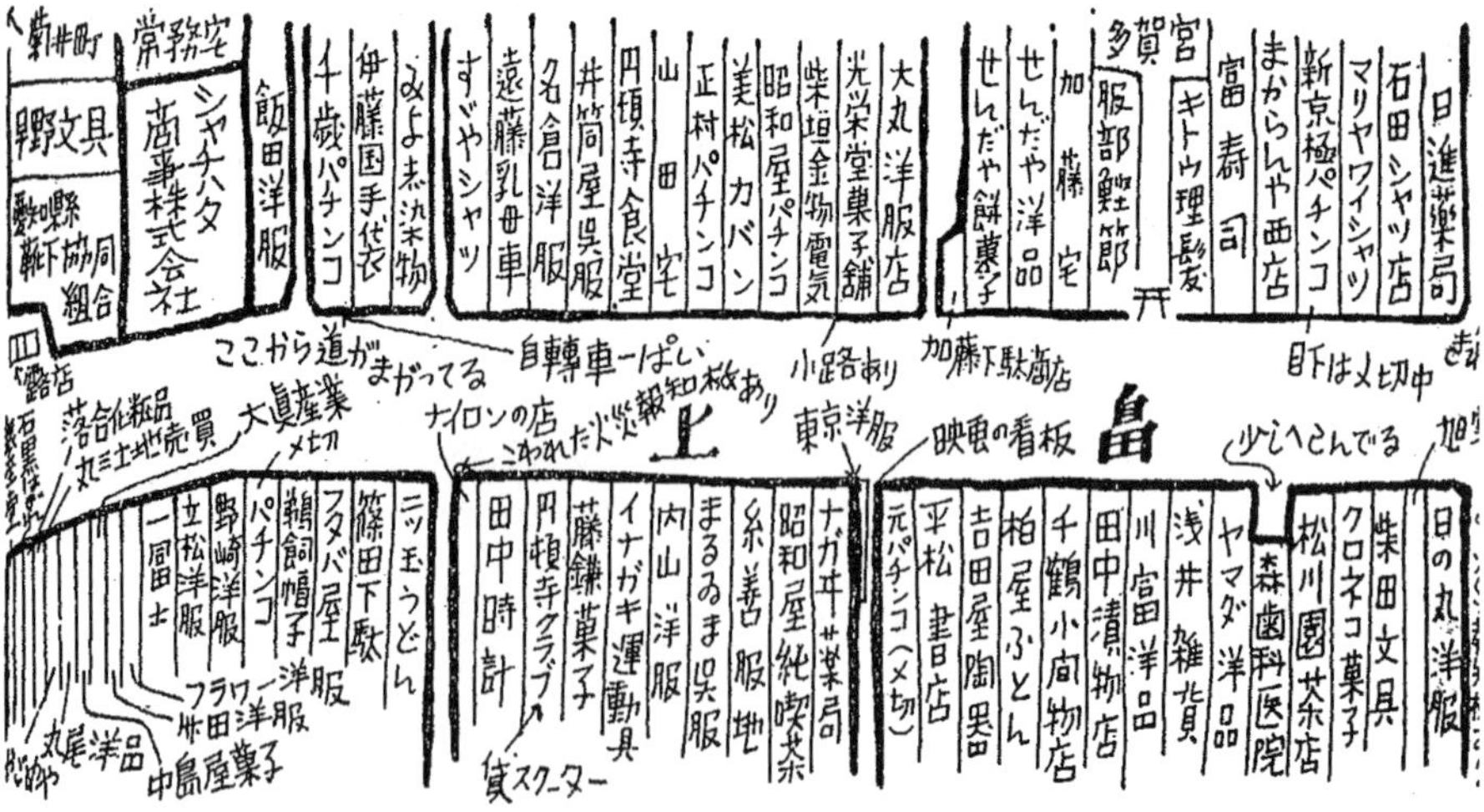

昭和 24 年 12 月、クリスマス大売出しコンクールで飾りつけした円頓寺商店街。コンクールは愛知県商工館など主催、県内 120 商店街が参加して装飾などを競った。左手前が「ゑびすや菓子」の看板。

（昭和 25 年 7 月 21 日の紙面から）

（昭和 25 年 7 月 21 日の紙面から）

昭和 30 年４月の「開慶（カイケイ）座」。明治初期に開場、名古屋では数少ない寄席として名古屋っ子に人気だった。昭和 28 年秋に赤字打開策としてストリップ劇場に転身。撮影当時は１階はイス席（４人掛け）で 200 人分、２階が寄席の名残の座敷（40 畳）で定員 50 人。興業は２部構成で、ストリップの合間に漫才やお色気コントなどがあって３時間半、120 円だった。

昭和 26 年７月、お中元商戦を迎えた円頓寺商店街。福引券の１等は整理ダンス、２等は夏座布団、３等は海水浴招待だった。

カイケイ座（昭和 40 年～ 50 年代ころ）。左が玩具の櫛田。（森零氏提供、次ページのインタビュー参照）

わが街 わが商店街▼円頓寺

名古屋の昔と今が共存する街

――映像制作集団「名古屋活動写真」代表　森零さん

●ストリップ劇場の隣が玩具店

実家は円頓寺商店街の南、四間道沿いにある浅間神社（正保4年＝1647年創建）の宮司を大正時代まで務めた家系で、家は円頓寺商店街から少し離れた小鳥町にありました。生まれたのは昭和40年。子どものころは商店街で遊びまわっていました。

当時、よく行ったのはストリップ劇場「カイケイ座」の隣にあった櫛田玩具店。ブリキのゼロ戦や蒸気機関車の「弁慶号」、リモコンのゴジラなんかをたくさん買ってもらった。カイケイ座の入り口にはどぎつい看板がドーンと掲げられていて、子ども心に「エッチだなあ」と思っていたけど、街の人も僕の親も気にしませんでしたね。僕も大人になってからカイケイ座でストリップをたまに観ましたよ。

もう一軒、今もある履物店の「野田仙」さんの隣、今は薬屋さんになっているところにあった仙田さんという人のお店にもよく行きました。ここは店の中に釣堀があって、フナや鯉を釣らせてくれました。僕ら子どもたちが熱中したのは店の前に8台ぐらい置いてあったスマートボール。親戚のお兄さんがめちゃくちゃうまくて、いつもボールをたくさん出していたことを覚えています。

当時、通った食べ物屋さんは今もたくさん残っていますね。肉の「丸小」さんは、当時も目の前で揚げ物を作ってくれました。母と買い物に行くと揚げたてのコロッケをくれました。「丸小」さんの隣が喫茶店の「西アサヒ」さん。僕はここのチョコレートパフェが大好物で、店に入ると「チョコパ（チョコレートパフェ）、もってこい！」って、偉そうに注文していました。時にはスイカなどの「特別メニュー」を出してくれましたね。

●銭湯巡りと七夕まつり

それから、円頓寺商店街とその周辺には銭湯がたくさんあって、子ども同士で通いました。「弁慶湯」「ニンジン湯」「ハイカラ湯」「入りこみ」…。弁慶湯は本当の名前だけど、ほかは銭湯の特徴から僕らが勝手につけた名前。ちなみに「入りこみ」は入り込んだところにあったから。僕はドラゴンズの帽子の裏の「すべり」のところに銭湯代の小銭を入れておくのが習慣でしたが、ある日、番台で払おうとしたら、入っていない。どこかで落としたんでしょうね。帰ろうと思ったんですが、年長の友だちに「外で待っとれ！」って言われて待たされました。年少の僕は、銭湯の帰りに年長のお兄さんたちの荷物を持つのが役目だったからです。

浅間神社前で。中央の乳母車に乗った幼児が森さん

　それと円頓寺商店街と言えば7月終わりから8月初めに開かれる七夕まつり。アーケードにつるす張りぼてが有名だけど、僕らの楽しみは露店で、よくヒヨコを買いましたね。家で育てましたが、いつも大きくなる前に死んじゃったなあ。

●モダンな名駅と行き来

　高校時代に同級生のやまむらこうじ（現アニメ作家）と8ミリ映画をつくったのがきっかけで、映像に興味を持つようになった僕は20歳を過ぎて東京に出ました。東京で役者をやったり、ニューヨークに行ったりしていましたが、20歳代の終わりに名古屋に戻ってきて名古屋駅西の元銭湯の建物で雑貨店をはじめました。

　いつかは「故郷」に戻ろうと思っていましたが、縁があって平成20年に円頓寺本町商店街に店を移転しました。そこで映画制作集団「名古屋活動写真」を立ち上げて、堀川や山車など名古屋の文化と歴史を記録に残す映像作品をつくっています。僕が名古屋の歴史や古くからの文化を映像で残す活動をしているのは円頓寺商店街で育ったことが影響していると思いますね。

　父は会社員でしたが、歌舞伎の大ファンの祖父はテレビの歌舞伎中継に熱中し、祖母は時折、三味線を弾いていました。祖母の趣味はこの辺りでは特別なものではなくて、当時は商店街を歩けば、どこかから三味線の音が聞こえてきましたね。夏は皆、浴衣で、縁台を出して涼んでいました。実は子ども時代の遊び場がもう一つありまして、それは名古屋駅周辺の地下街です。商店街から遠くないところにあって、3歳ごろから親に連れられて通ううちに、すっかりどこに何があるか覚えてしまいました。四間道や下町人情が残る円頓寺商店街とモダンな名駅地下街を行き来していた僕は、都会的なものと古い日本の風土とのギャップを意識しながら育ちました。そのことが、「昔からのものを大切にしたい」という今の活動の原点になっていると思います。

　名古屋に戻ってきたころは、若い人たちは「円頓寺商店街ってどこ？」と言う感じでしたが、今ではおしゃれなお店もたくさんできて、有名になりましたね。ただ、おしゃれなだけではなく、古い建物や人情が残っているのがこの商店街の素晴らしさだと思います。

（構成／長坂英生）

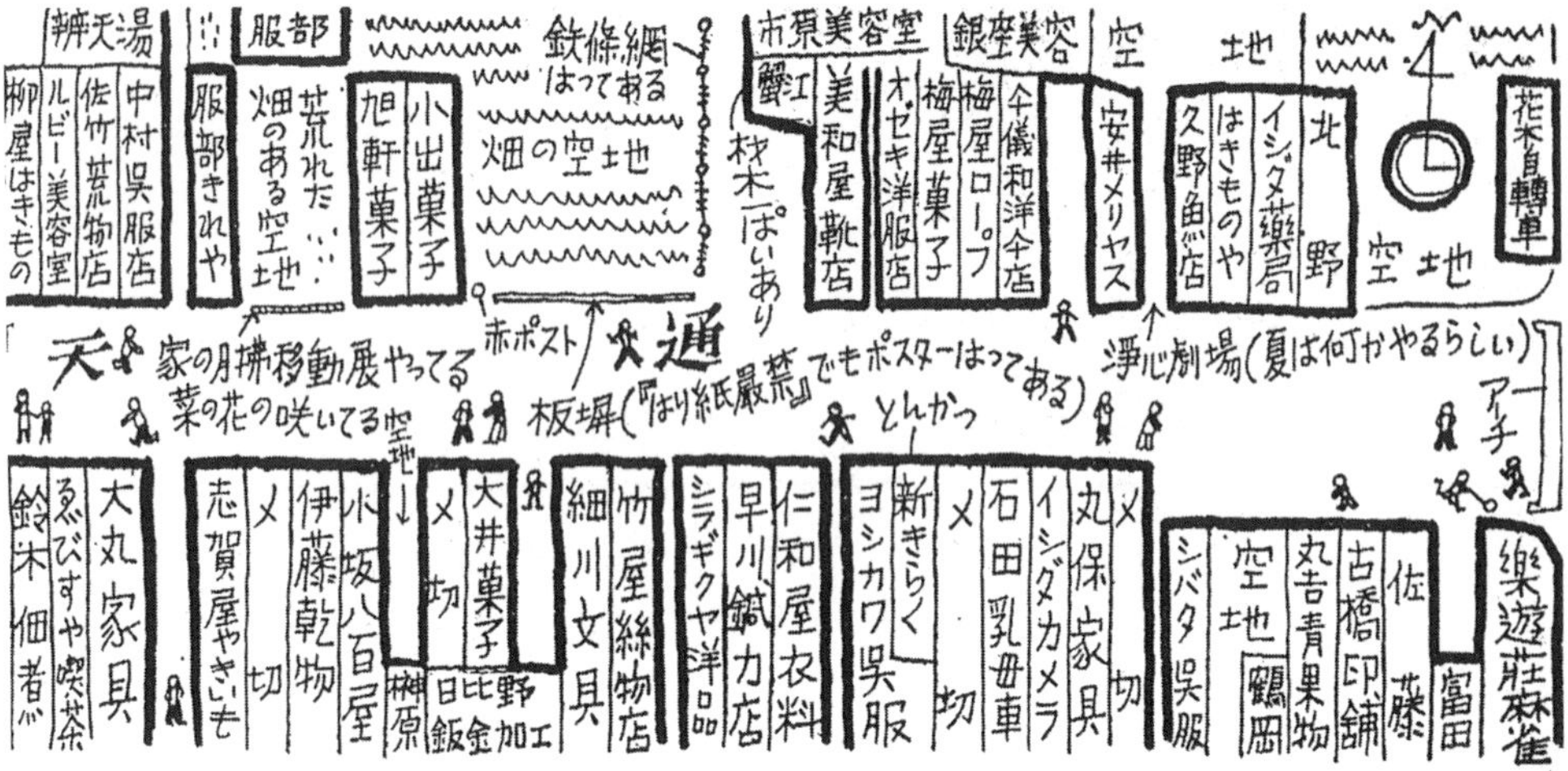

昭和34年12月の弁天通商店街。左端から「茂里川旅館」「堀場酒店」と続く。

弁天通（西区）

現在の浄心交差点から東に広がる商店街。昭和の初めのころ、このあたりで働く工員や女性従業員でにぎわった。この時期の商店街の道幅は狭く、6m だったという。

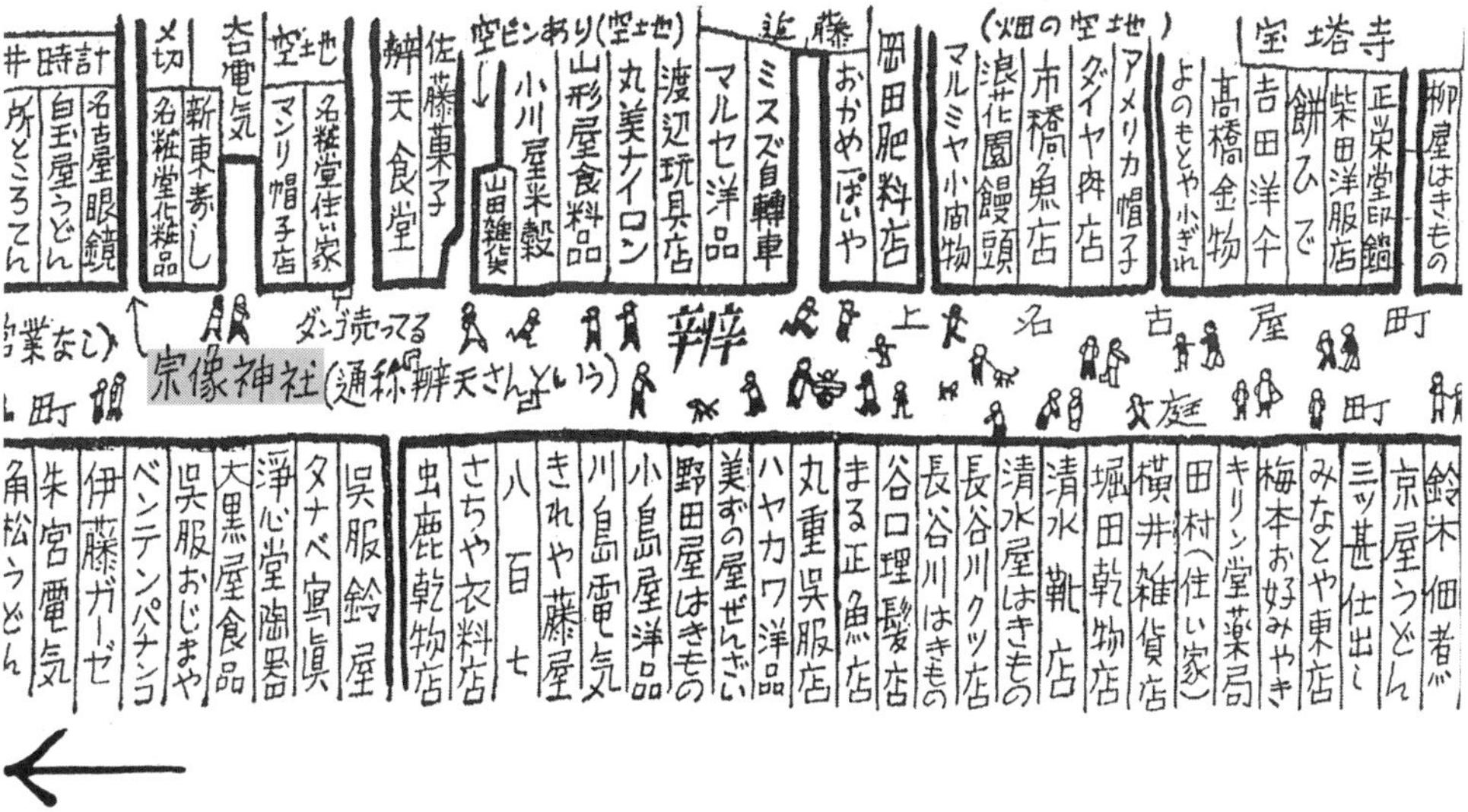

万事が小作りながら
ほのぼのとした盛り場

昭和36年6月、弁天通商店街に完成した牛に乗る稚児弁天像の除幕式。街のシンボル・宗像神社（弁天さん）にちなんで設置。等身大の裸弁天を設置する案もあったが、周囲に学校が多く、「文教地区としてはいかがなものか」と無邪気な子どもの像に落ち着いたという。

【記事再録】……………

昭和のはじめから盛り場らしいものができた、そのころ帝国撚糸とよぶ工場があった、その女工さん達相手にだんだん大きくなった、それが空襲でスッカリ焼けてしまった、そのあとへバラックをたてて商売をしてきて現在におよぶ、だから家は総体に貧弱である、その上に道がせまい、つまり万事小作りなんである、この町を歩いているとふっと二十世紀であることを忘れるような気分になる、客は近所のオカミさん、衣料品にはきもの屋がやたらと多い、「見てってチョウ、安いぜエモ」人間の体臭がある商店街は値段にも面目躍如（昭和28年4月26日）

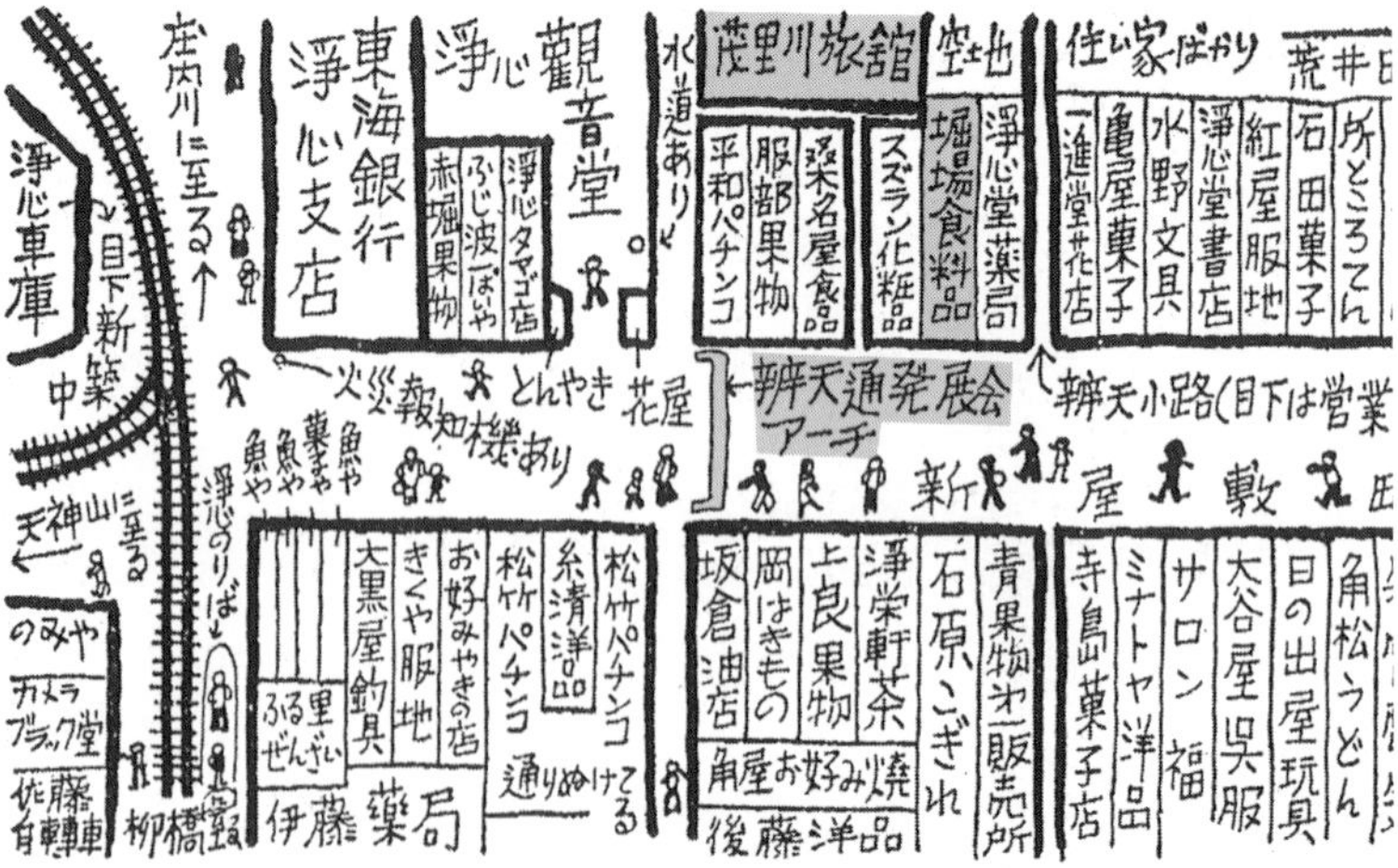

昭和 28 年 8 月の弁天通商店街。左は正村ゲージで知られる現代のパチンコの生みの親・正村竹一氏が開店したパチンコ店。パチンコの発祥の地。

昭和 37 年 12 月、稚児弁天像と弁天通商店街。像の作者は西区在住の彫刻家で「牛は故郷の田園を意味し、見る人の心に安息を抱かせ、稚児弁天は慈悲を表現した」とか。

現在の稚児弁天像。道路整備のため若干場所を移動し、台座部分が地中に埋め込まれている(平成 26 年 6 月撮影)

浄心界隈のレトロ写真や、大正・昭和のグッズがいっぱい！

監修・写真提供：かいわいネット

「街角資料館」 ▶弁天通商店街「くらしの衣料　大沢屋」2F にある資料館。写真家神田栄三氏の写真やレトログッズが多数。開館は毎月 3 日 13 時～ 15 時。
問い合わせ：電話 052-531-4204

【記事再録】

弁天座は昭和十二年出来たが戦争にも焼け残ってよくはやっている、チャンバラものが多い、ゴラクといえばほかにはお定まりのパチンコくらいのもの、パチンコは弁天通が流行のもと、有名な正村商会がある、正村のおやじは昔「タケサ」とよばれる扇の骨作り職人だった、その後ガラス屋に転向、その片手間に昭和十二年ごろから弁天通にパチンコ屋をもった、戦後兄弟三人して半年かかってオール十の機械を発明した、それからパチンコ全盛時代になり、作るものすべてジャンジャン売れて今日の産をなした、今でも朝からおとくいの店をまわって営業方針即ちクギのまげ方を指導して歩く、「わしらのような百姓息子にはゼイタクは性に合わン」といっている、パチンコはやらない、「あんなもの結局損するにきまっとる」そうだ（そうだ）、

彼によるパチンコ学を総合すると、結局入る入らぬはクギのまげ方ひとつ、これにはどうしても二、三年の修行がいる、理想的なのははじめかなり入って知らぬ間に入らぬようになり、結局スってしまうこと、これができるとできないとで客の入りが全然ちがう、機械は一台一台について統計をとっており調子の悪いのは行って診察する、機械は半年が寿命、そのあとは何にも役にたたない、捨ててしまうのだそうだ、パチンコの流行は？「ま、当分は大丈夫ですな」の観測だった（昭和28年4月26日）

南大津通（中区）

大正 14 年に松坂屋が現在地に移転。燦然と輝くビルは、通りのシンボル。屋上遊園地や食堂、さまざまな催しもあり、名古屋市民のオアシスとしても親しまれてきた。

昭和 34 年 4 月、皇太子殿下御成婚を祝う南大津通。この年は名古屋市政 70 周年を迎え、記念の商業感謝祭と重なった。秋には名古屋を伊勢湾台風が襲った。

昭和 25 年 10 月、南大津通沿いの松坂屋本店前を行く市電。この年、第 5 回国体が愛知で開催、これに協賛して同店で大売出しがおこなわれた。

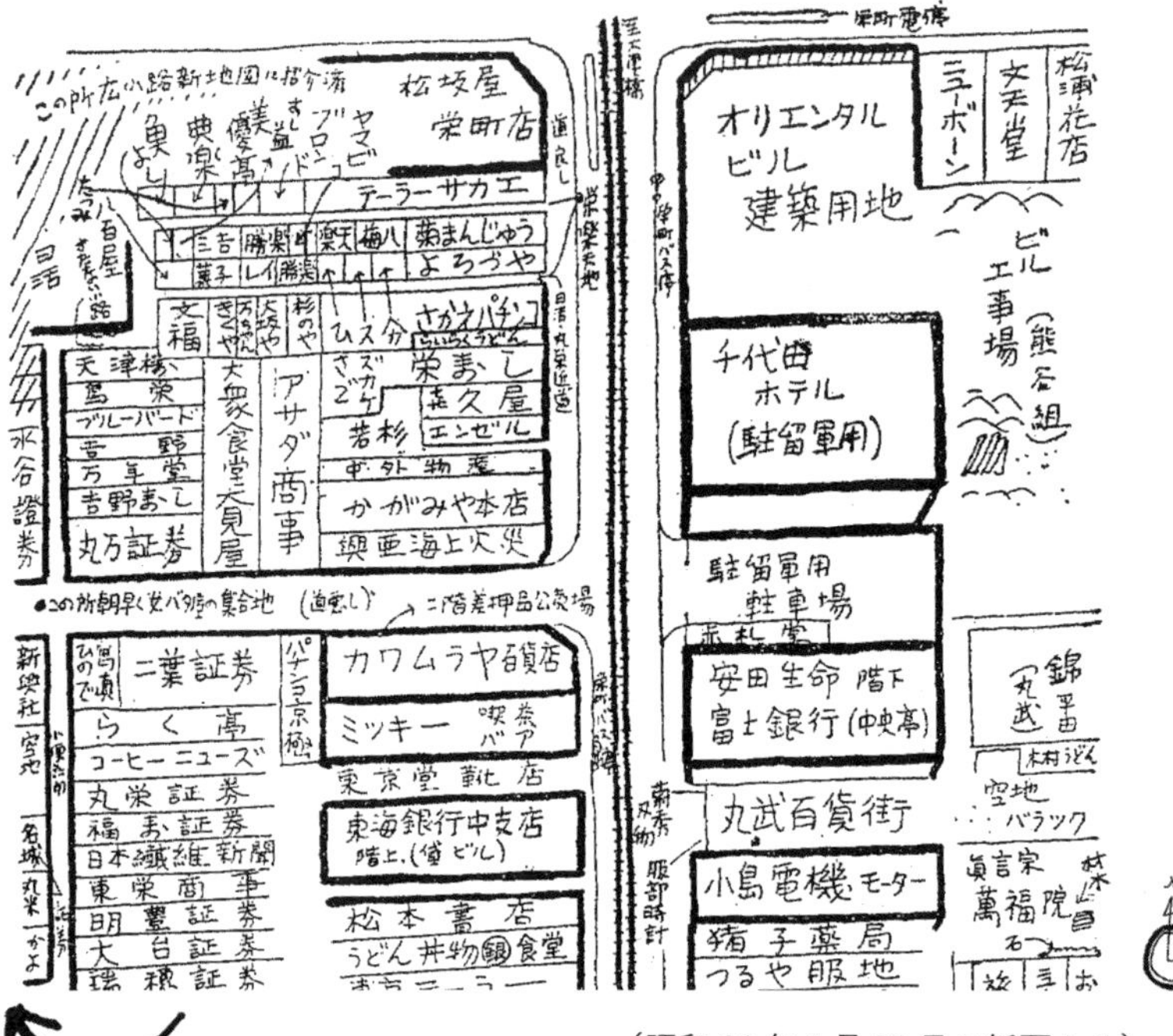

（昭和 28 年 1 月 20 日の紙面から）

店の構えも泥臭く、松坂屋を目指してお上りさんがゾロゾロと

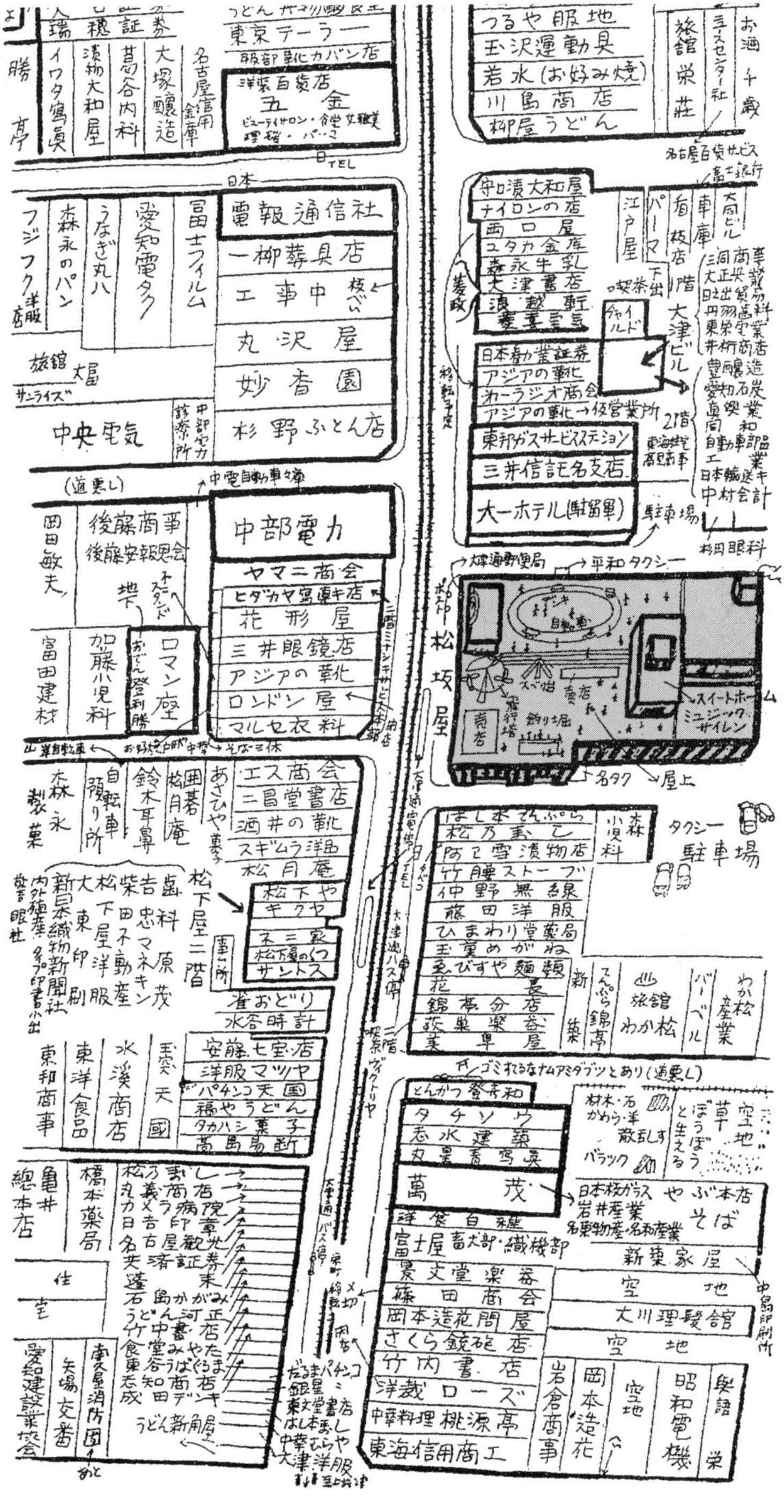

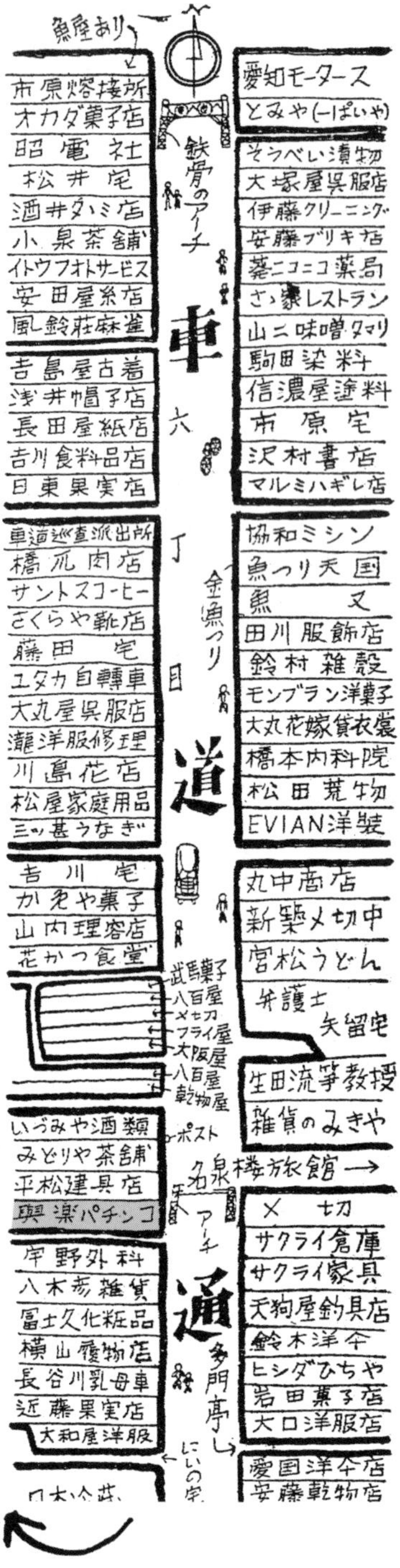

昭和27年5月4日の車道商店街。同年4月、サンフランシスコ講和条約発効によって主権を回復した日本は、この日各地で記念式典を実施。車道商店街では戦後初めて万国旗が飾られ、日の丸がはためいた。鉄骨アーチから北を望む。左端は「有田牛豚肉店」。

街はさながら建築史
ご家老さまのお屋敷も

車道（東区）

大正時代から続く商店街。戦災で焼け残ったため古い建物が残り、当時でもほとんど見られなくなっていた下町情緒が、通りのそこかしこに漂っていた。

（昭和 28 年 3 月 11 日の紙面から）

昭和 38 年 3 月の車道商店街。車道の名前は尾張徳川家の屋敷（今の徳川園）を造るために石を運んだ道だったという説も。

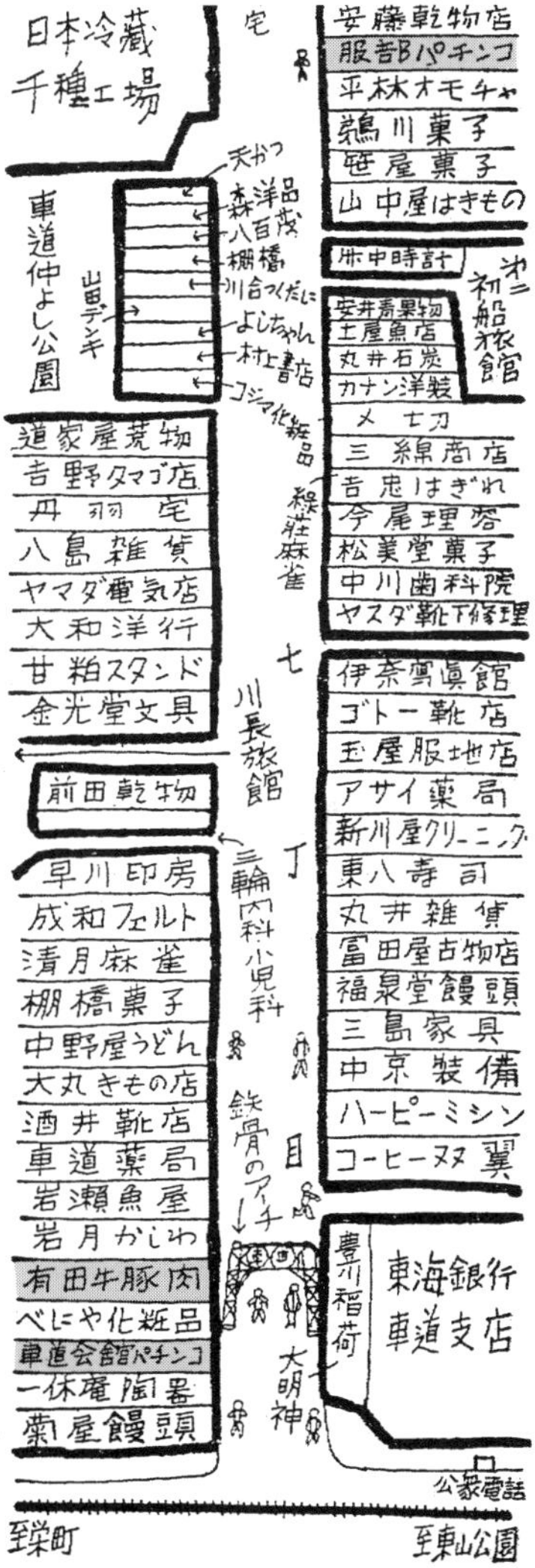

【記事再録】……………

パチンコの車道会館、興楽、服部ははやらなくなって店をしめてしまった、はやらない店はきまっていていろいろ主がかわり商売もかわるが、いつの間にかダメになってかわっていってしまうという、パチンコ屋では福寿産業なるメーカーがある、うどん屋中野屋のオヤジは町内の世話役でお稲荷さん発起人、喫茶店やバーまがいのものもあるが、どれもパッとしない、服屋や洋装店はスッキリしている、いかにも場末らしいさびた店もある、いろいろの様式、車道の通りを歩くと建築史をみるようだ（昭和28年3月11日）

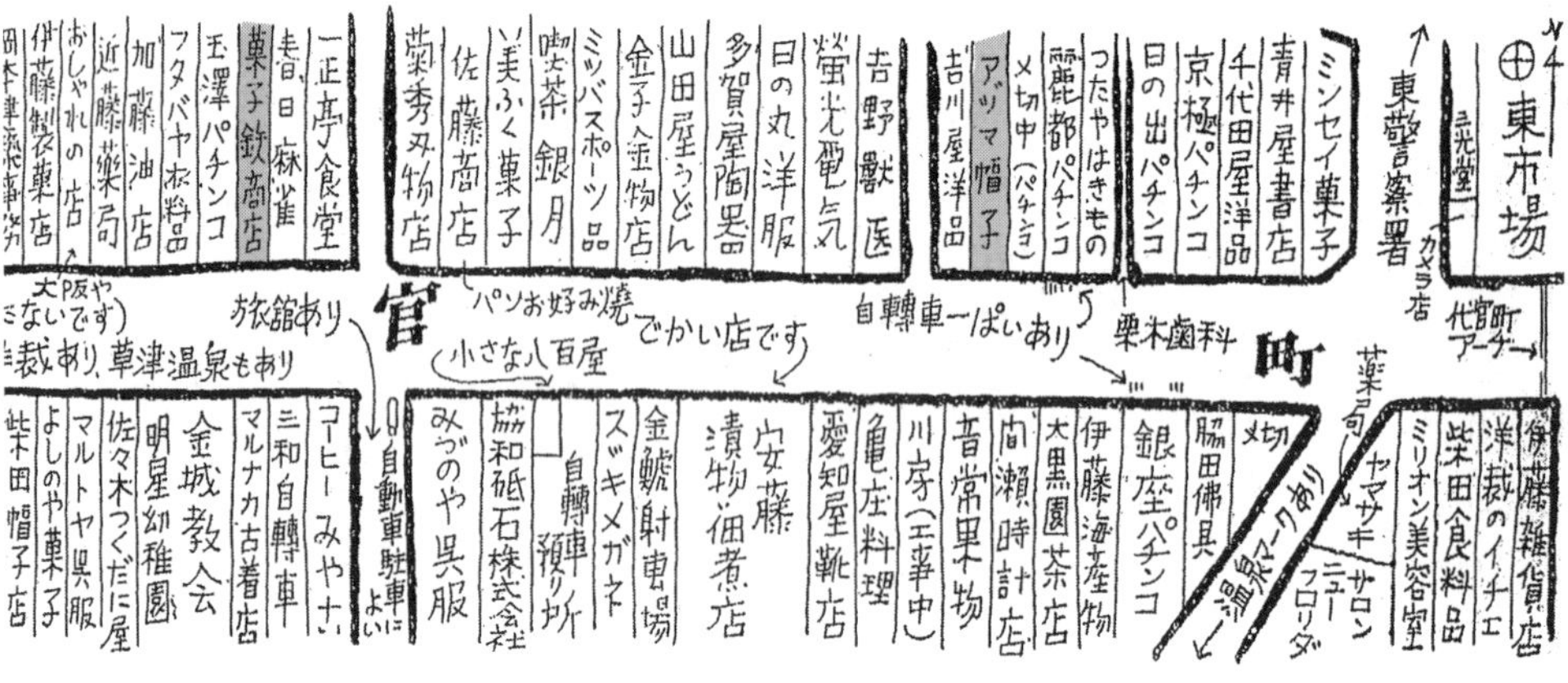

昭和 26 年 12 月の代官町商店街。かつては「丸織」の工場と工場を結ぶ地下街があったという。工場が移転後、跡地にプールやスケート場のある「代官町仮設遊園地」ができて、相撲やサーカスが来てにぎわった。左手前は「アヅマ帽子店」。

昭和 25 年 12 月の代官町盛場街。70 店の店先に一斉にネオンが点灯し年末大売出しがおこなわれた。「ネオン祭り」を兼ねたものでチャップリンや花嫁に扮した男性も登場。左手前「菓子鉄商店」。

代官町（東区）

「愛知織物」通称・丸織という染め物工場の女工を相手にお店ができたのが盛り場としての起源。昭和 10 年に工場が移転してからは映画館を中心に庶民の街として発展した。

古いのれんが何より自慢
名残りも床し城下町

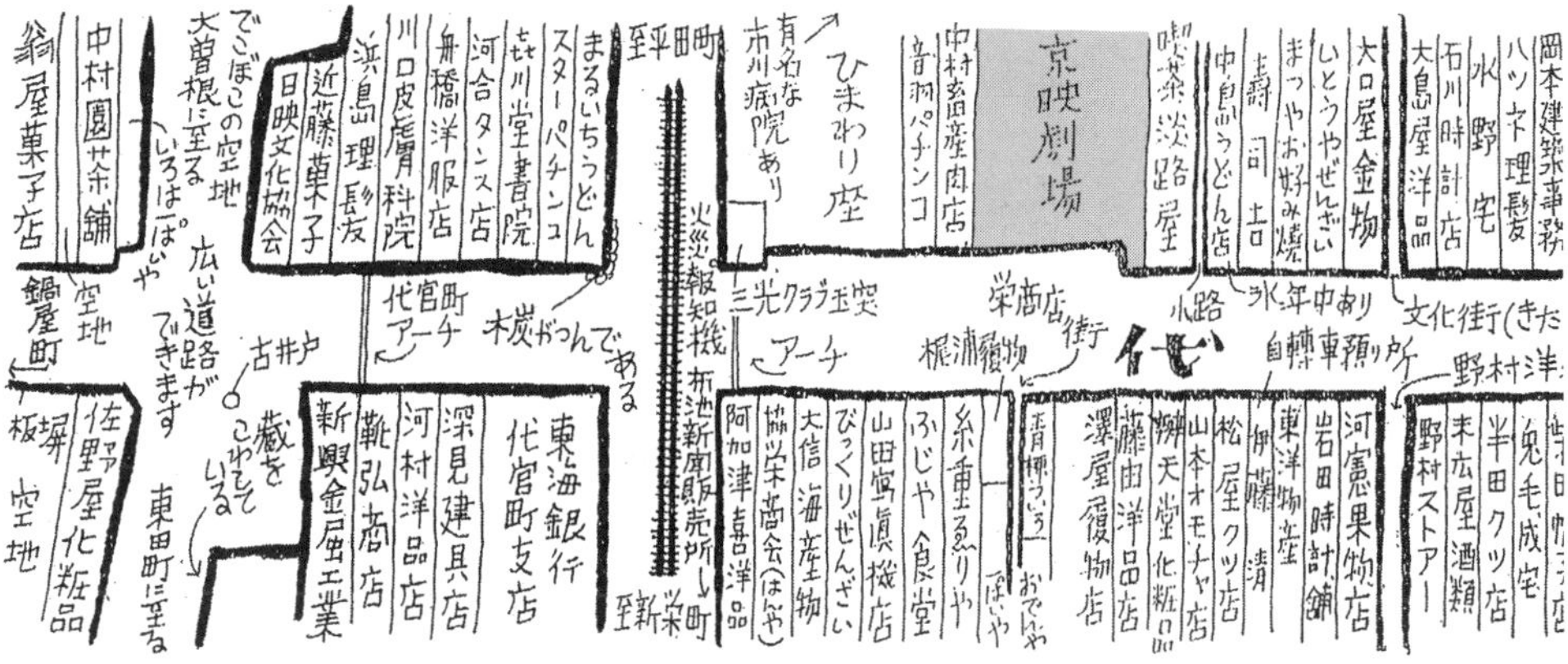

(昭和28年2月17日の紙面から)

【記事再録】

代官町を語るに舎人町をきりはなすことができない、舎人町は代官町を控えることによって栄え代官町を歩けば羽織トッパーを着た芸者に逢わないことはない、待合三十二軒、置屋九十二軒、芸者は二百三十人、戦後の立直りは戦災をまぬがれたおかげで一ばん早かった、ために戦後さらに名声を加えた、加えたものの、大体社用族の二次会どころの故に客足がおそい、そして十時頃からの客が多い、そしてついでにねていく客も多い、昔から舎人町のトンネル芸者という変な駄洒落のあだ名を頂戴したがそれはともかく、昨今芸者はやはり芸でなければと大へんな馬力、見番には芸能係の役員ができて毎日詰めているし、稽古する芸者は一日百人を超える涙ぐましさ、だから順番の札が発行されて、芸者はこれを買うというちょっと面白いしくみになっている。(昭和28年2月17日)

京映劇場(昭和31年撮影)は明治9年に「京桝座」として開館。芝居を公演していたなごりで映画館になってからも回り舞台があった。回り舞台がある映画館は市内では名宝劇場とここだけだった。

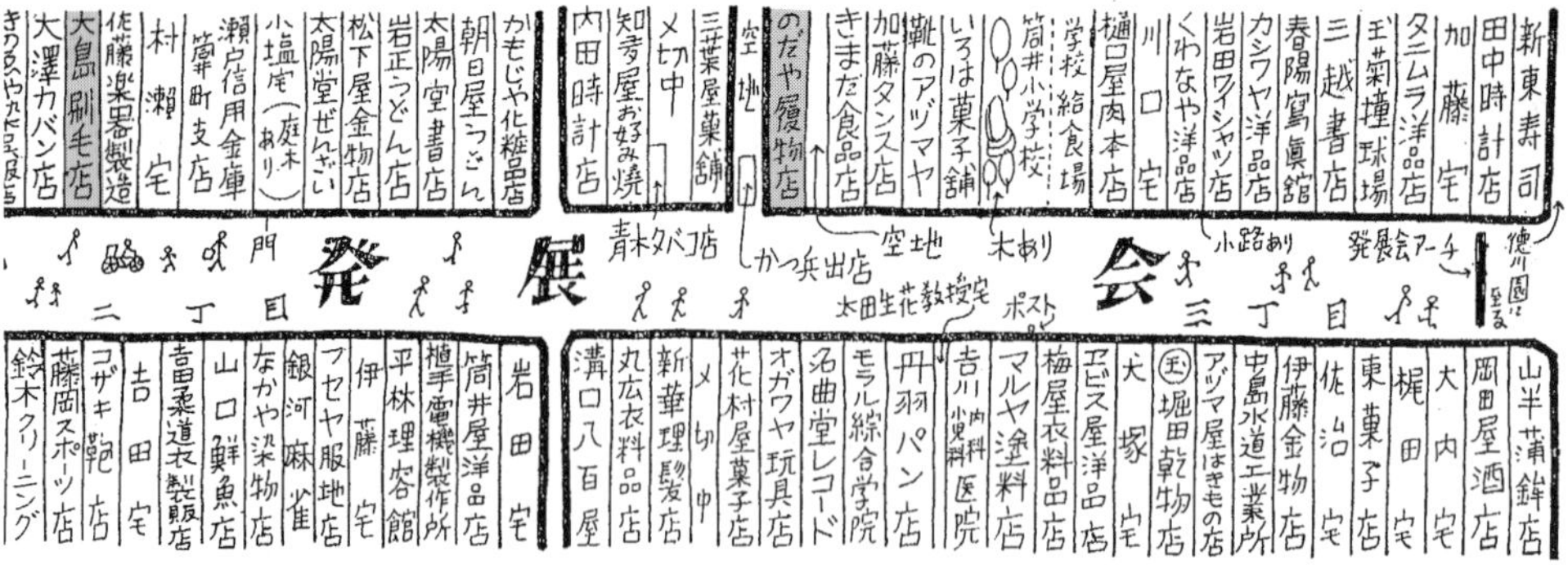

【ルポ】──筒井町商店街を歩く（東区）

文・写真／長坂英生

名古屋市東区にある筒井町商店街は尾張徳川家の菩提寺・建中寺を中心に東西約 300m の門前町である。周辺はかつて武家屋敷で、武士を顧客に江戸時代から栄えた。太平洋戦争の戦災を免れ、戦後いち早く復興した。近年は商店街の中に住宅が増えて、かつてのにぎわいはないが、自慢の山車祭りは健在だ。祭囃子に誘われて商店街を歩いた──。

昭和 32 年 3 月、選抜高校野球出場が決まり建中寺で合宿する愛知県立愛知商業高校。同校は春夏合わせて 15 回、甲子園に出場。昭和 11 年の選抜では全国制覇を果たしている。

【建中寺の肝試し】

ここに2ページにわたって掲載したイラストマップは昭和29年5月のもの。このマップを手に西(31ページ左)から東へと歩いてみた。商店街を貫く道路の幅はマップ当時と変わりない。民家や店が隙間なく並んでいる。まずはマップにもある「日光屋ふとん店」に飛び込んだ。

「そうそう、懐かしいねえ。このマップに描いてあるように、僕が子どものころは東松竹映劇の前に金魚屋とおでん屋が店を出しとってね。へビ使いや紙芝居も来とったなあ」

ご主人の野田省三さん(65)がそう言って目を細めた。野田さんは筒井町商店街振興組合の理事長でもある。日光屋は終戦の年に中区から移転して、この場所に店を開いた。野田さんは昭和23年、ここで生まれた。商店街に人があふれていた少年時代、遊び場は建中寺だった。

「建中寺の西側、今の東区役所のあたりは昔、通称・奥森《おくもり》という深い森でね、夏は友だちとよく肝試しをして泣いて

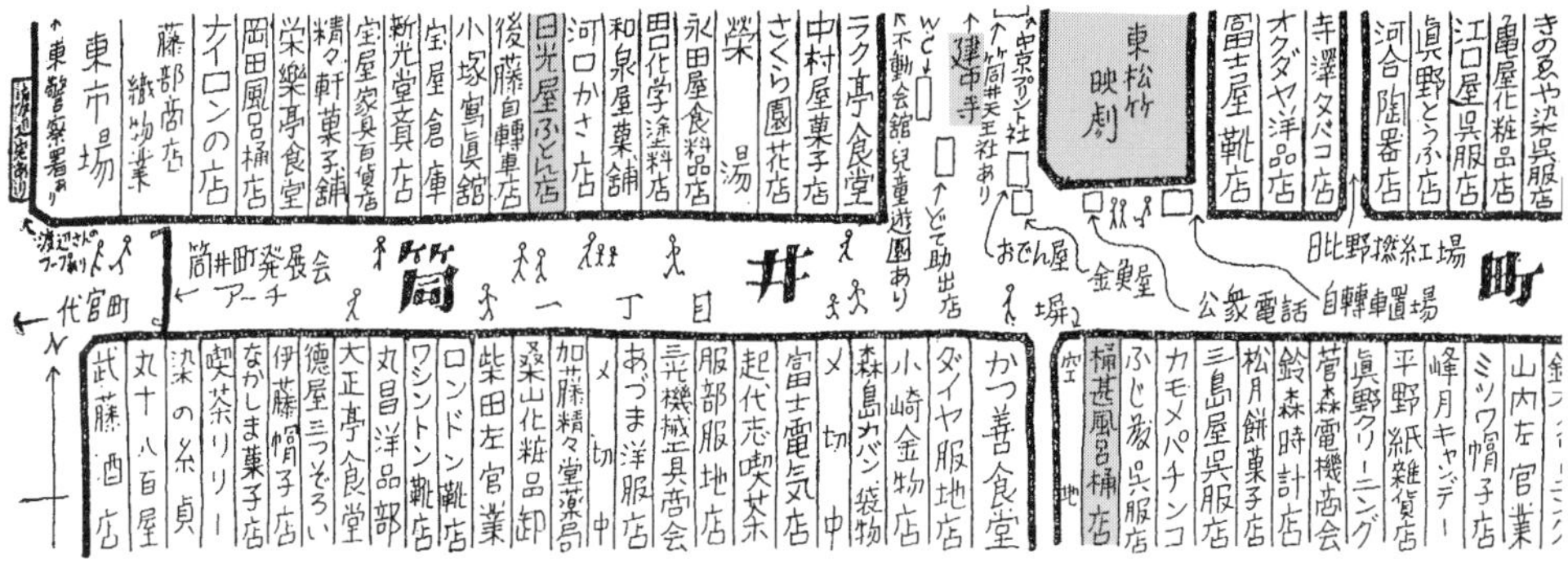

家に帰ったよ」

【ナイトショーはタダ】

日光屋を出て東に歩いていくとマップにもある「ラク亭食堂」。その東向かいの映画館「東松竹映劇」は現在はマンションになっていて、1階にコメダ珈琲がある。その南向い、マップでは「空地」と書いてあるところは、今はおしゃれなフランス料理店に変身。その隣の「桶甚風呂桶店」は現在も経営している。ご主人の西脇勝さん（69）は筒井町が誇る山車「神皇車《じんこうしゃ》」の保存会会長だ。

「もともとウチは少し離れたところで大衆浴場をやっとったんだわ。ここで店を開いたのは昭和24年。家の前が映画館だもんで、最後の上映のナイトショーは無料で入れてくれた。自分とこから腰かけ持っていって観とったわ。東映の時代劇が多かったね」

映画館の「タダ観」は西脇さんや日光屋の野田さんら「商店街の子どもたち」に共通する思い出だ。

さらに東に行くと左手にマップにある「大島刷毛店」の看板があった。訪ねるとご主人の大島年雄さん（73）が店先で作業中だ。「明治末に名古

昭和 27 年 12 月の筒井町商店街。建中寺の門前にあるこの商店街は江戸時代から栄えたと言われ、戦災を免れて戦後も一大繁華街だった。

昭和 31 年 4 月の筒井町商店街・東松竹映劇。戦前から「八千代館」の名で営業。戦後は一時、キャバレーに転向していた。

屋城の近くで創業して、終戦直後にここに移転した。創業100年の老舗だわね」と大島さん。刷毛といってもただの刷毛ではない。鹿毛を使った染め物用の刷毛で、この種の道具をつくっているのは名古屋ではもう大島刷毛店ぐらいしかないという。こんなすごい店がひっそりと続いているのが筒井町商店街の奥深さだ。

作業をする「大島刷毛店」の大島さん
（平成26年6月撮影）

街の誇り「神皇車」

ぴーひゃらら、ぴーひゃらら〜。祭りの笛の音が商店街に響き渡る。取材した日（平成26年6月8日）は山車祭り「筒井町天王祭」の楽日（最終日）。「神皇車」引き回しを前に待機している建中寺総門前（マップの「東松竹映劇」の西側あたり）に向かった。

名古屋の山車祭りは江戸時代前期に始まった。東区には5両の山車があり、毎年6月の第1土・日曜日に天王祭がおこなわれ筒井町天王祭では「神皇車」と「湯取車《ゆとりぐるま》」が町内で引き回される。「神皇車」は文政7年（1824）に現在の中村区でつくられたもので、明治20年に筒井町が購入した。市の有形文化財である。

建中寺の総門前に行くと「神皇車」がそびえたっていた。高さは6m近く、朱色の屋根と青地の大幕が鮮やかだ。周囲には、紋付き袴の役員や祭り半纏に股引姿の粋な若い衆が集まっている。その風景は掲載した昭和の写真と変わりない。

「子どものころからやっているので気が付かなんだが、ほかの地域の人からうらやましがられて、山車祭りを誇りに思うようになった」と保存会の西脇会長は話す。山車を引いたり、お囃子を演奏したりするのは16歳〜39歳の「若連中」と呼ばれる若者たち。その役を担うにはある程度の技量が必要で練習は欠かせない。

昭和33年5月、筒井町天王祭。
自慢の山車「神皇車」とともに
建中寺総門前に勢ぞろい。

出発前に建中寺総門脇の御社で
（平成26年6月撮影）

商店街を行く「神皇車」
（平成26年6月撮影）

昭和29年5月の筒井町天王祭。奥の山車は「神皇車」で、前年に市の文化財に指定され町内の人々の鼻息も荒い。

「最近の若い子は勉強や仕事で忙しい。それに少子化で人手不足。それでも昔ここに住んでいた人たちの子どもや祭り好きの人たちが協力してくれるのでやっていける。そうやって山車と祭りを次の世代につないでいくのが私らの使命」

午前10時、総門の脇にある御社で山車に乗せたからくり人形の舞いが奉納された。実はこの御社は「大島刷毛店」のひさし屋根にあった「屋根神様」を昭和28年に移築したものである。

からくり人形の舞いが奉納されると、囃子方の笛とともに若い衆や町内の人々に引かれて、「神皇車」がのったりと動き出した。100人近くの人々が商店街の道を埋めて、太い綱で山車を引いていく。それは祭りに参加する人々の心を結びつける綱でもある。

参加する人々の中には小さな子どもと保護者が目立つ。そもそも天王祭は初夏に出やすい疫病を払う祭り。子の健康を願う保護者の気持ちが伝わってくる。

【筒井町グルメロード】

「私が子どものころ、筒井町商店街では夏は夜の11時ぐらいまで夕涼みで出歩く人が絶えなかったね。店先に縁台を出して商店の親父たちが将棋を指したり、酒を飲んだりしていた。商店街では知り合いの誰かかんかに会って、悪いことをすると大人に怒られた。それで子どもは大人になっていったもんです」

そう話すのは筒井町の町内会長を務める加藤善久さん(63)。実家はマップの東側、真ん中あたりの北側にある「のだや履物店」。今は住居になっている。

「筒井商店街はかつてのようなにぎわいはないが、犯罪が少なく、交通の便が良く、公園もあるので最近は住宅街として人気が高い。以前は物販店が多かったが、最近はフランス料理店やたこ焼き店ができて、昔からのうどん店や和菓子店もあるのでグルメロードとして注目されています」

夕闇が迫ると山車につけられた多数のちょうちんに灯がともった。そのともしびをゆらゆらとさせながら、「神皇車」が商店街を引かれていく。街の姿が変わっても、その光景は子どもたちの脳裏に残るはずだ。

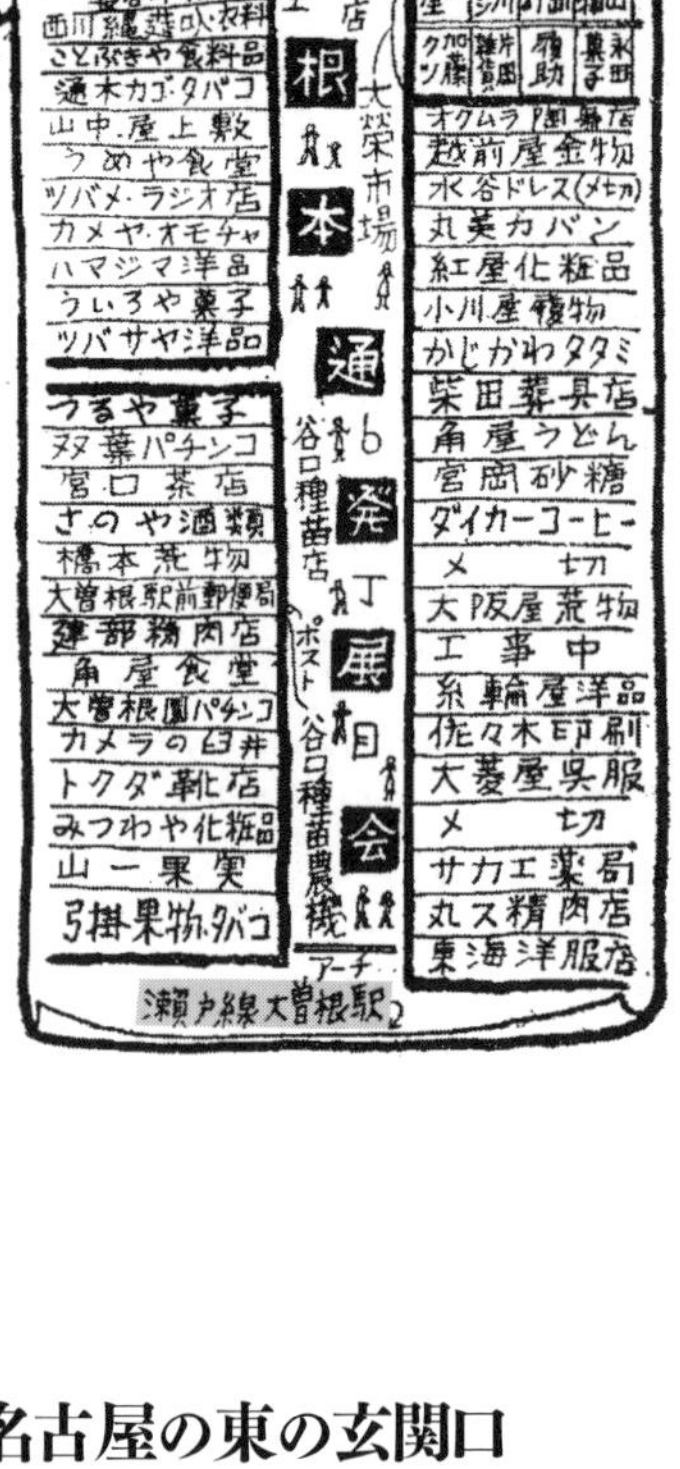

昭和 37 年 11 月の大曽根の商店街。大須、円頓寺と並ぶ名古屋を代表する盛り場として栄えた。呉服店からタイ焼き店、銭湯など約 40 種の商店がそろっていた。右端は「ヒロセヤ」。

アーケードができる直前、昭和 38 年 6 月の大曽根の商店街。

名古屋の東の玄関口
街のいたるところに戦前の匂い

大曽根（北区）

瀬戸街道の喉元辺り。田んぼばかりの地に駅や軍需工場ができて栄え、戦火にも焼け残ったこともあり、戦前のにおいを色濃くのこした街だった。

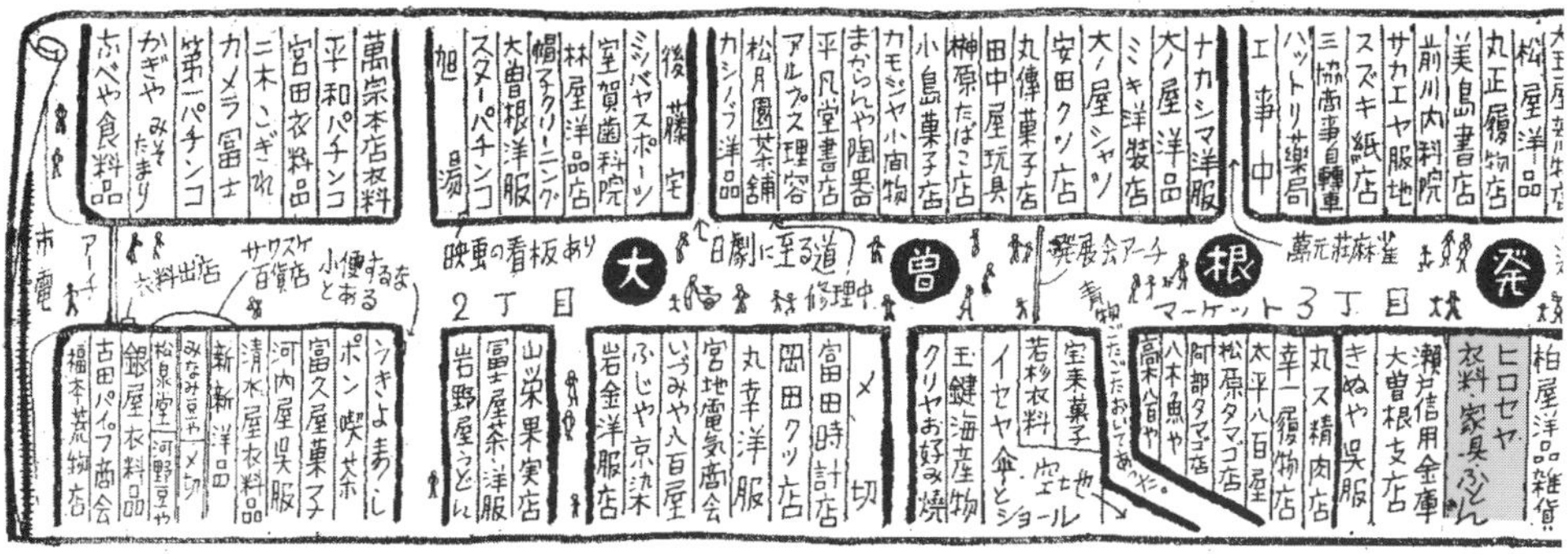

昭和39年12月、大曽根の商店街の年末年始大売出し。

昭和38年10月10日、大曽根の商店街でおこなわれたアーケード建設の起工式。総工費4900万円だった。右端は「ヒロセヤ衣料・家具ふとん」。

【記事再録】

名鉄大曽根駅は明治三十八年創立、当時は瀬戸電の下街道駅とよばれた、線路で北区と東区が分かれているので下りホームは北区、上りホームは東区ということになる、最近通勤者がパチンコに熱中して終電車に遅れる者が多いのでこの辺のパチンコ屋では「名鉄終電車の時間でございます」「国鉄終列車です」と客に知らせるとか、それでも一人や二人は必ず乗り遅れがあるそうだ（昭和28年5月17日）

今池（千種区）

江戸の時代、この地域には馬を沐浴させた「馬池」という池があり、それが訛って「今池」に。まだ戦後バラックもちらほら。飲み代も安く、サラリーマンの二次会の街でもあった。

昭和31年10月、秋の交通安全週間で、今池交差点で「一日交通巡査」として交通安全を呼びかける東山動物園の人気者、チンパンジーのマリーちゃん。

昭和28年8月27日の市電今池南電停。今池—矢田町四丁目の開通で同月14日に今池北電亭が完成したため、今池南電停は廃止の予定だったが、今池商店街の反対で存続した。

【記事再録】

二次会というのは呑み助に限ったことではないらしい、つまりは堅くるしい社用族の宴会で呑む酒は旨くない、そこで解放されてホッとしたとき、気のおけない同士で「まあ一杯」ということになる、今池は八事、覚王山、市民病院方面に住む勤人のこういう心理学的必要にこたえて発展した盛り場である、二次会は会社のご厄介にはなれない、だから今池にはゼイタクなんてものはない、どこでも千円札一枚あればオンの字である、バーも、小料理屋も、屋台も、ドブ屋も彼らのギリギリの嗜好と経済の上に成り立っているのである、一流料亭で威かくされてきた身には、このチャチな建物がまたとなくなつかしく思えてもくる、今池はアット・ホームな町である、そしてお定まりの上役の悪口や、同僚の噂話が毎晩飽きもせず繰り返されて、あとは夜泣きソバの笛で幕、さればサラリーマンの悲哀のしみこんだ町——これが今池という名の盛り場なのである（昭和28年2月11日）

（昭和28年2月11日の紙面から）

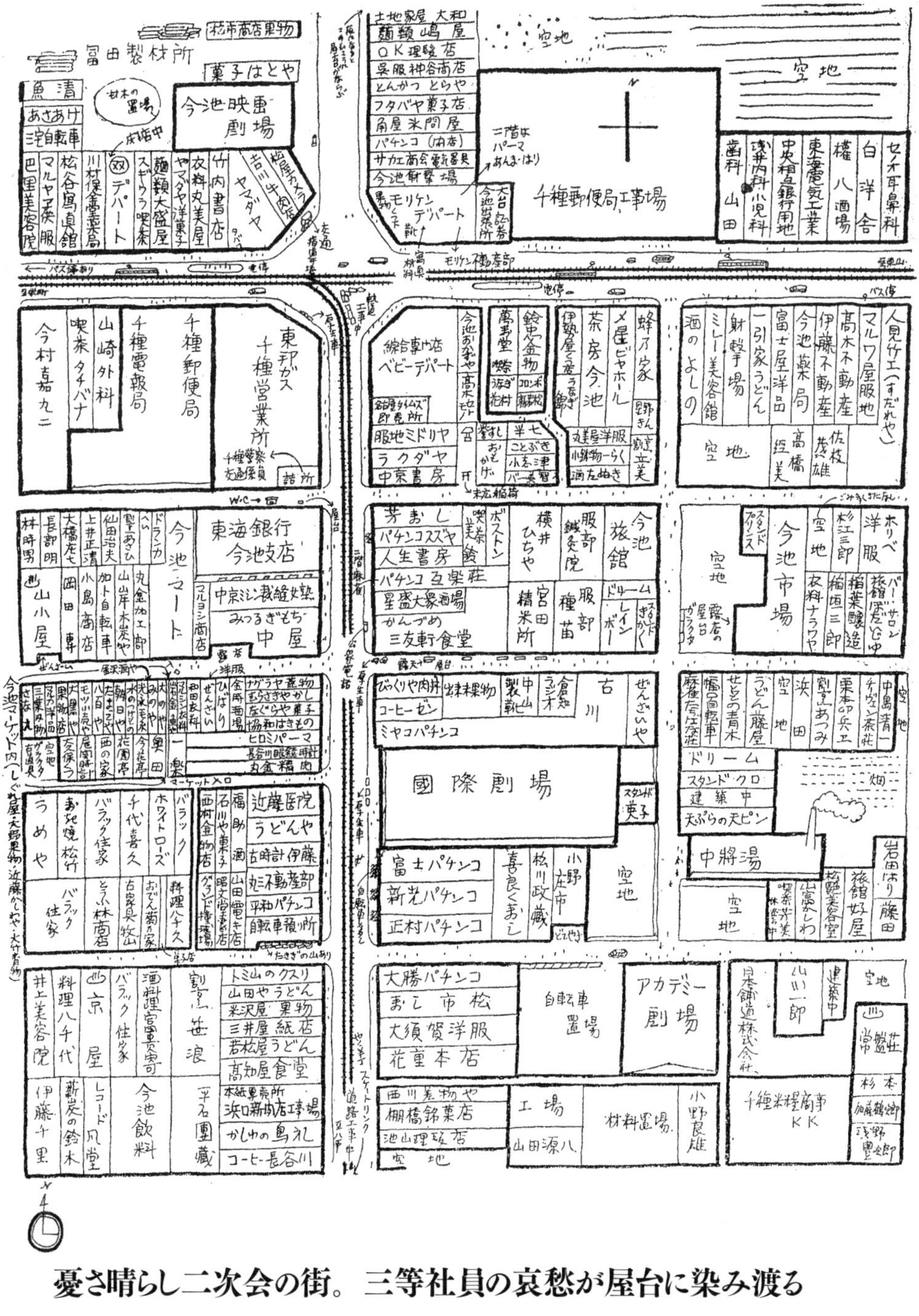

憂さ晴らし二次会の街。三等社員の哀愁が屋台に染み渡る

わが街 わが商店街▼今池

人のつながりを大切にする心意気は今も変わらず

――居酒屋「きも善」2代目大将（今池南西商店街振興組合理事） 田中兼二さん

●力道山が死んだ日に

先代の親父が今池で居酒屋「きも善」を始めたのは昭和35年。今の店（今池1の14の1）のすぐ近く、今池スター通りの長屋の1軒。1階が店、2階で親父とおふくろ、兄が暮らしていた。今池スター通りというのはかっこいい名前だけど、昔、この通りにスター劇場という映画館があったから。映画館がなくなったあとは「今池スタービル」になって今もある。

次男の僕は昭和38年12月15日、力道山が死んだ日に、店の2階で生まれたんだけど、小学生のときは家族で今池から少し離れた同じ千種区の仲田に住んでいたので、小学校は仲田の高見小学校に通っていた。

学校が終わると親父たちが仕事をしている店に行って、ランドセルを下して今池で夕方まで遊んだ。友だちは今池で店を出している人の子が多かった。みんな、僕と境遇が同じで今池に住んでいるわけじゃないもんで小学校は別々。学校では顔を合わすことがない「今池だけの友だち」だね。

●遊び場は映画館とユニー

当時、今池はよその人には「子どもたちにはちょっと危ない大人の街」みたいに思われていたけど、僕ら子どもにとってもおもしろい街だった。

今もある今池公園が遊び場だったけど、当時、今池には映画館がたくさんあったんで、よく通ったなあ。アカデミー劇場は東映系でアニメ、国際劇場は東宝系でゴジラ、平和会館が大映のガメラ、今池劇場は松竹系と洋画をやってたな。映画を観たら今池マートの菓子屋でお菓子を買ったり、大判焼きとかみたらし団子を買い食いした。今でいえば、街全体がシネコンの入ったイオンみたいなもんだった。

そのうちにユニーやダイエーができて、僕たちの遊び場になった。ユニーはスーパーなんだけど、7階建てだったから僕らにとってはでっかいデパートみたいなもんで、「すごいのができた」と思った。よく行ったのはおもちゃ売り場。いい時代で、顔なじみになると店員さんが

商品で遊ばせてくれた。日曜日には屋上で仮面ライダーなんかのキャラクターショーがあって楽しみだったね。

中学、高校になるとレコード店や本屋に行くようになった。今もある中古レコード販売・買い取りの「ピーカン・ファッジ」には、小遣いがなくなるとレコードを売りに行ったなあ。本屋でよく行ったのはちくさ正文館と今池地下街にあった有隣堂。今池地下街は飲食店とか店がたくさんあって、おもしろい所だったけど、店はほとんど閉めちゃった。もったいないよね。

「きも善」の初代と長男＝田中さんの兄＝（昭和37年ころ、今池スター通りにあった「きも善」の前で）

高校を卒業してから、東京で修業して昭和60年に今池に戻ってきて店を手伝いようになった。もともと今池は学生や若い人が飲み屋とかに集まる場所だったけど、僕が今池に戻ってきたころ、世の中はバンドブーム。今池にライブハウスや芝居の稽古場ができて、バンドや芝居をやっている若い連中が街にやって来るようになった。店にもよく来たね。

彼らにとっては、まず今池で頑張って、栄に進出して、一旗揚げて次は東京に行くゾ、というのが夢で、「このころ、今池のアンダーグラウンド色が濃くなった」なんて言う人もいる。今池には「アンダーグラウンド劇場」というストリップ劇場があったんで、今池育ちの僕なんかは、アンダーグラウンドと聞くとストリップを思い出しちゃうんだけど…（笑）。

●手作りで雑多なパワーを

今池は楽しい街ですよ。アカ抜けしていなくて、「村」みたいなところだけど、商売している人や商店街の役員たちは「栄や名駅、大須に負けたくない」っていう気持ちを持っている。だけど、街を盛り上げるために使うお金はない。じゃあ、まちづくりのプロや代理店に頼まずに、自分たちで手作りでやるしかない！　というわけで始めたのが「今池まつり」。今池で学生たちが集まる居酒屋や書店などを経営していた人たちが仕掛けて、平成元年に始まった。寄席、大道芸、バンド、プロレスなど何でもアリの祭りで、今池の雑多なエネルギーが一つになったようなイベント。今も続いている。

プロレスにしろ、今池まつりのイベントにしろ、僕らやっている方は金になるわけではなくて、今池の宣伝のためにやっている。そんなことにエネルギーを費やしているのは、人のつながりを大切にしたいから。街の風景は、僕が子どものころと大分変わったけど、そういう商店街の人たちの気持ちは昔と変わっていない。今池で新しく店を開いた人たちはびっくりしてますけどね。「ほかのところじゃ、考えられない」って。

（構成／長坂英生）

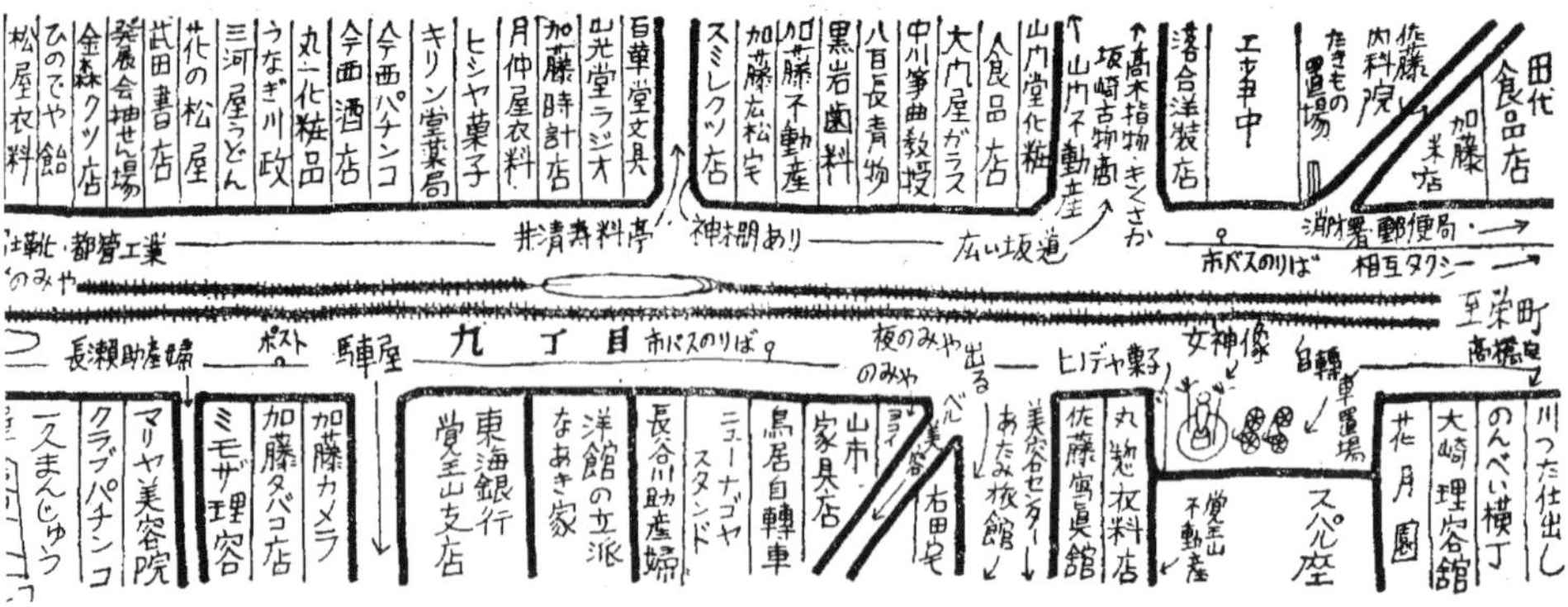

昭和33年9月21日、日泰寺の弘法さんの縁日でにぎわう覚王山商店街。弘法大師の命日に当たる毎月21日に今もおこなわれている。この日はなんと25万人が押し寄せた。左端は「大喜履物店」。

昭和32年10月、名古屋まつりに参加するため覚王山発展会（現・商店街振興組合）の面々が町のみこし「南極探検」を作成、名古屋タイムズを訪問。この年、日本の第1次南極観測隊が南極の東オングル島に到達し、「昭和基地」と名付けた。

昭和24年10月、日泰寺参道の覚王山商店街を行く東山動物園のマカニー。同寺でおこなわれた仏骨（釈迦の遺骨）奉迎50周年大法要での一コマ。

覚王山（千種区）

名古屋市の山の手といえばココ。著名人のお屋敷も多かった。T字型の足の部分500mは日泰寺の参道でもあり、毎月21日の弘法さんは現在でもにぎわう。

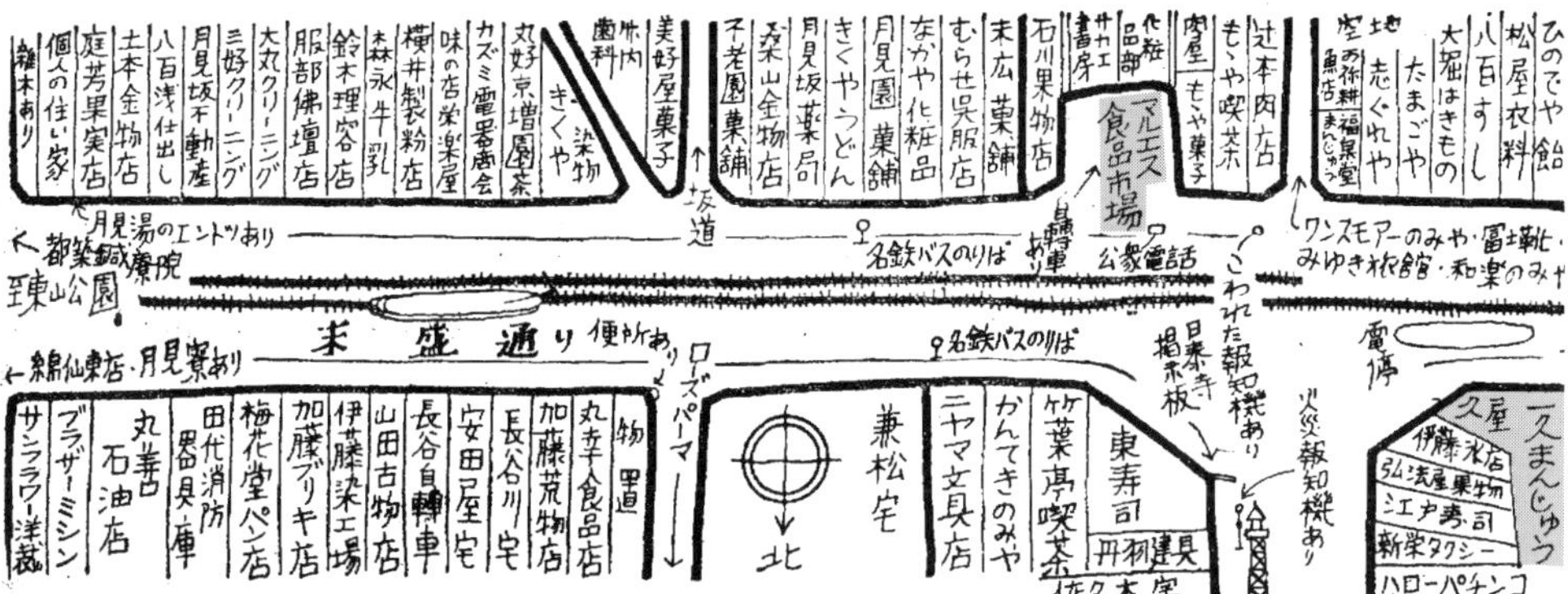

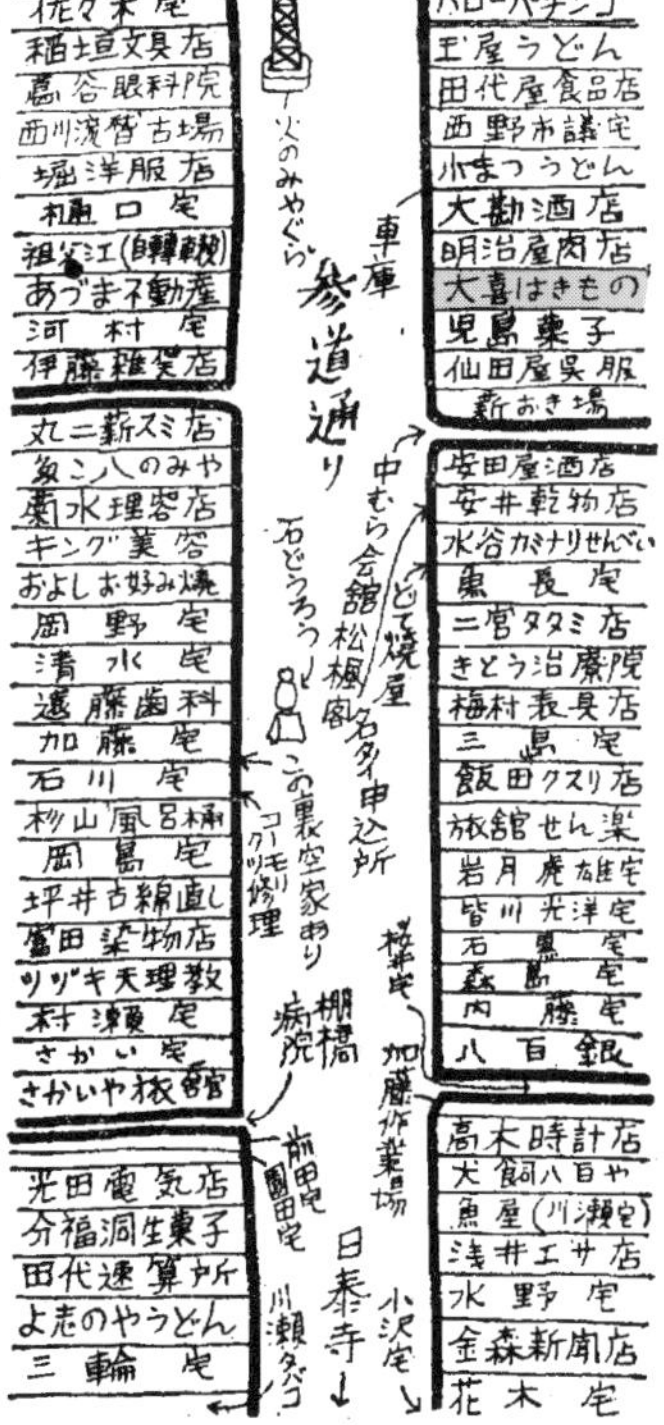

昭和41年7月の覚王山商店街。左端は「久屋」。

結束の固いのが 商店街の自慢 切り離せぬ日泰寺さま

【記事再録】

マルエス市場がデンと構えているが、その設立が（覚王山）発展会結成より一年ほど早く兄貴分とのプライドからかこの市場は会員に入ってはおらず特異の存在となっている、発展会九十四店舗が毎月六の日を特価日として売出すのに対し市場側は八の日を大安売り日としてサービス競争するといった具合、おかげでお客は大助かり、市電にチョイと乗ればものの十五分で栄町へ通ずる交通の便利のよさと〝ござあます族〟の自家用車がわざわい？して贈答用品はじめ、まとまった買物はほとんど栄町近辺に吸収されてしまうというのも一理〝便利のよいのも良し悪しですな〟と店主たちは変な愚痴をこぼす、だが「門前市をなす」の例はほかにも多いこの発展会も〝日泰寺あってのもの…〟という自覚があるからサービスには力の入れ方も強い（昭和29年3月7日）

桜山（昭和区、瑞穂区）

商店街のパイオニアは書店の『日進堂』静かな住宅街は昔の夢

街の草分けは書店の日進堂、名古屋高等商業学校（名大経済学部）。そのほかは畑ばかりの地が戦後、交通の中心となって発展し、美容院、洋品、化粧品店が多い女性向きの街に。

昭和 32 年３月当時の桜山交差点付近。

昭和 38 年２月の桜山商店街。左のコーヒーの看板のところが「さくら堂」。

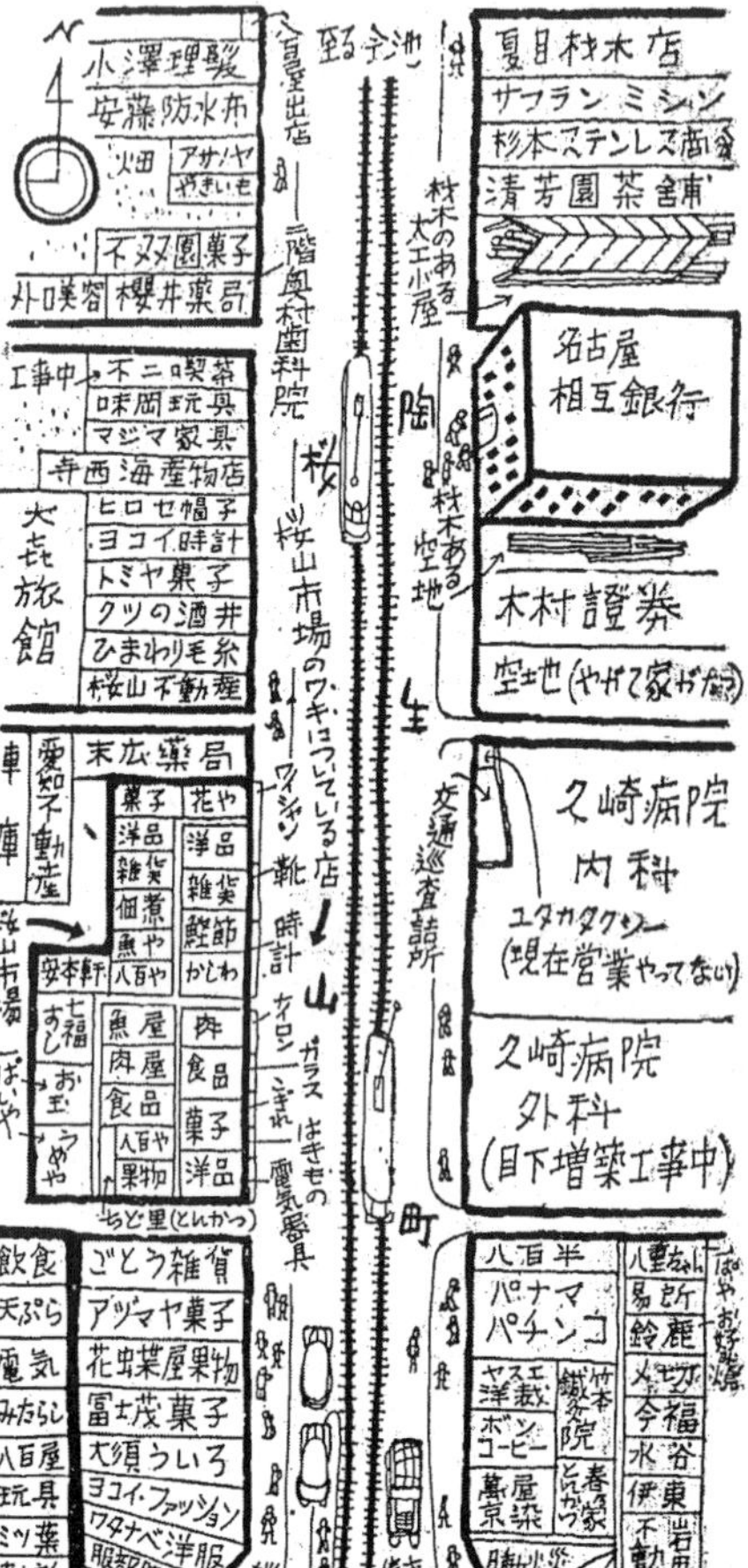

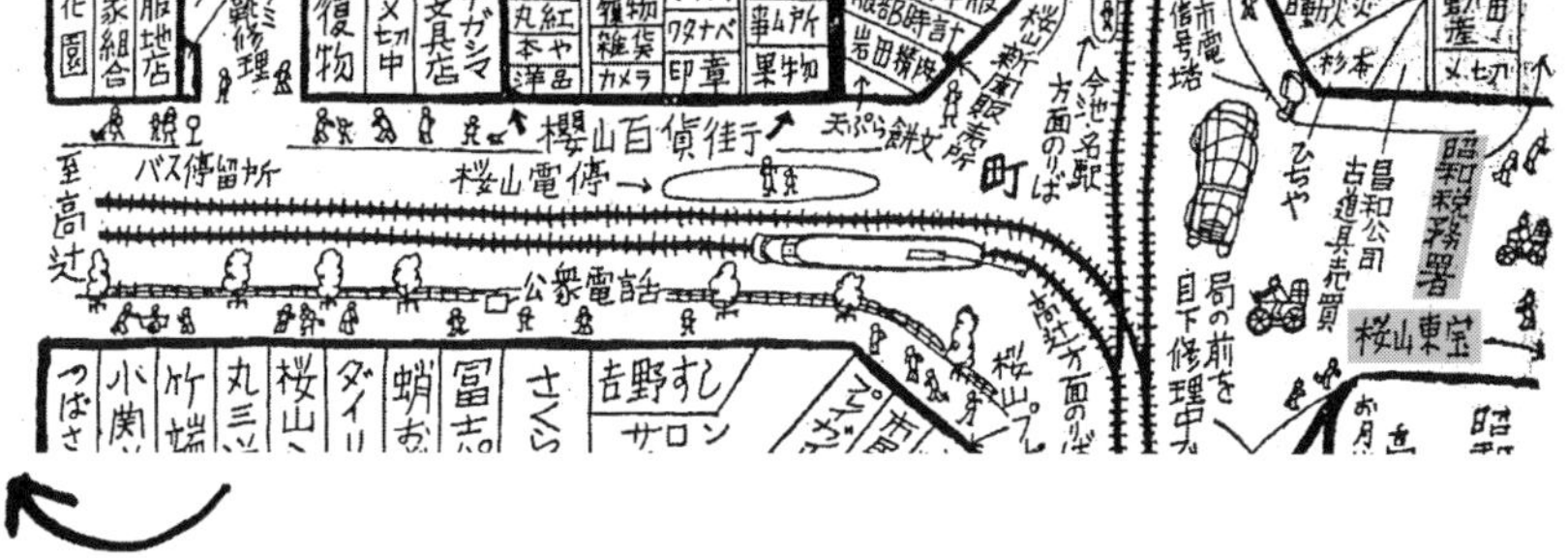

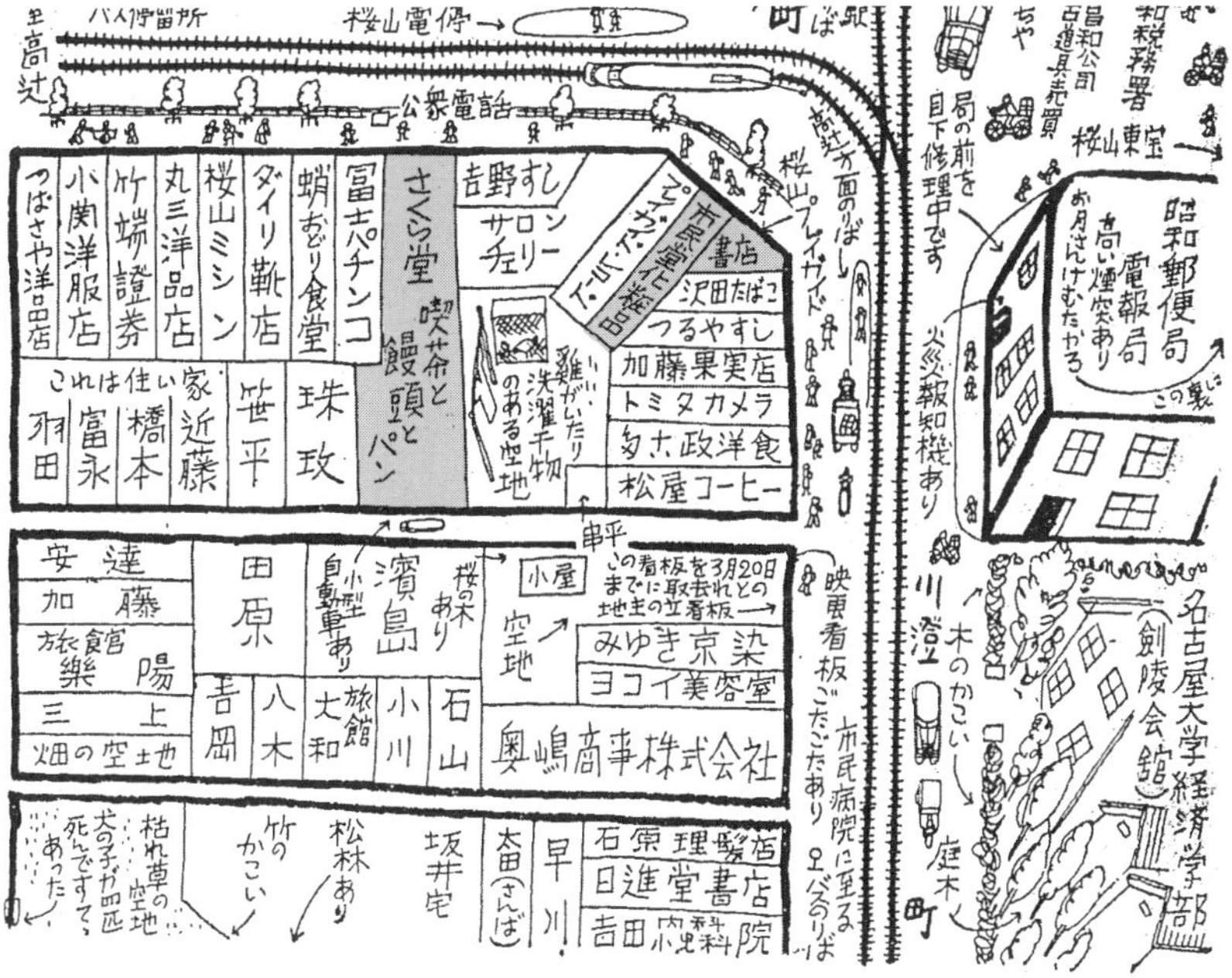

昭和 38 年 8 月、桜山交差点のカーブを曲がる市電を交差点南東角から撮影。左端が書店の「日進堂」。その隣に「市民堂化粧品」の看板が見える。

現在の桜山交差点
（平成 26 年 6 月撮影）

【記事再録】

桜山東宝は学生相手の映画館、古い洋画二本立で六十円、大学生は大ていひとりか同性の友人同士だが高校生はアベックが多いという、これは大学は女子学生が少ないという数的事情にもとづくようだ、自転車がズラリ、市内の映画館が終ってここへ廻ってくるのを待ちかね観にくる連中が多いそうだ「成績はいいようですな」といったら眼をつむった、ナルホドお向いは県税事務所だ（昭和28年4月5日）

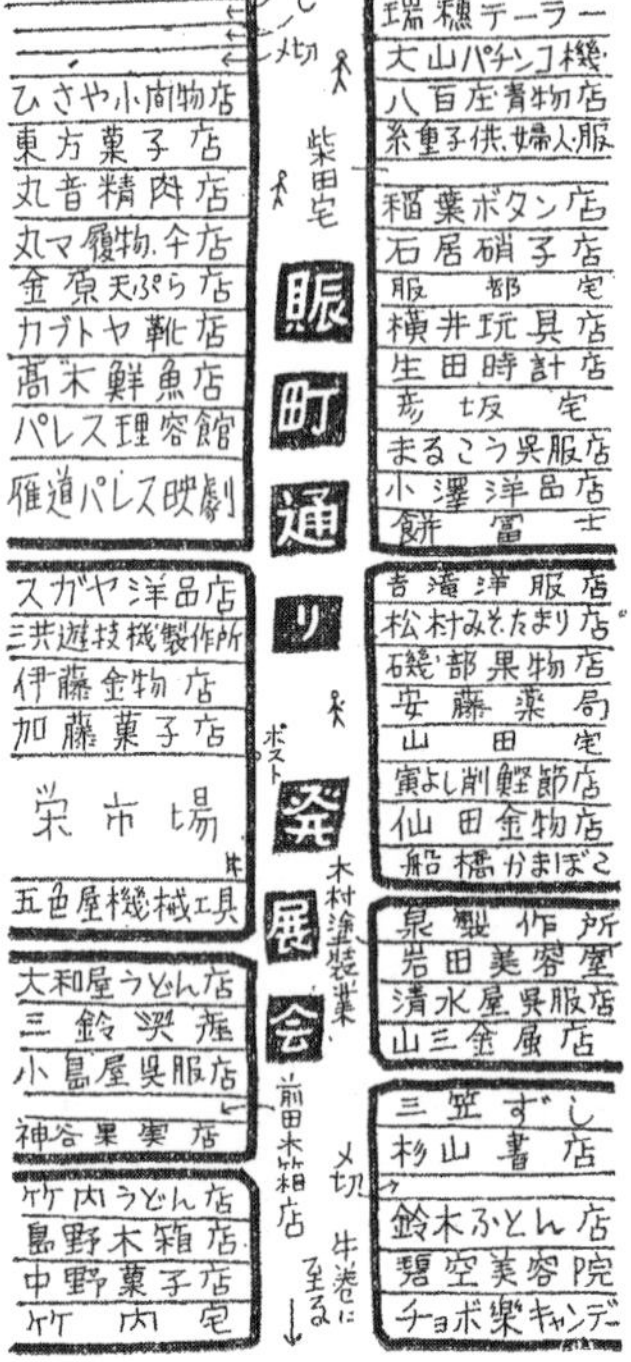

ここは勤労者の街
名物なくても商店の数は
名古屋でも指折り

昭和 24 年 12 月の雁道通商店街の年末年始大売出し。古くからの商店街で、当時 120 店の商店が並んでいた。

雁道通商店街アーケード
（平成 26 年 6 月撮影）

雁道（瑞穂区）

都心から離れているにもかかわらず、周辺に工場街があることもあって、勤労者の街として発展。戦後になっても一歩裏路地に入ると昔ながらの長屋がズラリと並んでいた。

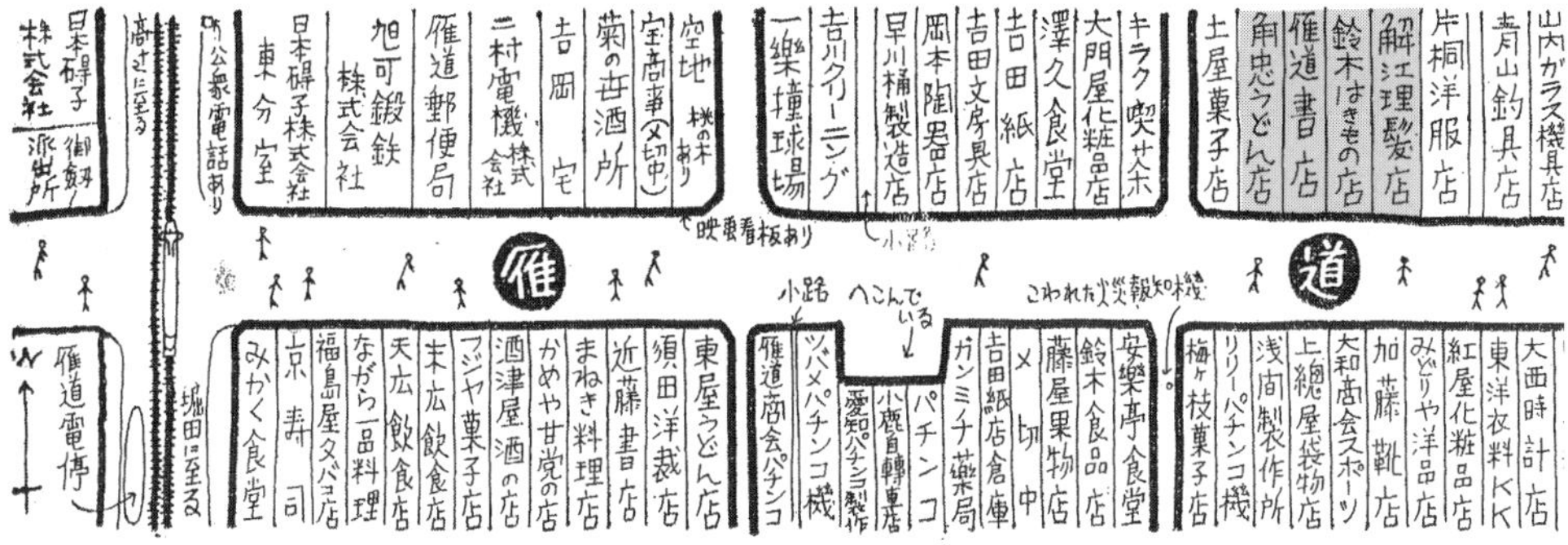

昭和 38 年 12 月の雁道通商店街。戦前は西の円頓寺、東の代官町とともに繁盛ぶりをうたわれた。戦後も工場地帯を控え、働く者たちの強い味方だ。左端の「うどん」の看板は「角忠うどん店」。その横が「雁道書店」、電柱に「カイエ理容館」の広告。

平成 26 年 6 月撮影。
左端は「角忠うどん店」。

【記事再録】

雁道という名の起源については文献もなく詳しく知る人は少いが、この発展会で〝文学博士〟と呼ばれているさる本屋さんの研究したところによると、昔鳴海から笠寺にかけ沢山の雁が棲んでいて俳人横井也有がヨサムの「知雨亭庵」から東を眺めて雁の句を詠んだとか、そこから何時の間にか雁道という名が生れてきたのだという、また一説にはこれらの雁が熱田の社へ戻る帰り道に当っていたので雁道となったというのもある、そのころは未開地の周囲すべてがまるっきりの田園で大正も末ごろになってボツボツ家が建ちかけたくらいの新開地、名古屋の北海道と呼ばれたものだ（昭和29年8月22日）

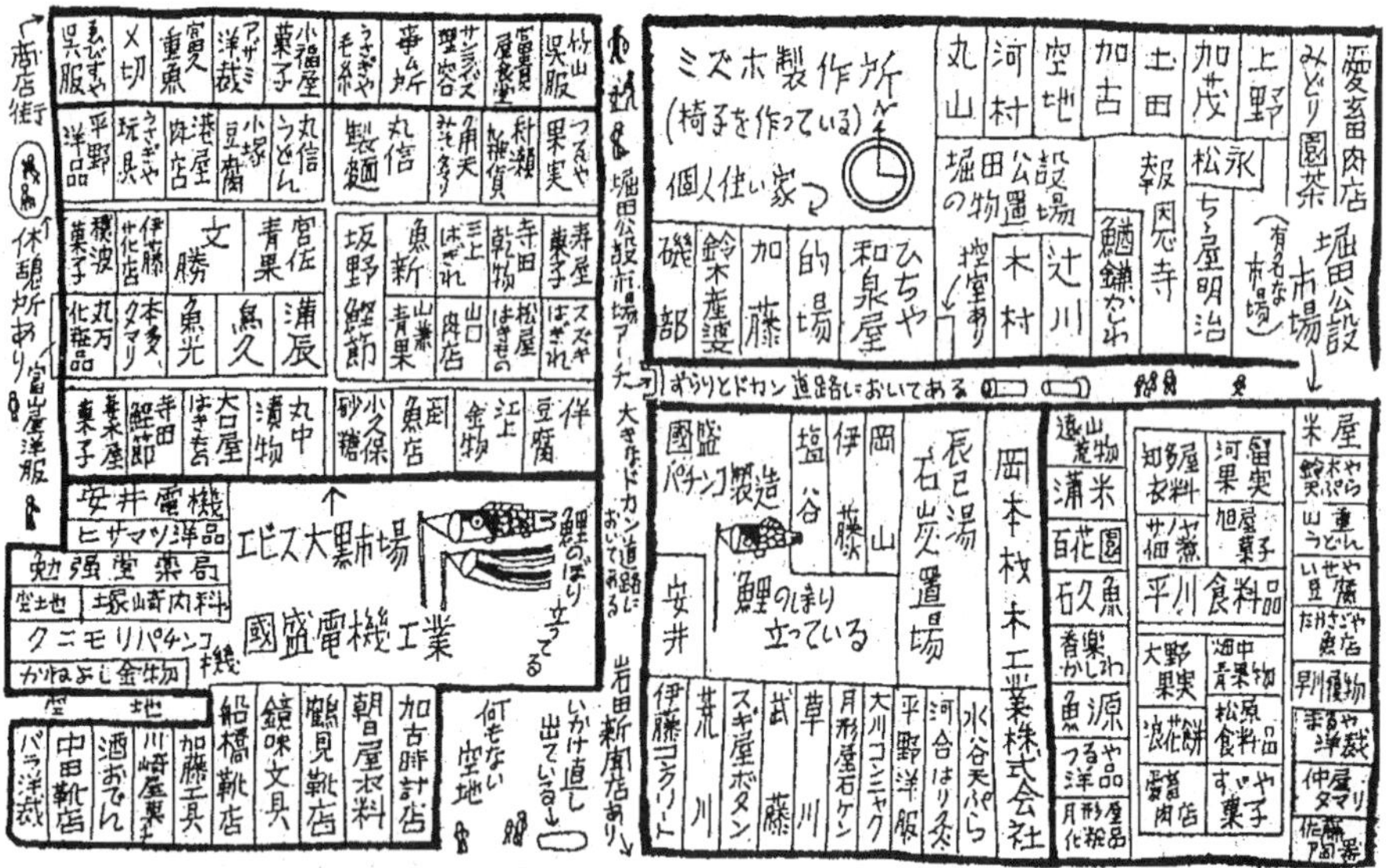

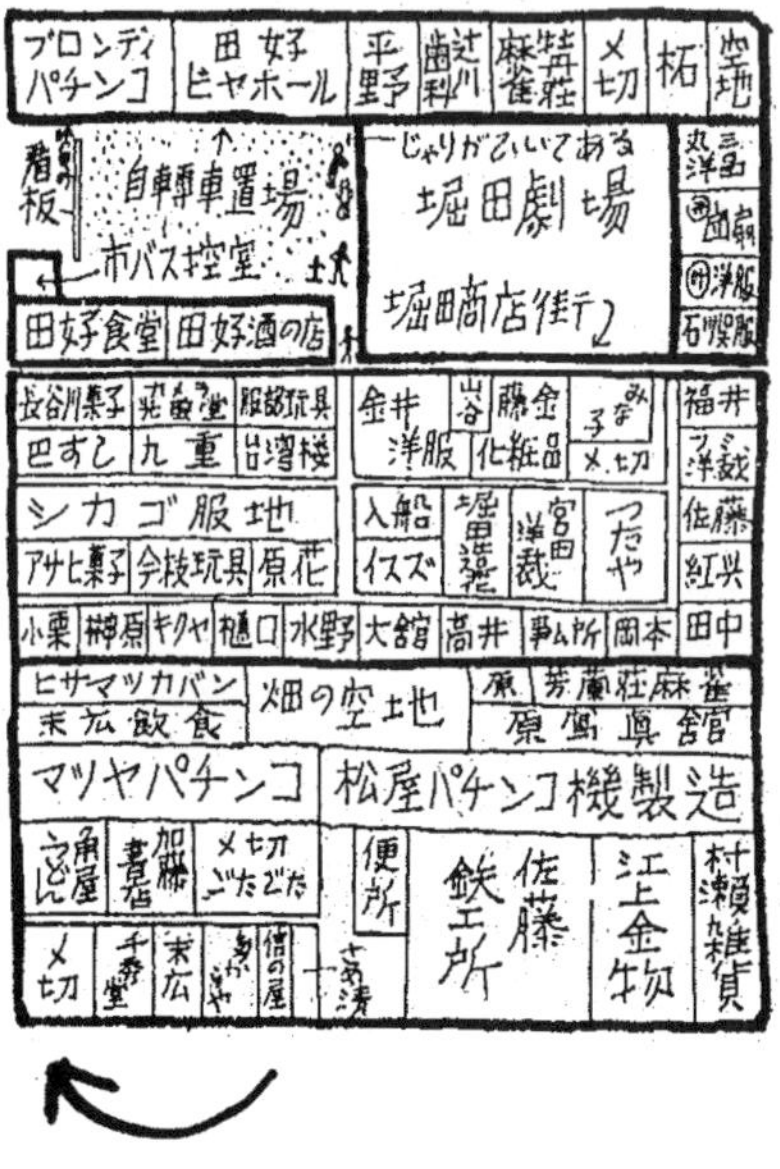

昭和26年7月撮影。堀田のパチンコ街。当時名古屋は「玉へん景気」といわれたパチンコ時代。市内には700店以上があったが、1店平均40台の小型店が主流だった。

堀田（瑞穂区）

名鉄堀田駅から周辺の工場に通う人たちがお得意様。下町情緒たっぷりで、雁道からこのあたりにかけて戦前からパチンコの製造屋が多くあり、パチンコは堀田名物でもあった。

砂塵もうもう耳つく騒音
ドライな工場街に花咲く盛り場

昭和36年1月の堀田界隈。中央を横切るのが名鉄名古屋本線で、左が堀田駅。電車が走る線路の北（写真上）が市電の終点・堀田駅前停留所。名鉄線が現在のように立体化されたのは昭和44年2月。

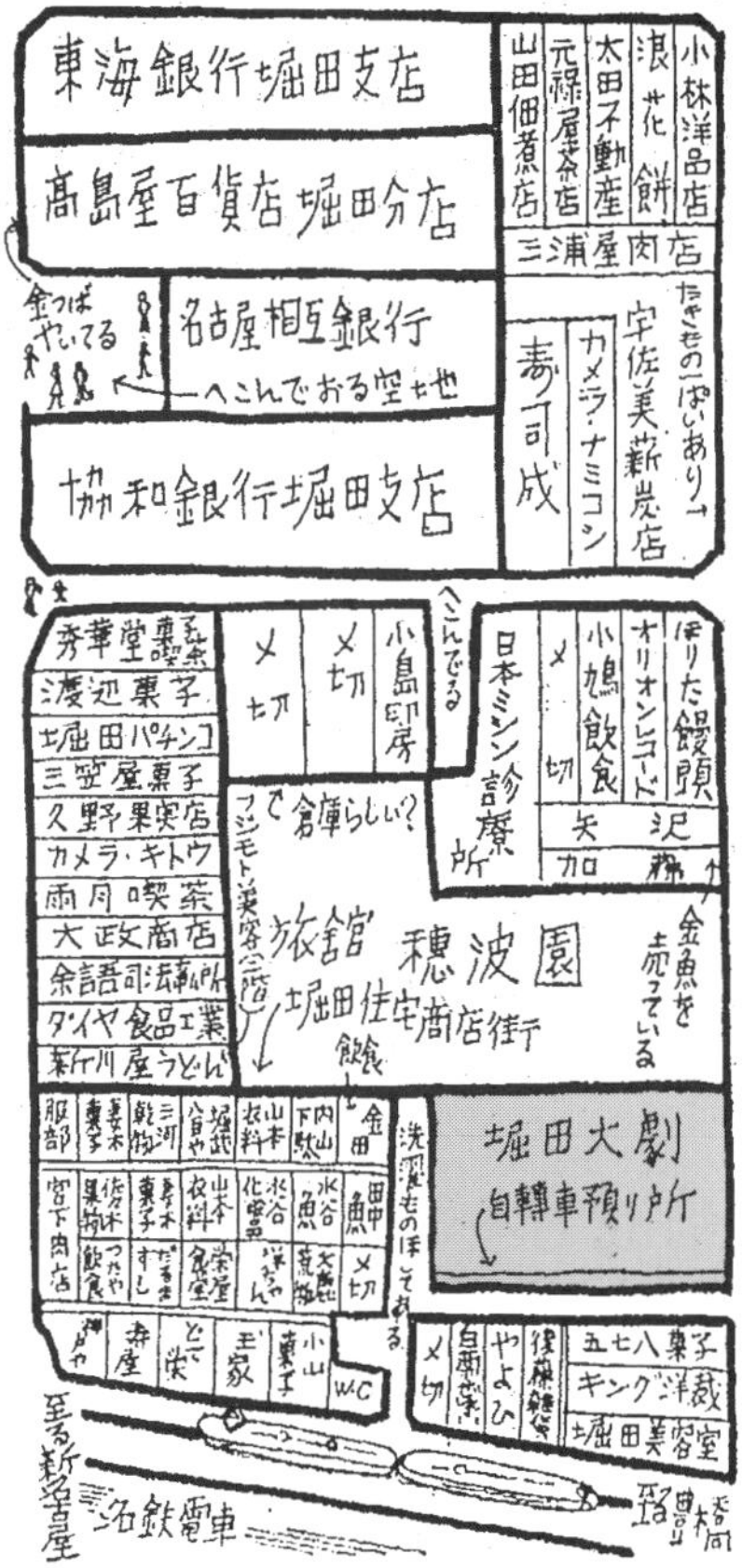

昭和31年6月の堀田大劇。26年に開館した大映・東宝系の映画館。「君の名は」で記録的な動員を果たし、メロドラマが多く上映された。

【記事再録】……

…とにかく六つも市場があるところは名古屋市探してもほかにない、お互い競争して値段が安い、一割から二割は安いそうだ、そこでこの付近の工員家庭ばかりでなく呼続、雁道、高辻あたりからもお客が多い、「お客はピンからキリまで、全体にコマカイですな、商売にしくいです」とはある店主のはなし、見ていると割烹前掛のオカミさんから羽織の奥さんまで雑多だがよく賑っている（昭和28年5月3日）

（昭和28年5月3日の紙面から）

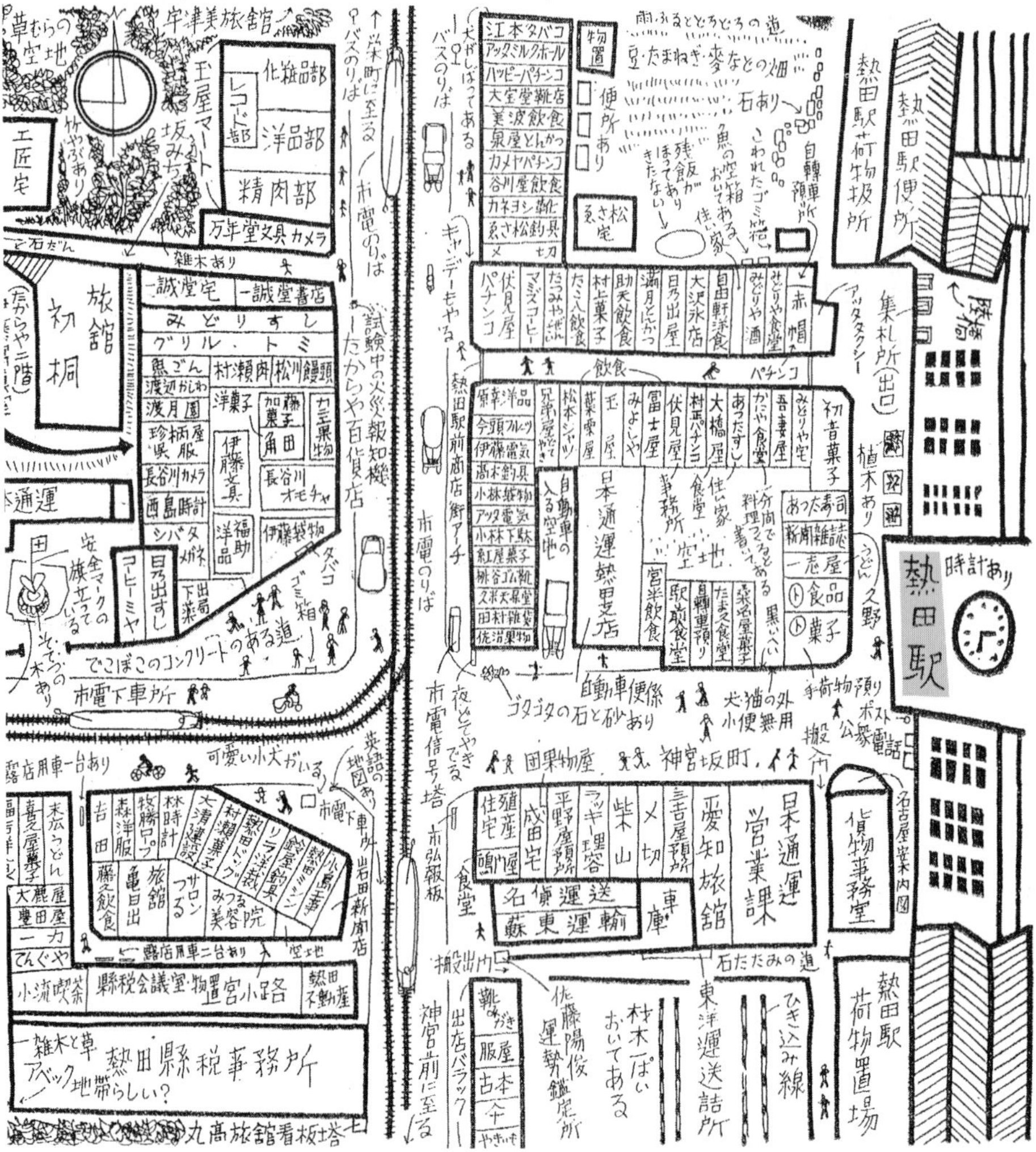

熱田駅構内にあった鳥小屋（昭和 37 年 12 月撮影）。駅前の鳥獣商が 30 年ごろに寄贈。3m 四方の小屋でセキセイインコ、カナリヤ、ジュウシマツなどが飼われていた。

熱田駅前（熱田区）

熱田駅は明治 19 年に開業。戦時中は周辺に軍事工場もあって栄えたが、空襲で焼け野原に。駅前はバラック、バラック、汽車の煙と、まるで西部劇の街みたいだったという。

昭和 33 年 10 月、名古屋まつりで熱田駅前を行く熱田神宮のみこし。「みこし渡御」と言われるこの儀式がおこなわれるのは、平安時代に平将門の乱が収まるのを祈願して、星崎に出向いて以来、創建２度目のことだった。

昭和 28 年６月に熱田神宮でおこなわれた「第１回愛知の新茶まつり」の一コマ。西尾町（現・西尾市）の茶摘み女性たちが、超特大の茶わんや茶せんなどを担いで到着、茶摘み踊りを披露した。

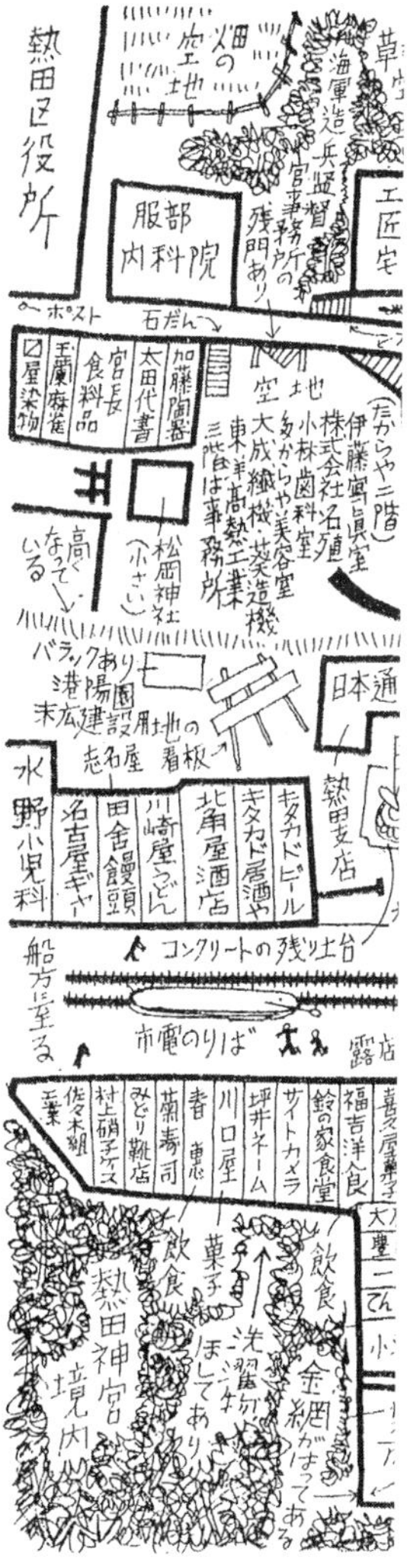

バラック、バラック、汽車の煙
まるで西部劇の街

【記事再録】

「私ぁ生きておった訳じゃないが、昔は宮の宿といって街道一の色街だった、市場町から伝馬町の辺だったらしいな、明治になってからもここは熱田町で名古屋とは別だったんだ、熱田っ子は名古屋っ子とは種からして違うんだぜ」

「ま、それが五十年位前かな熱田の発展のためには名古屋に近づくべしとて合併になった、その時のことさ、えらいゴタゴタしたね、そのころ八丁畷にあった熱田駅をいまのところへ持ってこようとしてサ、ところが工廠があるので陸軍省が口を出す、熱田サマの御本殿と直線距離が近すぎるといって宮内省がゴタゴタいう、そこへ県があり市がある、長い間もめたあげくやっと移転した訳サ、ところがこいつがいけなかったんで名古屋駅と近くなりすぎて名古屋の方に客をとられたんだ、熱田駅が八丁畷の方にありゃ、呼続、道徳あの辺は大した発展なんだが」（駅前土産物屋主人談）（昭和28年5月24日）

（昭和 28 年５月 24 日の紙面から）

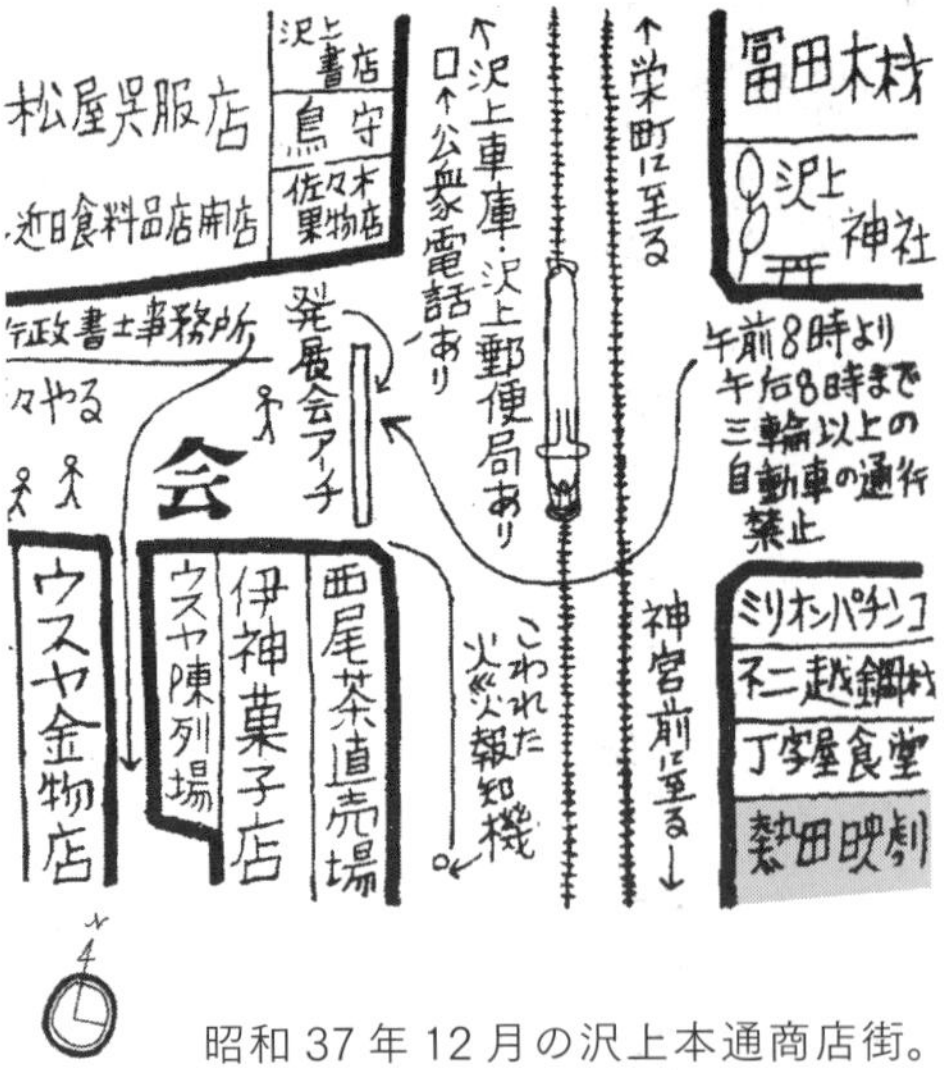

昭和37年12月の沢上本通商店街。狭い入口を入ると、「うなぎの寝床」のような小さな商店街があった。沢上の名は西を流れる堀川付近が大きな沼沢になっていたことに由来するとか。

平成26年6月撮影

軍需景気が生みの親
戦災知らずのラッキー・タウン

沢上本通（熱田区）

大正3年には商店街組合もできていたという古顔だった。近所に市電の車庫や軍需工場があり、景気はうなぎのぼり。戦災を逃れ、今度は一人勝ちに。時代の波をうまく捉えた。

【記事再録】

名古屋熱田区沢上本通という堂々たる商店街を連想されそうだが本通ならぬウナギの寝床よろしき横丁の街、市電沢上車庫の南に「沢上本通」のアーチがあるのでそれと察することができる、電車通から東西に約百メートル、巾三メートルという商店街としては名古屋一せまい道路の脇に〆て五十軒の店舗が目白押しに並んでいる、戦災には全く無キズというだけに昔ながらのコンニャク屋があったりミタラシを焼く匂いが漂っていたり、なかなかオツな、くだけていえば尻バショリでも歩けそうな街である（昭和29年6月6日）

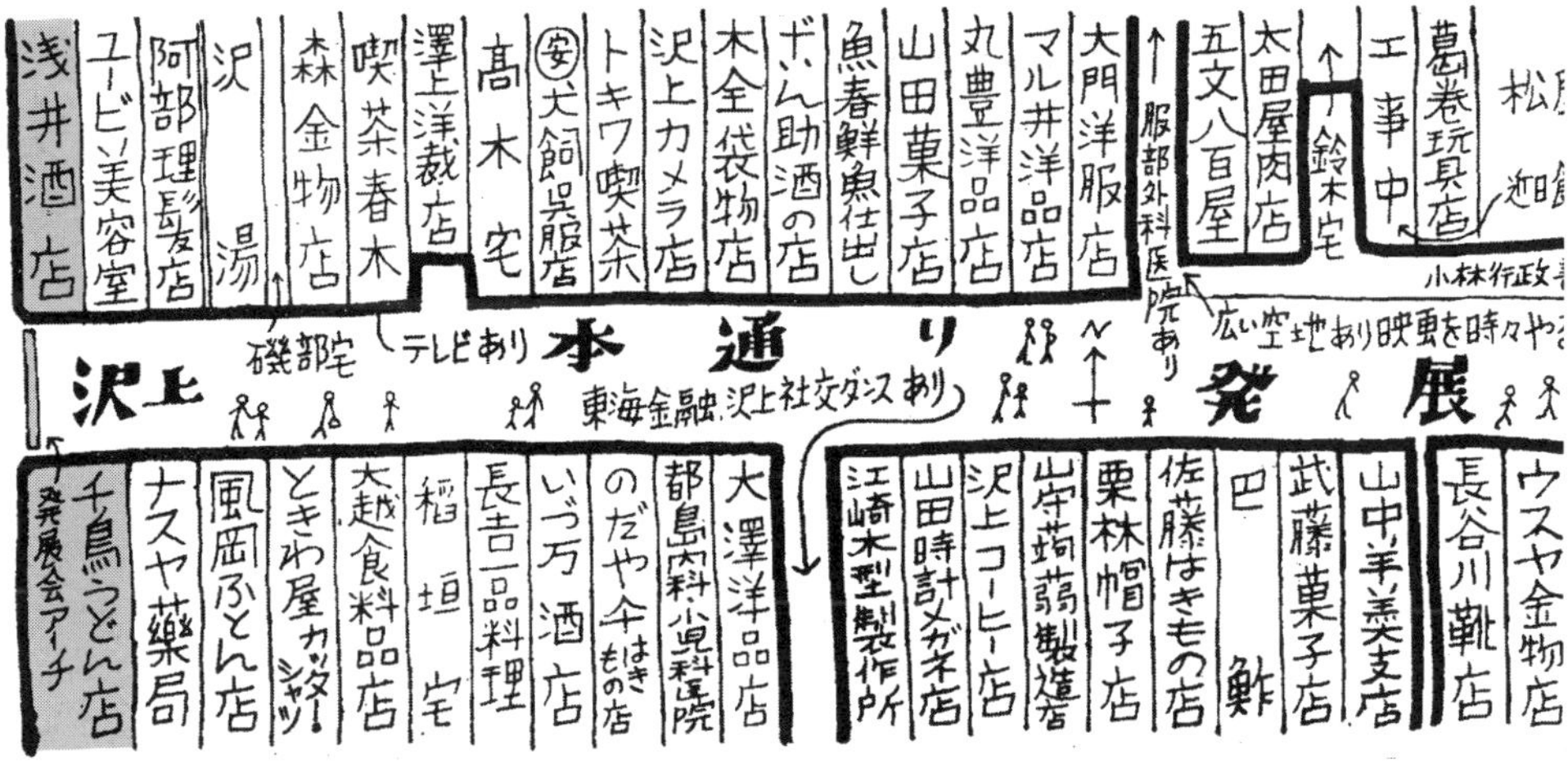

沢上本通商店街にあった熱田映劇。撮影は昭和 31 年４月。昭和２年に開館の老舗で、沢上館の名で知られた。撮影当時は日活以外の５社の邦画を上映。「二十四の瞳」「路傍の石」など文芸ものが大当たりした。

昭和 29 年５月、跨線橋工事がおこなわれる沢上交差点。国鉄、名鉄をまたぐ橋だが、同時に高辻―沢上間の市電軌道も敷設する大工事だった。

【記事再録】……

映画館は電車通に熱田映劇というのが一軒あるきり、ここもご多分にもれぬ三番館で一週間に二回も番組が替る、戦前は栄座という芝居小屋があったが戦争中市電の材料置場に身売りして今では跡形もない、昔、熱田芸者の名で艶名をほしいままにした置屋はこの界隈に三軒ばかりあった、今では当時の料理屋がダンスのレッスン場に姿を変えている、昔を知る人にとって感慨無量だろう、そういえば電車通にあった〝ミリオン〟というキャバレーはいつの間にかパチンコ屋に……パチンコ王の銅像の立つ時代だから成り下ったとは申せまいが……

（昭和29年6月6日）

六番町（熱田区）

その昔、尾張公の手で埋め立てられた熱田新田が前身。新しく埋め立てられた土地には守り神である弘法様が祀られ、ここは六番目というわけだ。

トラック、バス、電車…
目の回る交通量の新開地

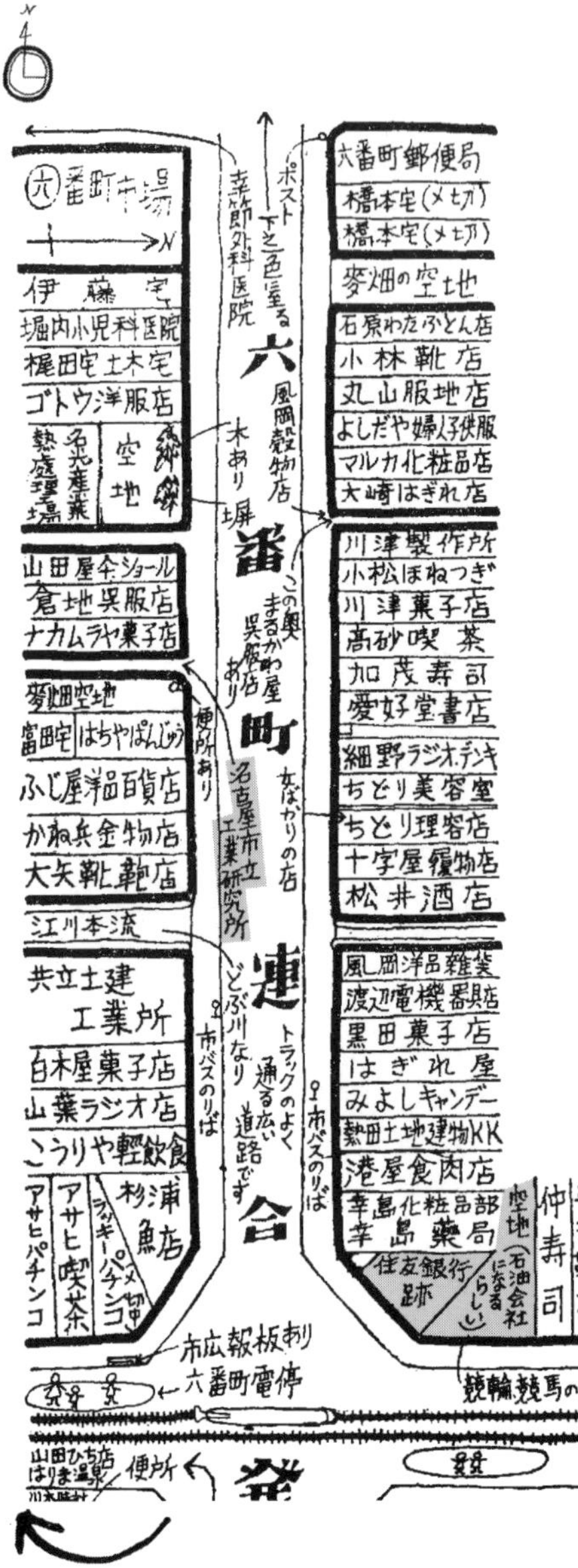

昭和38年、六番町交差点に新幹線の架道橋が設置された。架道橋は国道1号を斜めにまたぐもので、写真は同年6月、工事が進む現場の様子。点線が架道橋の設置場所。

同年11月、設置された架道橋。同月16日夜から17日早朝にかけて国道1号を10時間ストップさせて設置した。

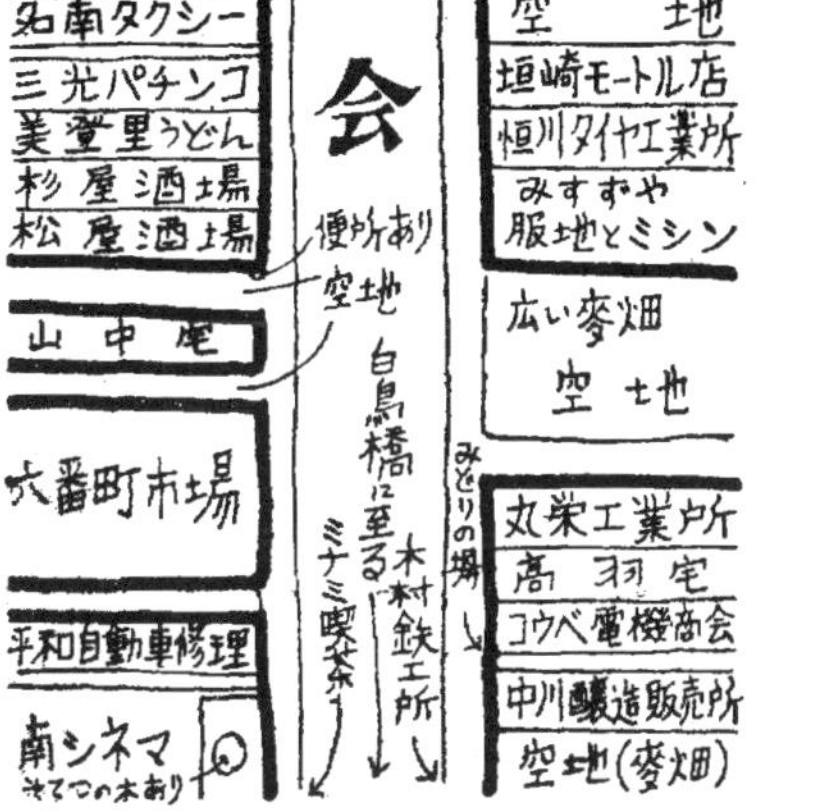

毎月6の付く日に名古屋市立工業研究所前で開かれた「六の市」も六番町の名物。服地、果物、陶器など数十軒の露店が並んだ。写真は昭和38年12月26日撮影。

【記事再録】……………

この発展会は月三回「六の市」というのを開く、各商店が五、六点ずつ特価品を出し原価サービスをするがこの日は商店なども店を出してお祭さわぎだ、オカミサン連中は新聞の折込み広告と首っ引きで〝お徳用〟をさがして回る、六の日があまり賑うので五の日と七の日はさっぱり客足がないという珍現象に商店街は休む店が多い、電停角の住友銀行の跡はアメリカのスタンダード石油が買収してガソリンスタンドを作ることになってるそうだが許可が下りないとか、近くの東海特殊ガラスは戦時中洋服になったガラス繊維を作っている（略）最近は専ら電線の被膜やカーテンテーブル掛に用いられるそうだ（昭和29年4月25日）

【記事再録】……………

…こんな狭い土地だが飲み屋は十数軒ある、どこも人夫連相手に繁昌しているが上客さんは何といっても旅のお方、東海道（国道一号線）を上り下りするトラックの運転手が車をとめて腹ごしらえをしてゆく、熱田の宿場は今や六番町に移ったという次第、だからこのあたりの飲み屋は朝の三時や四時まで店を開けている、四六時中バスやトラックがブウブウ通るので新しく越してきた人たちは不眠症に悩まされるという、なにしろいつも未明から下之一色の魚屋さんや南陽町方面のお百姓さんの魚や野菜を満載したオート三輪、大八車が通る、それにトラックの交通量は目が回るぐらい（昭和29年4月25日）

内田橋（南区）

大正期までは葦の茂った池ばかりの土地。商店街ができたのは昭和10年以降の軍需景気による。戦災でご破産になるが、ふだん着の商店街として安さで勝負し、発展してきた。

昭和27年5月2日の内田橋渡り初め。南部工業地帯と都心を結ぶ橋として市復興局が25年10月に着工。地元3世代の夫婦が古代、中世、現代の装束で渡り初め。内田橋商店街は各店先に笹提灯を飾り、ダンスや映画演芸で祝った。

昭和37年2月の内田橋商店街。交通量が多いのが悩みの種。

昭和26年2月、内田橋商店街でおこなわれた豆まきならぬ「酒まき節分」の光景。特設舞台に4斗だる2個が据えられ、赤い法被のオヤジさんが大盤振る舞いした。

【記事再録】

協同組合というのがある。共同仕入、共同販売、金融をその目的とするのだが、あらゆる商品を組合で仕入れ、一六の市と称して一と六の日の正午から共同販売の市をたてる、売り切れるとそれでおしまいにして「まあ一杯」と茶碗で酒をくむ、お互いの商売の売れ行きが悪くならないかときいたら「それがかえってよくなってるから不思議だ」ときた（昭和28年3月25日）

（昭和28年3月25日の紙面から）

戦災から一致団結で復興
安いが自慢の商店街

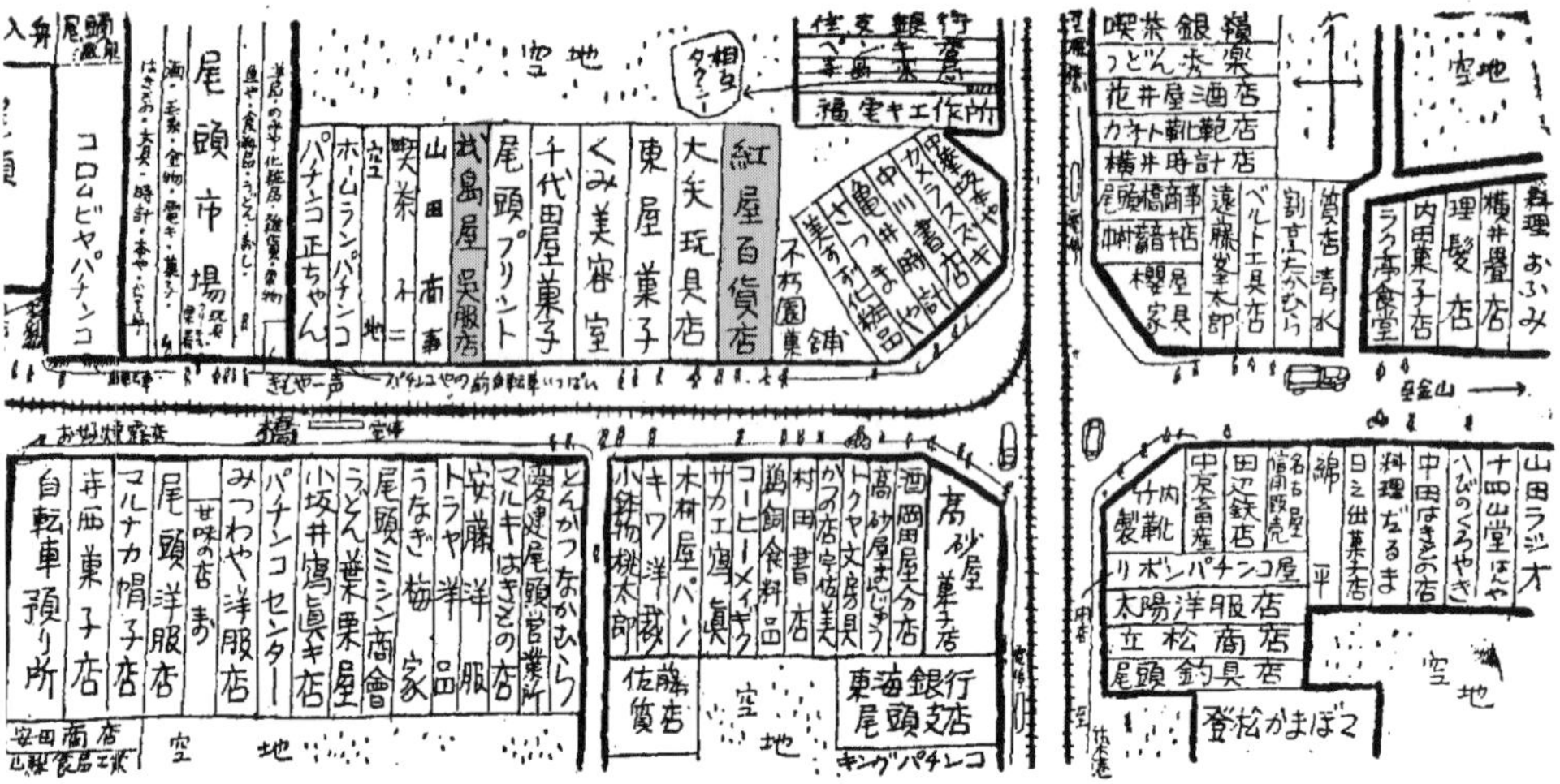

昭和 26 年 12 月の尾頭橋商店街。24 年に中日スタジアム（現ナゴヤ球場）が完成してにぎわうようになった。街を走る選手バスは野球少年の憧れの的だった。左端は「武島屋呉服店」。真ん中あたりに「紅屋百貨店」の「紅屋」の文字が読める。

昭和 31 年 5 月の尾頭映劇。

尾頭橋（中川区）

始まりは明治。農家の人たちが街道沿いのここ尾頭橋で野菜市を開いたのが起源とか。やがて色街として発展。空襲で焼けてしまったが、戦後は映画館を口火に再建されていった。

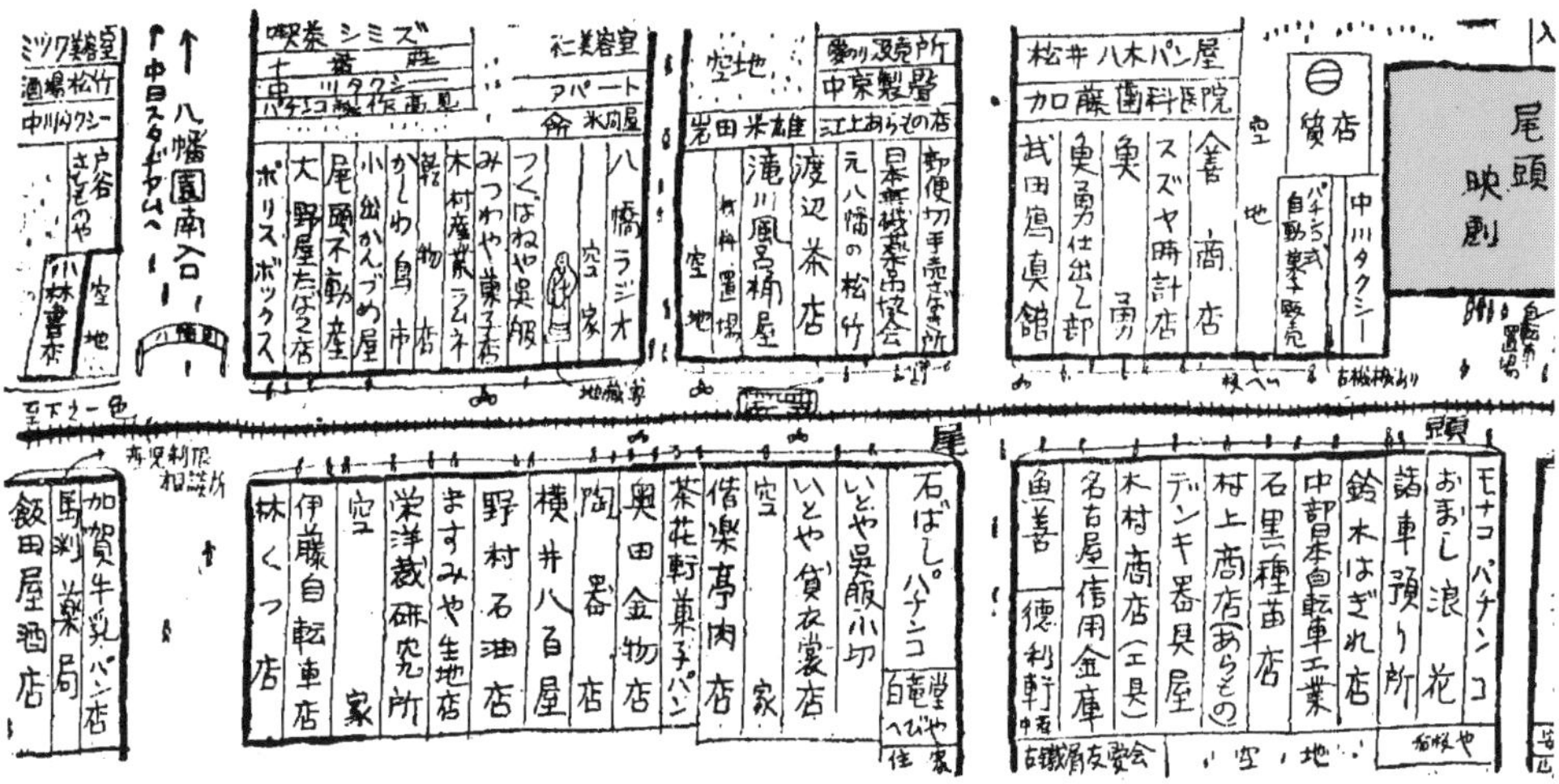

色町で発展した庶民の街
映画館が戦後復興の口火に

【記事再録】

戦前は三十分に一本という一色線の客のためにウドン屋、カフエ、酒屋がパラリとあっただけの電停付近は、今はギッシリ商店が立ち並んでいる、というのも電車の乗降客と尾頭劇場があるためだといわれている、尾頭劇場は昭和二十二年誕生、いつ行っても客は満員という盛況、足許はムキだしの土間で、隙間風と共にそこはかとなくＷＣの香りもただよってくる、映画のクライマックスに拍手するのはここの客ぐらいだろう、なかなか純朴でよろしい、劇場はもうひとつ、伏見劇場というのがある、芝居、浪花節漫才をかける小屋だが、これは余り繁昌しない、二年前迄は「自由劇場」と称したが、経営困難でとうとう投げだして興行主がかわった、最近はそれでも少しはよくなったらしい、客席の前半分がタタミである。（昭和28年2月24日）

（昭和 28 年 2 月 24 日の紙面から）

【尾頭橋】昭和 38 年 1 月の尾頭橋。戦後、急速に発展し、このころは「なんでもそろう尾頭橋」のキャッチコピーで客を呼んだ。景気を反映して金融機関が続々と支店を設けた。

【尾頭橋】昭和 29 年 2 月 28 日、日本初のワンマン市電が名古屋に登場。尾頭橋電停では戸惑う乗客に指導員が出て誘導した。ワンマン市電は前年に走行予定だったが、組合の反対でこの日にずれ込んだ。

【大須】昭和 29 年 12 月撮影の万松寺通商店街。年末年始商戦が始まり、東西入口に羽子板と羽根をあしらったアーチを設置。60 個の蛍光灯と灯光器でアーチを照らし出した。

【代官町】昭和 37 年 12 月の代官町商店街。

II……昭和四十年代の名古屋

ライフスタイルの変貌による大変革の時代

昭和20年代後半から昭和30年代前半に活況を見せた商店街は、その後、交通網の整備、大型量販店の進出、生活様式の変化などによって下り坂を迎える。

ここで紹介するイラストマップは「名古屋新地図」のタイトルで昭和40年10月17日～昭和41年12月25日に連載したものの一部である。この時代、商店街にはまだにぎわいがあり、一方で地下街や小売店が集まったビルなど、新たな「商店街」も登場した。

連載にあたり名タイは「町がガラガラと変容していく。長年、名古屋に住みなれた人でも、たしかな案内はおぼつかなくなった。たとえば、名古屋駅前の地下街を歩いてみたまえ。物知り顔で歩いていようものなら、必ず一回や二回は道を聞かれる」と戸惑いながらも、「市民の足に役立てるために、ふたたび、新しい名古屋の町々をとらえることになった」と書いている。

この連載から40年弱、名古屋の町は依然としてガラガラと変容し、ここに掲載した「街」はずいぶん姿を変えて、中には消滅したものもある。

昭和 46 年 1 月、広小路の丸栄前を走る市電。市電・広小路線は同月末で廃止された。

東京五輪開幕を前に昭和 39 年 10 月 1 日、東海道新幹線が開業。写真は同日朝、名古屋駅でおこなわれた「こだま 204 号」の出発式。

昭和 26 年 12 月の名古屋駅西銀座通商店街。

名駅西銀座通（中村区）

戦後派並ぶ商店街 “おかみさん” でにぎわう

商店街の角にある樹木の茂った森が椿神明社。ここから西、則武本通までの約 400m が商店街だ。かつては午後 3 時頃には、買物カゴをぶら下げた主婦や娘さんで一杯に。

昭和 42 年ごろの名古屋駅西銀座通商店街。右端は「古川洋服店」。左端は「長谷川ガラス店」。

平成 26 年 5 月撮影

【記事再録】……………

歴史が新しいだけに戦後の店がほとんど。まず通りを東からブラリ――。椿神明社の向かい側角の大衆食堂ふじや。そば、うどん、ぜんざい、あんみつから大判焼きまで売っている。婦人、子どもに人気のある店。一コ十五円也の大判焼（あずきアン入りです）は、安くてボリュームがあってうまいと評判。その先のケンコーは喫茶店だが、スパゲティが安くてうまいと評判。味多喜本店は生菓子の店。中島屋は婦人専門のおしゃれ洋品の店だけにアカ抜けのしたきれいな店で値段も良心的。その向かい側が川口食堂。日雇いなど労務者相手の食堂で、朝などは超満員。たてこむときには立ち食い族も出現する。……（昭和41年6月12日）

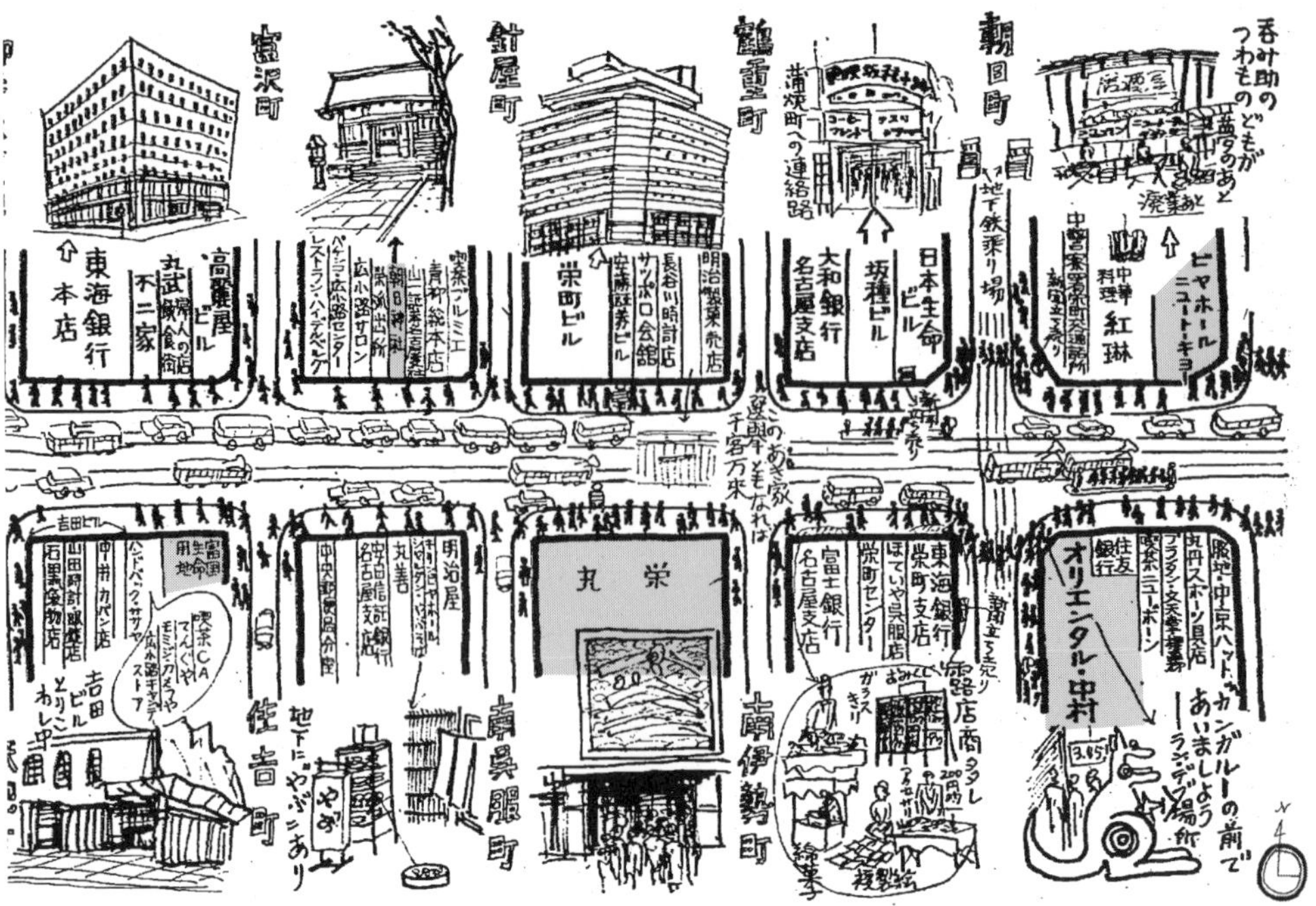

昭和31年、オリエンタル中村屋上（当時3階建て）から北を撮影。中央がビアホール「ニュートーキョー」。路上には屋台が並ぶ。後方はテレビ塔。その手前（のちの久屋大通公園）は地下鉄工事用の資材置き場になっている。

広小路通（中区）

“広ブラ”の夢よ、もう一度”
市内でも一番の変化の激しさ

通り名は、万治3年（1660）の「万治の大火」を機に、道幅を拡張したのに由来。大正から昭和にかけては、銀座の銀ブラになぞらえて、通りを散策することを「広ブラ」と称した。

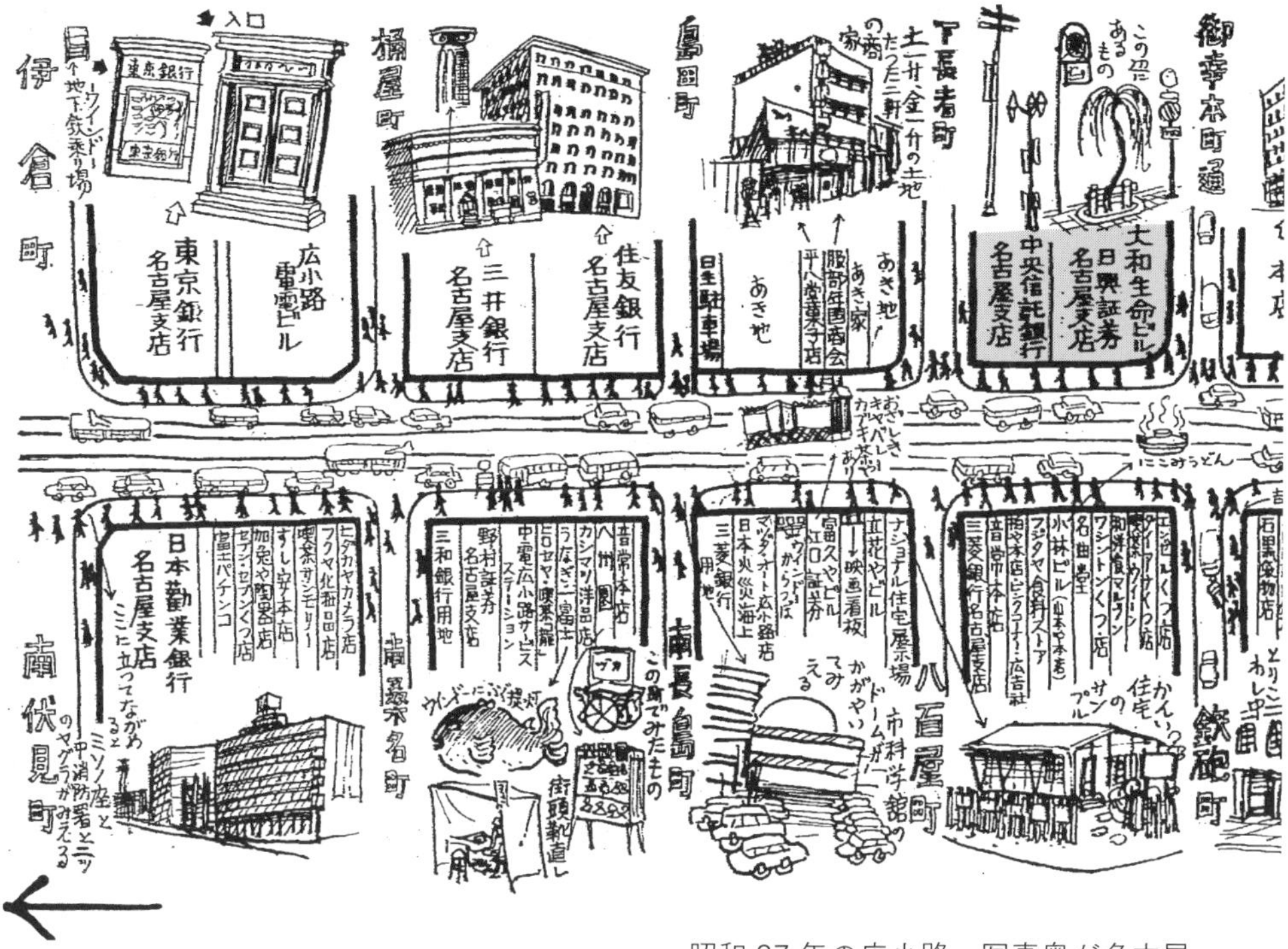

昭和 27 年の広小路。写真奥が名古屋駅方面。通りの右手の大きなビルが大和生命ビル。歩道には名物の屋台。通りの中央を馬車がのんびりと横切る。

昭和 32 年正月、広小路の丸栄前のにぎわい。

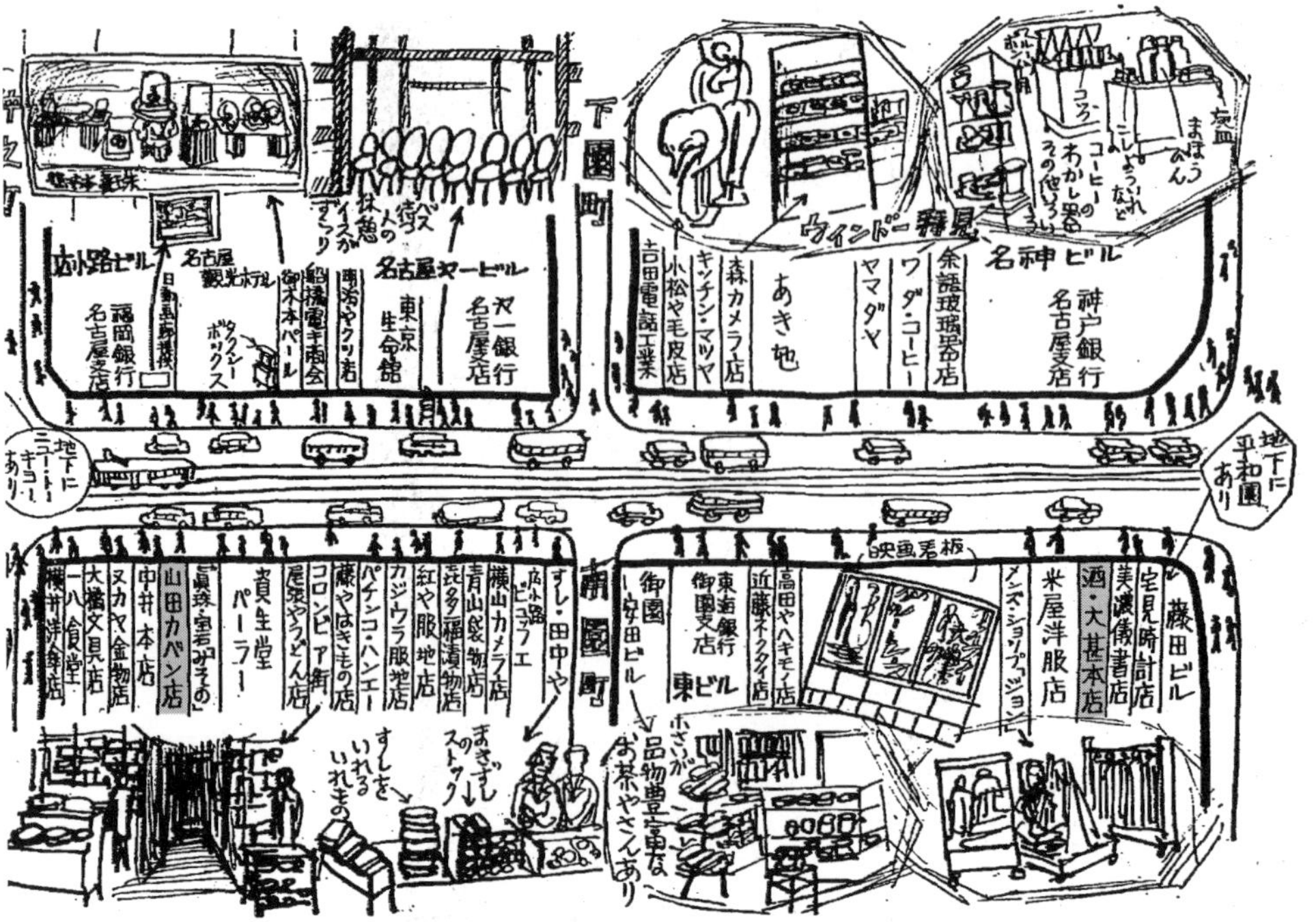

【記事再録】

…試みに、伏見通から本町までの北の通りをちょっと歩いてみたまえ。この二、三百メートルの間は銀行、証券会社の連続で、商売屋といえば、たった二軒。服部年国商店と平八堂しかない。下長者町のかどに古くから店をはっていたしにせの川瀬書店も、この銀行攻勢（？）に押されてか、この場所をひきはらって、一本南の通りの道に逃避（？）した。

「いったい、将来はどうなるんでしょうかね」

広小路を愛する人には、このすさまじい銀行攻勢に不満顔。銀行だって、地の利のいい広小路へでることは、大きな魅力なんでしょう、といえば、「理屈はわかるが、やっぱり花やかな商店街であった方がネーエ」――思いは、戦前十年代の栄町、広小路時代にさかのぼるのである。

当時は規模は小さくっても、この広小路通五丁目、六丁目かいわいは、商店でぎっしり詰まっていた。なにも買わなくっても、商店街をのぞきながらブラ歩きする楽しみは、捨てがたいものである。〝夢よいま一度〟――ひょっとしたら、これはなにも広小路を愛する人たちの願いではなく、名古屋に住む人たちの共通の気持ちであるかも知れない。（昭和41年1月1日）

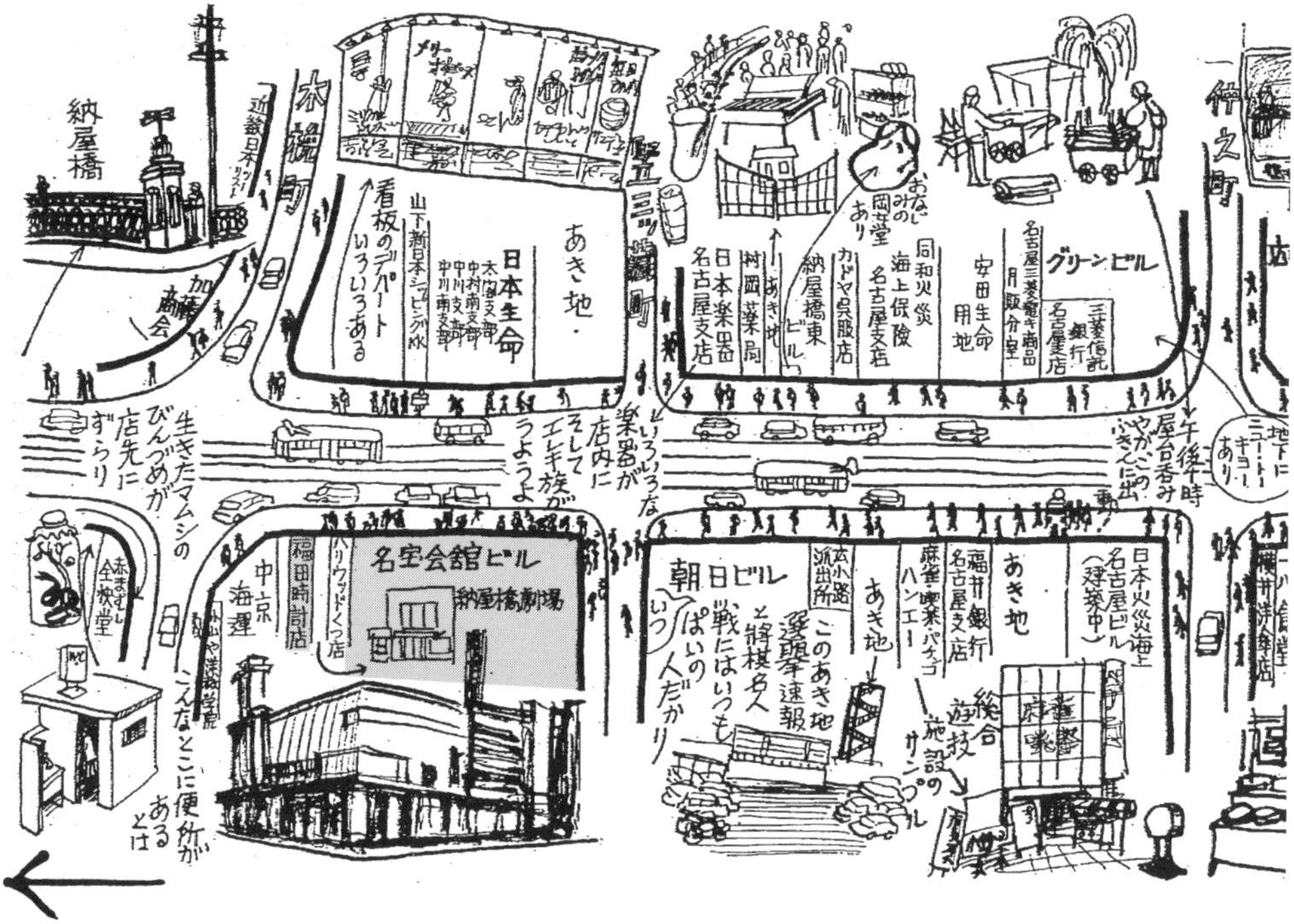

昭和35年5月、GWでにぎわう名宝会館。同会館は昭和10年に名古屋宝塚劇場として開館。劇場内に真紅のじゅうたんが敷き詰められ、客席は3階まで。名古屋で初めて宝塚少女歌劇団が公演した。

昭和38年の広小路の屋台。美観や衛生面などから禁止され、48年3月末で姿を消した。

広小路の屋台をつくる組立業者。屋台は午後6時から午前2時まで営業。仕事の手間を省くために店主らが、組立専門業者を雇った。業者は午後4時を過ぎると住吉町の屋台集結場から解体された屋台を運び、組み立て、午前4時に解体して集結場に運んだ。

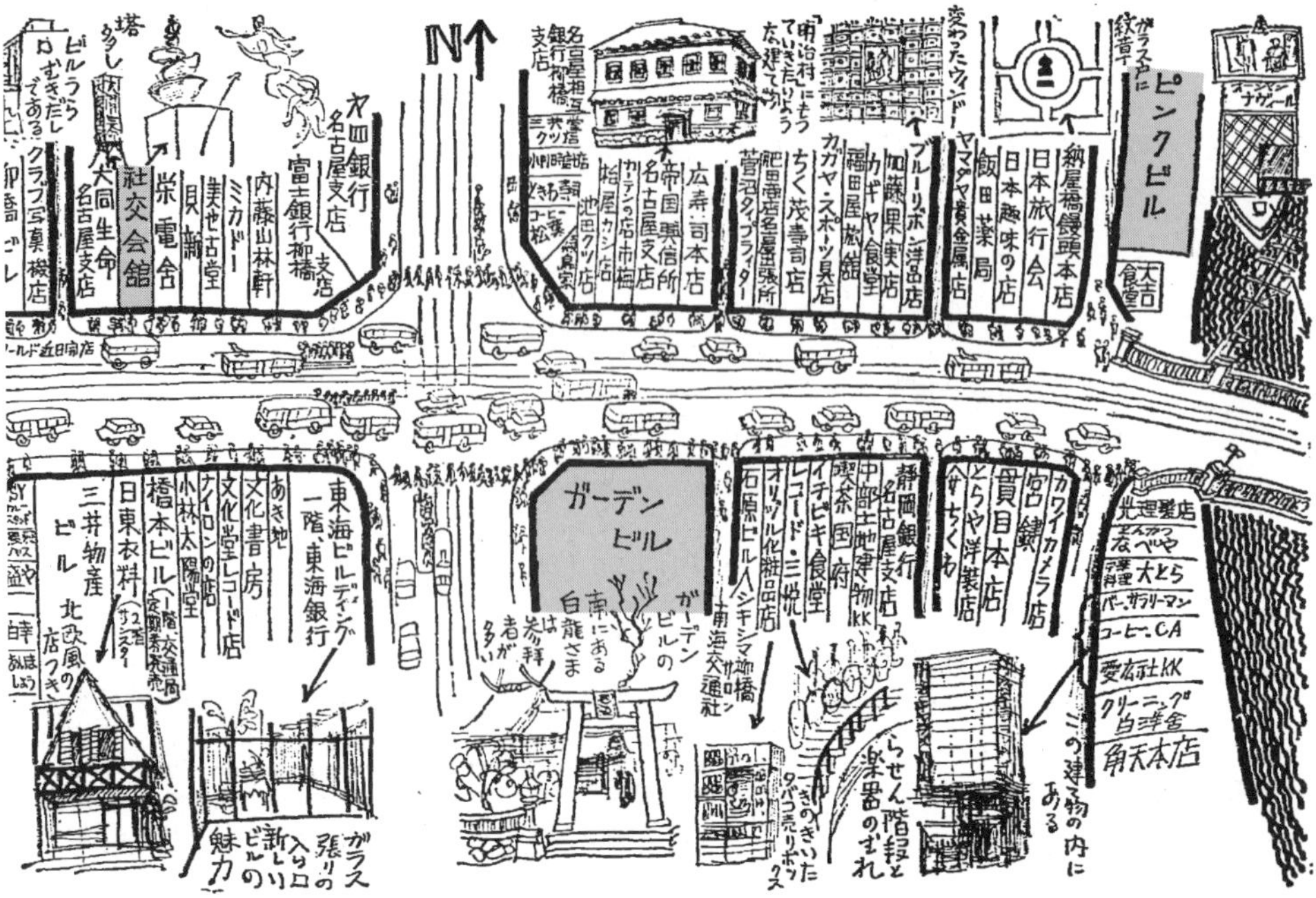

昭和33年12月撮影。柳橋交差点西北にあった社交会館ビル。1階にパチンコなどの遊技場、2、3階に美女400人が出迎えるアルサロ、5、6階に東洋一のダンスホールがあった。ビルの壁画は杉本健吉画伯のデザイン。

昭和33年12月、納屋橋で互いに店のPRを競う3人のサンドイッチマン。「にぎり寿し10円」で呼びかけるのは当時大衆向けすし店として人気の「神田寿司」、台に乗って一升瓶をラッパ飲みするのは居酒屋「赤坂」のサンドイッチマン。

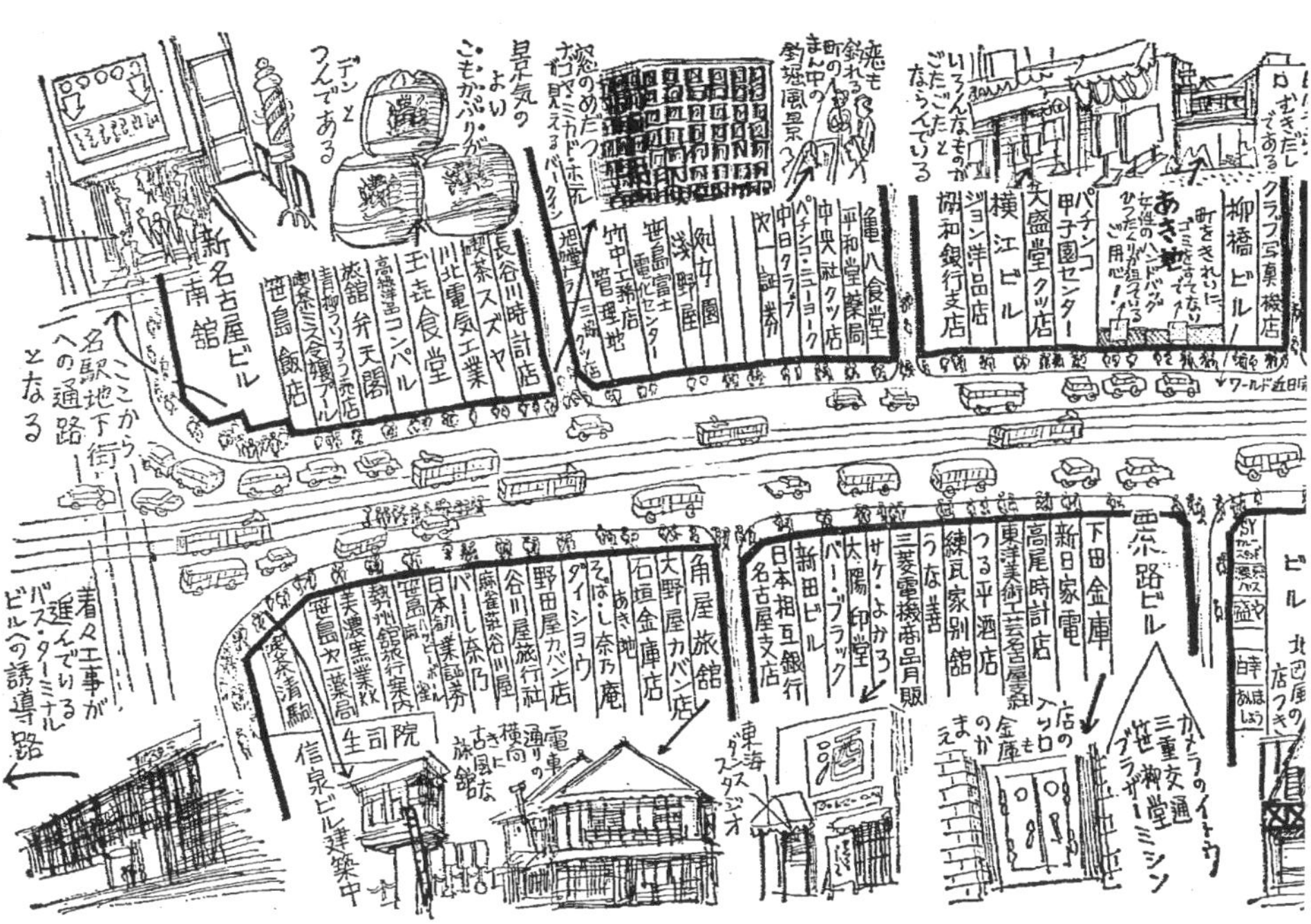

【記事再録】

…広小路の将来の見通しは、明るい。広小路連合発展会長の鈴木宮三郎さんは、試案だが……と前置きして、正月早々こんな構想を話してくれた。

「広小路の緊急課題はかつての広ブラ族を再現すること。それには、町全体がもっと魅力的にならなくちゃいけない。で、まず手はじめに、歩道を模様入りの美しい大理石張りにする。そして歩道と車道との境界に花壇をずっと作る。もちろん天井にはアーケード。栄町のカドから笹島付近まで、ずっとこの調子でやったら、見違えるほど立派な町並みになるだろう。これがまず第一段階。

次に、路面電車をとったあとに地下駐車場を建設する。これで広小路通の駐車場問題も、いっぺんに解消するし、解消すれば、車にのっての買いものも便利になり、客の集まりも多くなるはずだ。また路面電車がなくなれば、架線もとれるので二階建てのバスぐらいをはしらせてみたい。

伏見通の交差点に、噴水塔をこしらえて、ロータリーを作る。そしてできれば、テレビ塔から白川公園、名古屋駅と結んで、ロープウエーかモノレールを敷き、空からの広小路見物ができるようにする。構想がデカすぎるといわれるかも知れないが、青写真もすでにできている」（昭和41年1月1日）

【広小路】昭和 30 年 12 月、大和生命ビルの壁面に登場した「クリスマスツリー」。同ビルは 20 年に米進駐軍に接収され、第５空軍司令部に使われていた。

【広小路】昭和 26 年４月のビアガーデン「ニュートーキョー」。太平洋戦争で統制されていた生ビールが名古屋で解禁されたのは 24 年６月のこと。市内で９軒のビアガーデン、ビアホールが開店、１杯（500㎖）150 円だった。

【広小路】昭和 24 年 12 月、広小路に戦後初めて街路灯、ネオンが復活。暗黒だった通りが明るく照らし出され、多くの市民が繰り出した。

【広小路】昭和 41 年９月、広小路の鈴虫売り。ネオンの海にリンリンと響く虫の音が、広ブラを楽しむ名古屋っ子に秋の到来を告げる。

【広小路】昭和30年代、名宝劇場の入り口でチケットを求める女性

【広小路】昭和 38 年 10 月、納屋橋西北詰めに立つ通称「ピンクビル」。36 年に「味のデパート」として開館。1、2 階にキャンディーストア、その上に舶来居酒屋、牛鍋屋などが入居。屋上には子供遊園地があった。

【広小路】昭和 33 年 12 月、柳橋交差点から東を撮影。右の重厚な日本家屋は石原商店。この後取り壊されて昭和 38 年 12 月にガーデンパレスビルになった。

【広小路】昭和 37 年 12 月の居酒屋「大甚」。今も人気の同店は明治 40 年創業。昭和 20 年 3 月の空襲で全焼したが、終戦後、バラック建ての店舗から再出発。現在の 3 階建ての建物は 29 年建築。

【広小路】昭和 34 年 3 月、再建中の名古屋城の天守閣に鎮座する雄の金シャチが完成。市民にお披露目のため名古屋市内をパレードした時の様子。場所は栄交差点。

【広小路】昭和25年7月、第1回広小路夏まつりが開催されてにぎわう広小路。丸栄屋上から西を撮影。まもなくやってくる山車行列に備えて、警察官が雑踏整理に動き出したところ。伏見交差点では屋外映画、通りには屋台が並んだ。

【広小路】昭和26年夏、ホテル丸栄（現・栄町ビル）屋上から西を撮影。左中央に富国生命。右手前は朝日神社のクスノキ。右上が大和生命ビル。道路中央に市電、その横を走るのはトレーラーバス。

←【南大津通】昭和45年9月6日、南大津通でおこなわれた名古屋初の歩行者天国。野点や冷茶サービス、バンド演奏、紙芝居などイベントが繰り広げられ、約40万人が詰めかけて、身動きが取れず「歩行者地獄」と皮肉られた。

東邦生命
神戸銀行

南呉服町（中区）

左党向きの小路が三つ集まった
車でいっぱい、夜のにぎわい

丸栄と明治屋の間を南に入り、すぐ左側、丸栄の裏手に松竹小路、右側の丸善裏が栄小路、さらに少し南へ行った左側がむつみ小路。戦後の街づくりに一役買った小路たちである。

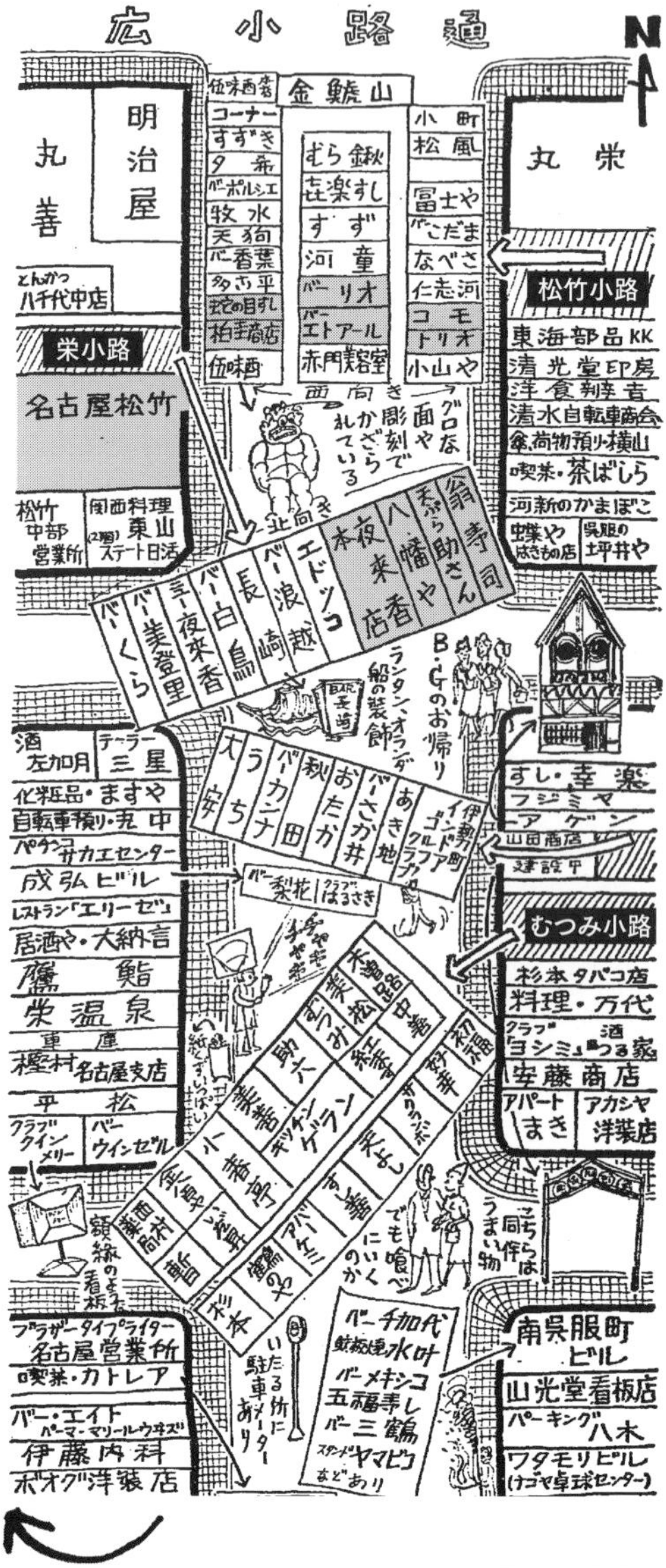

昭和37年12月の松竹小路。戦後、南呉服町で一番初めにできた小路。「トリオ」は安いカレーが学生に人気、「コモ」は本格イタリアンスパを食べさせた。

南呉服町にあった名古屋松竹映画劇場（昭和31年3月撮影）。21年に開館。こけら落としは林長二郎（長谷川一夫）主演の「鯉名の銀平」。38年の新装開館時には松竹スターの倍賞千恵子も駆け付けた。45年閉館。

昭和 28 年 12 月、栄小路の「助さん」で演奏する流しのギター弾き。お客さんのリクエストで 2、3 曲歌って 100 円が相場だった。

昭和 37 年 11 月、南呉服町と住吉町を結ぶ東西約 90m の栄小路。当時は約 16 の飲食店が軒を連ねた。

平成 26 年 6 月撮影

【記事再録】……

〔栄小路〕——翁寿司の主人はもと魚屋さんで、なかなかのやり手。駅前などにも支店をいくつもだして、寿司屋としては、大型店の一つにはいる。二階にはお座敷もあり、専属のお座敷女中もいる。助さんは、その名前のとおり、ご主人が助さんまがいの好人物。気がむけば、ただでもくれてやる…（まさか商売だからそんなことはないが）そんなことを思わせるような愉快な人柄だ。それだけに、料理の方はいたって良心的。画家の北川民次氏などもひいきにしてちょくちょく出入りしている。（昭和41年3月6日）

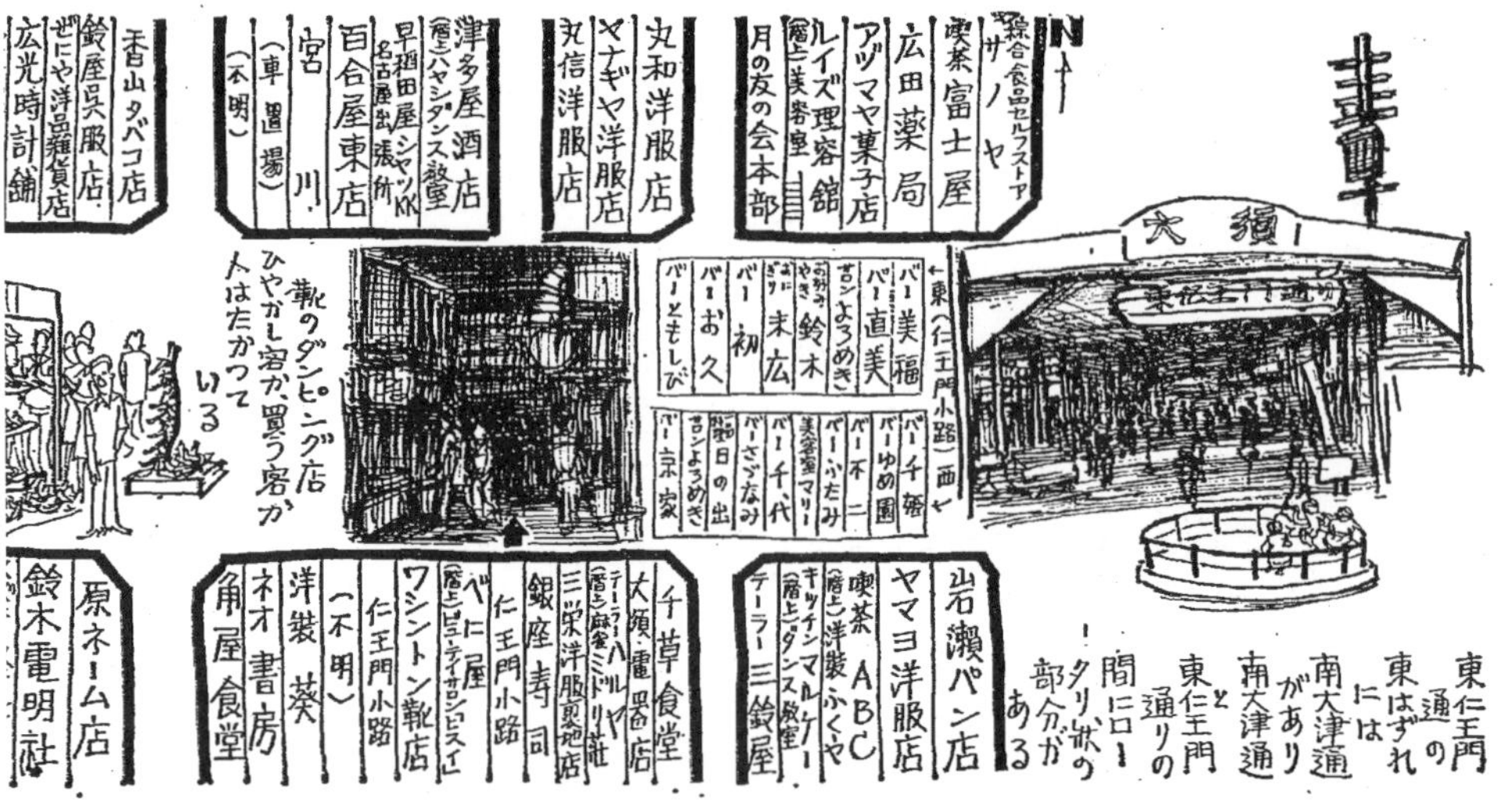

平成26年6月撮影

昭和37年9月、東仁王門通商店街のアーケードが完成し、竣工記念の大売出しがおこなわれた。右端に「一福本店」の看板、隣りに「ヤマキ洋服店」の看板が見える。左端に「まからんや」の看板。

【記事再録】

大須は七十軒ほどの洋服店をもつが、東仁王門通だけで約二十軒。洋服店のご主人には海釣り好きが多い。ひめや、いとう、ふたばや、マルエイ、三ッ葉屋などのご主人が集まると、〝大須漁業協同組合〟の総会と呼ばれるそうだからたいへんなマニアぶり。（昭和41年8月21日）

大須東仁王門通（中区）

戦災でガレキ野原になった大須。この通りができたのは昭和24年のことだ。大きな提灯が大須情緒を醸しだしていたこの通り、当時は衣料品の街としてにぎわっていた。

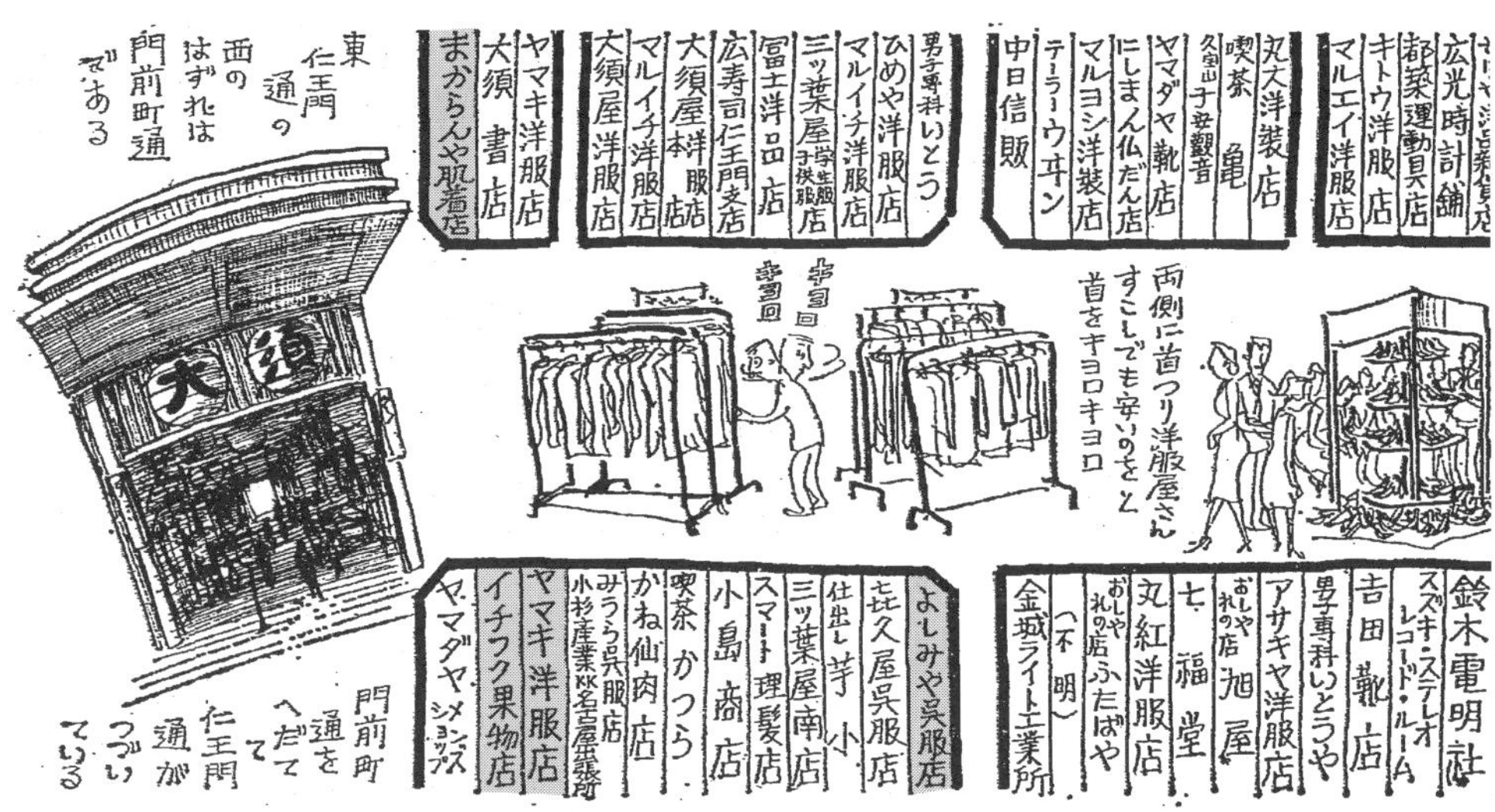

さながら衣料品の街
安い値段とよい品でうける

【記事再録】

その昔、このあたりは寺がいっぱい。通りの西口には善徳寺（現在覚王山へ移転）が大きな境内を広げていた。明治の末、境内を借りて今泉七五郎という人が「浪越教育動植物苑」をこしらえた。

苑の入り口が、ちょうどいまのアーケードの入り口あたりだった。

ヤギやヘビがいたが、町の人が大きなカメを持っていると聞きこんで借りにきた。一日きりで返す約束だったのを、三日たち四日たっても返さないので貸した人は心配になって毎日カメを見にいった。

大正六年、七五郎さんは、苑を名古屋市へ寄付して、鶴舞公園へ移した。これがさらに昭和十二年、東山へ移転して、いまの名古屋市東山動物園となった。浪越教育動植物園の越したあと、よしみや呉服店まで道が開けた。（昭和41年8月21日）

昭和 29 年 10 月、大須観音本堂落成を祝う入仏落慶大法要に際して、東仁王門通でおこなわれた稚児行列。近県寺院約 80 が参加して 2500 人の大行列だった。

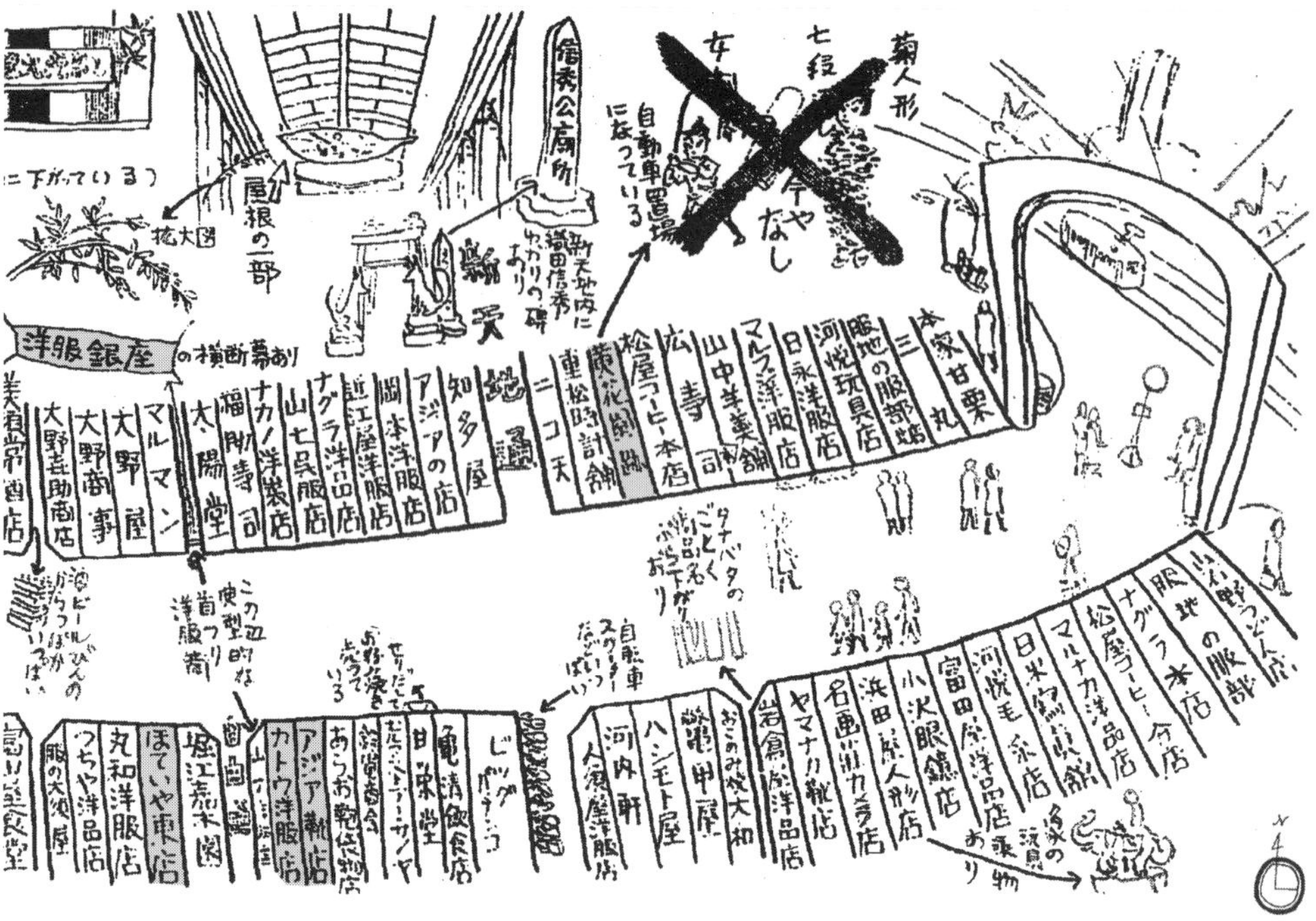

昭和38年3月の万松寺通。32年3月に総工費3600万円で完成した400mのアーケードは当時、市内最大。一時はアーケード伝いに2階に忍び込む泥棒に手を焼いたが防犯スピーカーを設置して悩み解消。右端「カトウ洋服店」。

昭和32年2月、万松寺通商店街の「洋服銀座」。

庶民臭がムンムン
軒を並べる老舗

大須万松寺通（中区）

この通りのおへそは万松寺。信長や家康ゆかりの寺だ。昭和32年に市内でも最も早くアーケード化した。昭和40年代のこの頃もしにせの洋服屋が軒を並べ、庶民臭がムンムン。

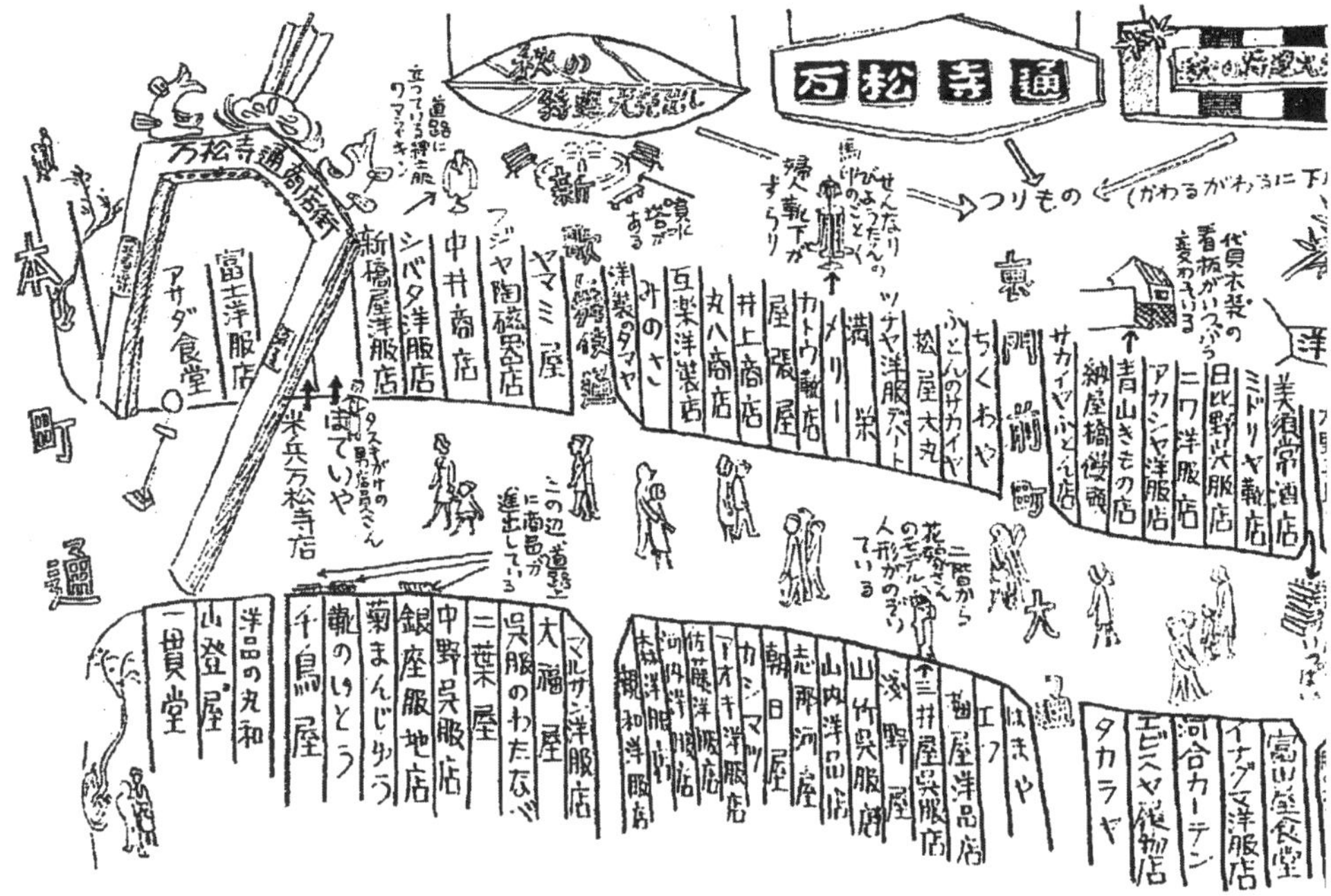

昭和26年11月、演芸場「黄花園」での一コマ。摘発されたストリップ興業が「わいせつだったか？はたまた芸術であったか？」を調べるためにおこなわれた当局の実地検証。立ち会った裁判官は「実際に行われたストリップと検証では踊り子の気分も違い再現は不可能だ」とコメントしている。

【記事再録】

町を歩いてみよう。万松寺通で一番目立つのは洋服屋が圧倒的に多いことである。そして和服、服地などの店を含めたら商店の半数までがこうした店。これに反しておもしろいのは盛り場でありながら食事は別として純粋な喫茶店バーといった店が一軒もないことだ。だが、バーが一軒もないこの通りの横丁を、ちょっと曲がってごらん。夜ならば――あなたは、小便無用とかいた小さな赤鳥居のそばに、からだから出るわずかばかりの水で見事に富士山が描かれているのを発見するだろう。そして――もう少し目を下にすると、そこには胃のフが拒否したどろどろの食べ物が排水口の付近に落ちているのにも気がつくにちがいない。バーが一軒もない土地に、ゲロや立ち小便のある〝一見不可思議さ〟もまた、万松寺のもつかくれた特徴――ということができるだろう。（昭和40年10月31日）

わが街 わが商店街▼大須

大須は「力」をくれる街

——パーソナリティ・書家　矢野きよ実さん

●鳩と仁王さん

「かたいや」の車の前で（昭和30年代）

生まれたのは大須1丁目の父の実家。大須小学校のちょと行ったところです。そこは祖父母が住んでいましたが、伊勢湾台風（昭和34年）のあと、父母が身を寄せている間に私は生まれて、育ちました。

祖父の始めた店が新天地通の「ニコ天」の隣にありました。「かたいや」っていうメリヤス店。あ、マップ（83ページ）にも載っとるがね！　ここです。シャツとかを売っていて、終戦直後は毎日、店の中がお客さんでぎっしりになってすごく売れたみたい。私の父母や父の兄弟も手伝っていました。大人たちは忙しくて、私は祖母に育てられました。

といっても、祖父は着物にマントを羽織って、山高帽をかぶって、高下駄を履いて飲みに行っちゃう。ツケで飲むもんだから、祖母や嫁（私のお母さんね）が後でお金を払いに行くの。でも、祖父は、さっそうとしていて小さかった私から見ても格好良かった。祖父の山高帽は形見としていただきました。父と父の兄弟もお酒が好きでした。音楽も好きで、きょうだいそろって家や白山神社でギターやマンドリンを弾いていたそうです。

大須1丁目に住んでいたのは6歳まで。そのころは祖母や叔父に連れられて、大須観音に鳩に豆をやりに行くのが日課でした。観音さんをお参りして、鳩に豆をやってから商店街を回るんだけど、その前に祖母や叔父が必ず「迷子になったら仁王さんの前で立っとるだよ」と注意しました。

私が仏像を好きなのは、そのせいです。今もそうだけど、落ち込んだときや仕事がうまくいかんときに、大須観音に帰ってきます。それで仁王さんにお願いするのね。「守ってくださいね」って。

　あと、観音さんでお祭りがあると、べっこう飴を買ってもらいました。安い、割れたべっこう飴ね。だから今も割れせんべいが大好きです。

昭和32年2月、大須観音境内で鳩と戯れる子どもたち。大須観音名物の鳩は慶長17年（1612）に同観音が岐阜・大須から移転した時についてきたとも言われるが、少なくとも明治の初めには住みついた。太平洋戦争の名古屋空襲で一時姿を消し、その後舞い戻ったものの、一部は戦後の食糧難で「鳥鍋」になったとか。

●イカゲソのおでん

　6歳のときに父が港区で店を開いたので、私たち家族（父母と兄と私ね）は港区に引っ越しました。父母は仕事とかで忙しいし、兄とは歳が離れているので、さみしいから、週末は一人で市バスに乗って大須1丁目の実家に行きました。小学生時代から思春期まで、実家を拠点にして、いとこのお姉さんたちと大須で遊びました。

　新天地通の祖父母の店でお手伝いをしてから、周辺で遊ぶことが多かったですね。新天地通にはまだ映画館があって、任侠映画やエッチな映画をやっていました。お姉さんたちに「ぜったい、観たらいかんのだにい」と言われました。それから、新天地通といえば射的場とパチンコ店ですね。今も覚えていますが、当時、パチンコ店から流れてきたのが間寛平さんの「ひらけ！チューリップ」とか、尾藤イサオさんの「ワルのテーマ」（笑）。

昭和38年4月、矢野さんが生まれた頃の新天地通。映画館4館が並ぶ名古屋屈指の映画街だった。

　あと、覚えているのは東仁王門通から少し入ったところにあったおでん屋さん。そこは貸本もやってみえて、お姉さんたちがよく利用していました。大須1丁目の実家にいるとお姉さんたちに「本を返してきて」って行かされるの。パシリですね。返しに行くとお店の人が「お駄賃」と言って、ぐつぐつ煮えたおでんの中から5円のイカゲソをくれるんです。おでんの味は子どものころの幸せな思い出。今も好きで、夏でも家で作ります。

　大須に限らないと思いますが、昔は子ども一人で買い物に行かされますから、そこで町の人と交流して、街のことや社会のことを学んでいくのね。

昭和29年夏の東仁王門通。写真左端が当時の「まからんや」。

大須、仁王門通にあった「まからんや」店頭で（昭和50年代）

●大人の背中

15歳のときに、家の商売の洋服店を手伝いながらモデルの仕事をはじめました。じいじいちゃん（叔父）は昔気質の人だもんで反対しました。それでも「やらせてください」と頼むと、「やってもいいが、その代わり人様の手伝いは何でもしろ」と。それで、私は大須観音の節分の豆まきの裏方を叔父たちに代わってするなど、いろいろとお手伝いをしました。

私を育ててくれた祖母からも、いろいろなことを学びました。一番心に残っているのは「先に生まれた者は年下の者たちに良い背中を見せて生きてかなかん。お前も、良い背中をみせて生きていきなさい」という言葉です。大須商店街の履物屋さんにきれいな下駄が並んでいて、子どものころ、その前を通るたびに「大きくなったら買おう」と思っていました。15歳になったとき、そこで下駄を買って、祖母にプレゼントしました。

「事務所を持つなら、大須で」と思っていましたから、20代の後半に東仁王門通に個人事務所を開きました。大須商店街は若い子がこの街で何かをやろうとするとき、つらいときに、力をくれる街。私は小さいときから商店街の人たちに娘のようにかわいがられてきましたが、事務所を開いてからも、本当に良くしてもらいました。

今でも大須商店街を歩くと声をかけてくれて、励ましてくれたり、褒めてくれたりする。老若男女が、お互いを認め合っているのが大須という街。名古屋の土地柄の良い部分が残っているところですね。世の中には人から声をかけられたことで、救われる人がたくさんいます。大須商店街のように人間同士のコミュニケーションのある街は大事だと思います。

（構成／長坂英生）

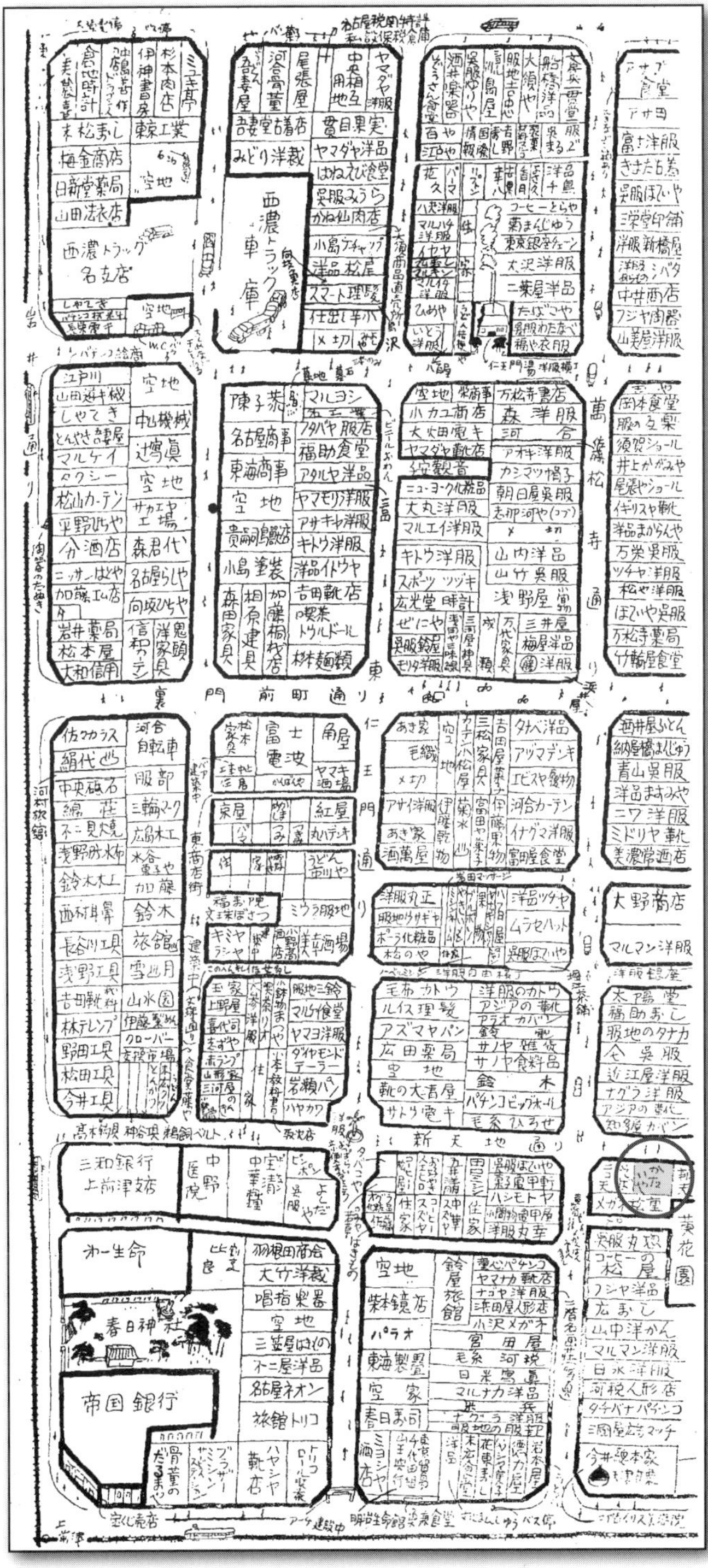

大須は人生の縮図である。

昭和27年12月10日の「名古屋タイムズ」に掲載された大須地図。上が西の方向。右下の端に「かたいや」の屋号がある（丸印）。当時の名タイいわく「大須は人生の縮図である。夢にみるようなロマンスはないが、血みどろな恋がある。この一画は、なにかなし陰影を帯びた雰囲気を醸し出している。しかし悪人はひとりもいない」――。

御園通（中区）

御園座の西隣、南北に走る通りだ。北は名古屋城の御園御門、南は大須の新地（かつて遊廓があった）に通じる古くからの道である。のれん一筋の店も多い。

上町のエリート意識いまも 御園座を中心にタテの繁華街

【記事再録】

秀松堂——正確にはこれに光楽とつく。南外堀町にある秀松堂の〝分小〟で、ここの野菜せんべいはあまりにも有名。いまでも、ノレンをわけて一歩店にはいると、ご主人がすわりこんで、せんべいを焼いている。他人には絶対仕事をまかせない——というのも、いまどき珍しい話。この秀松堂の前には、なごやことばを番付表にして看板が立っている。「あのなも」「ぎょうさん」「おみゃあさま」…ついでだが、野菜せんべいのほかに「なもせんべい」というのを売っていて、この番付表の縮小版が包装袋になっている。この番付表珍しさに、わざわざ買いにくる有名人も多いとか。（昭和41年3月13日）

秀松堂光楽の現在の「方言競」看板（平成26年6月撮影）

御園座は明治30年に開館。20年3月の空襲で焼失したが22年に再建。しかし36年2月、楽屋付近から原因不明の出火で再び消失。38年8月に再建された。写真は昭和33年10月撮影。戦後の焼失前の御園座。

【記事再録】

——やはり御園座には、名古屋の一流の人たちが集まってくる。そんなことで、町の品格も自然にあがってくる、そういうことなのでしょうか？

町の人「御園座があるということは、たしかに、この町の性格を形作るうえに、大きな役割りをはたしているといえるでしょうね。が、それが全部ではない。やはり、町に住む一人一人にシミついた、この町の体臭みいたいなものがあるんですヨ。なんといったらいいか——ガッガツしない、名古屋人的なおおようさ。そんなものが、この町には残っているんですね」

名古屋人を正確に語ることは、むつかしい。ときに、〝ケチの代名詞〟のようにいわれることもある。が、この町は、いい意味での名古屋人気質が残っている、数少ない町の一つ——といっていいかも知れない。（昭和41年3月13日）

昭和30年代半ばの御園通。後方に「宝石時計シバタ」の看板が見える（秀松堂光楽提供）

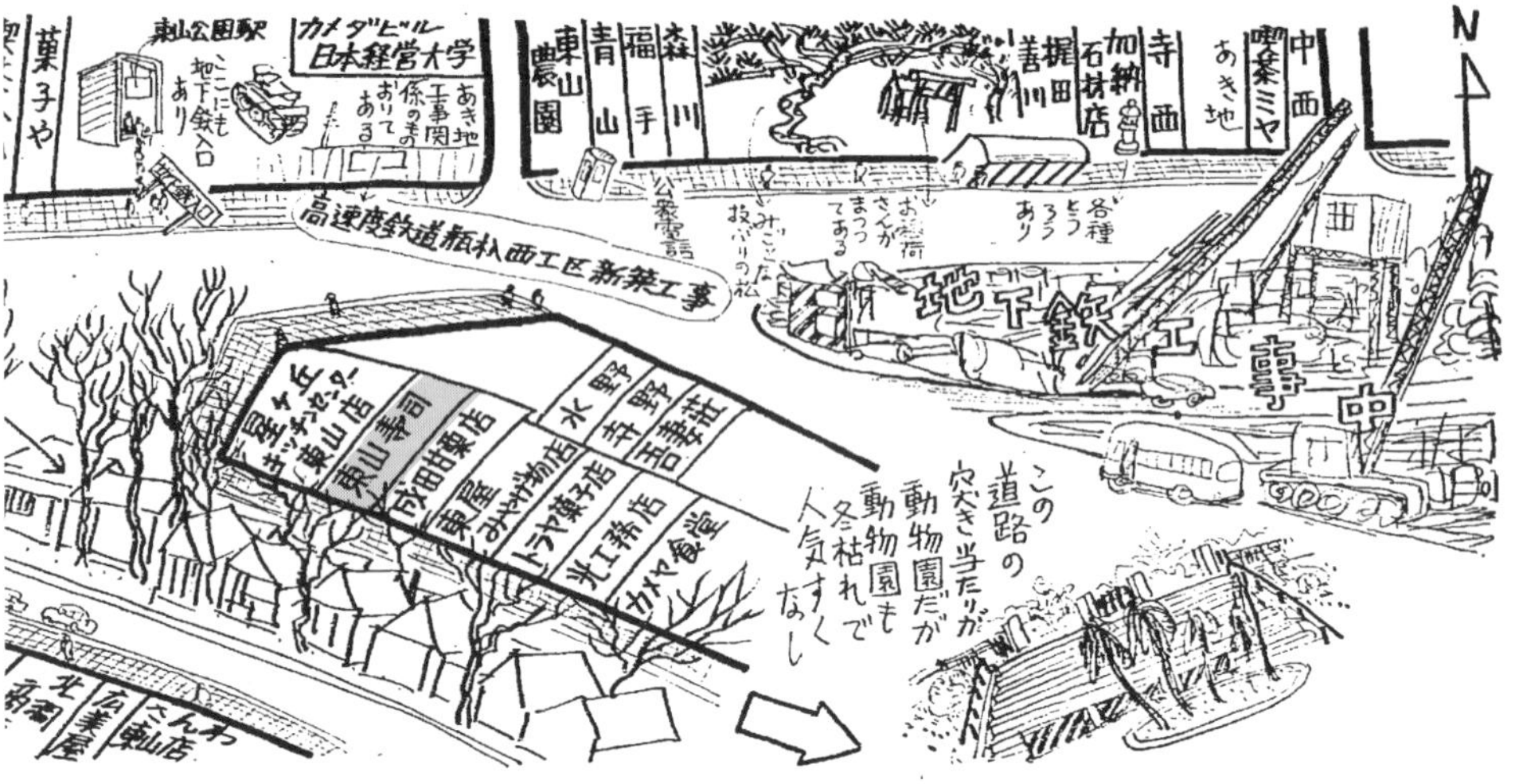

昭和 30 年４月、東山動物園の「花まつり　動物まつり」で登場した象の行列。動物園前を歩くのは戦後、関東・関西の子どもたちを喜ばせた「象列車」の主役・エルドとマカニー、そして和代の３頭。

昭和 26 年９月 24 日の東山動物園正門付近。秋の行楽シーズンを迎え、午前 10 時には１万人超の人出、昼過ぎには３万人を突破した。

昭和 34 年３月、市電東山公園線の東山公園―星ケ丘の延長工事が終了、県警音楽隊を先頭に開通式がおこなわれた時の一コマ。

東山（千種区）

動物園と植物園があり、名古屋市民のオアシス。この時期、地下鉄が工事中で、動物園正門前には近代的な十階建てビルや駐車場が生まれようとしていた。

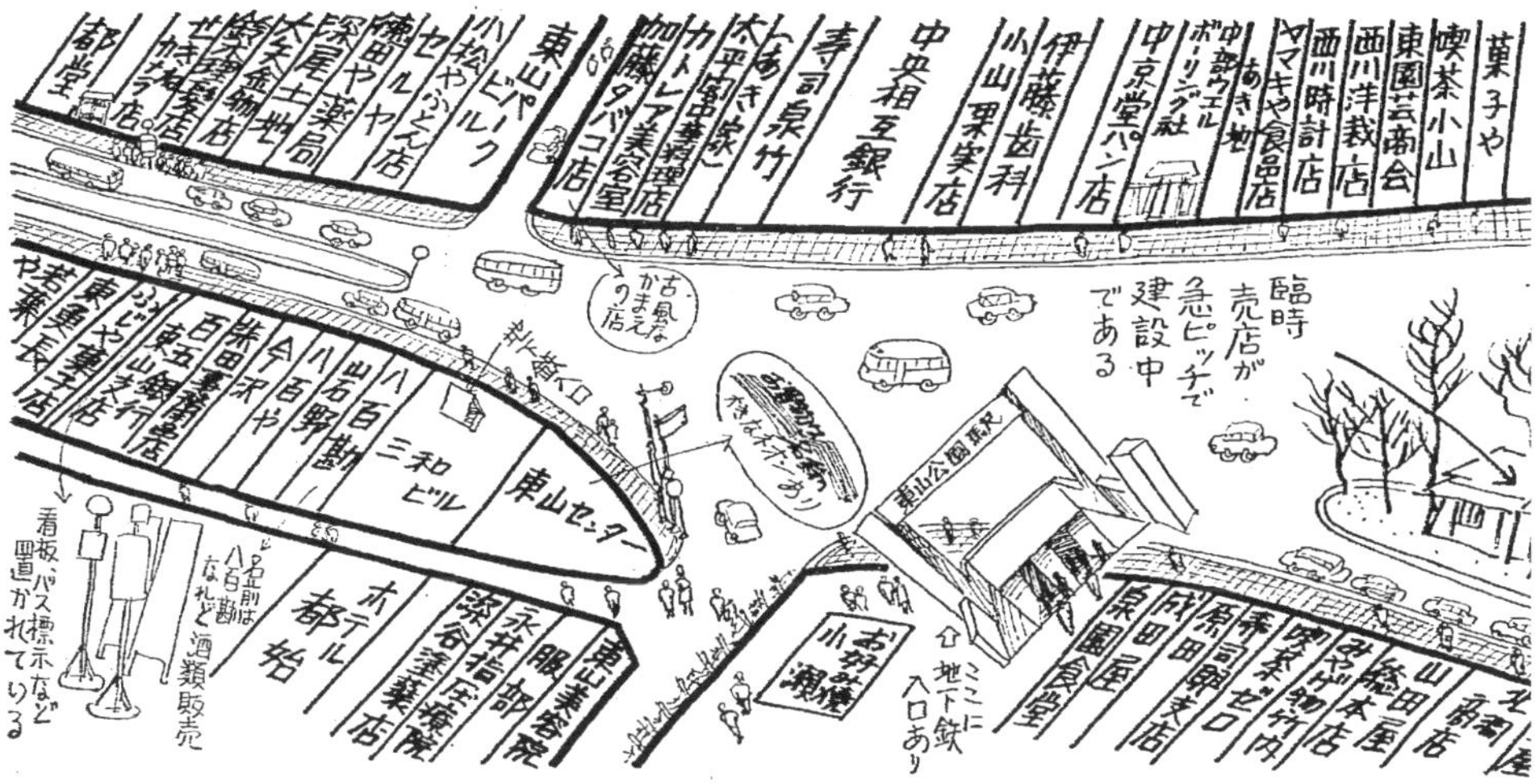

動物園と共に……
みやげ物、飲食店などが40軒

【記事再録】

通りの西側、動物園側から三軒目の丸安食堂主人、安藤治助さんはこのあたりの生き字引き、名物男である。七十二歳。昭和十二年動物園が東山へ移ってくる以前の鶴舞公園時代から動物園に勤め、二十四年退職してここに店を開いた。小柄だが血色のいい赤ら顔、いかにもなつかしそうに思い出を語ってくれる。戦時中はゾウの世話をする係りをしていた。

「いちばんの思い出といえばそれはもうあの戦争のころ。私が世話していた動物たちを次々と殺さざるをえなくなり、あんなつらい思いをしたことはなかった。それでもゾウだけはなんとか生かしつづけ終戦を迎えたのはほんとうにうれしかった。なにしろあの図体だからエサがエライことだった。でも戦争が終わって日本中でゾウはここの二頭だけ。マカニーもエルドもほんとにかわいいやつだった」と。

(昭和40年12月26日)

東山動物園前にあった土産物店などが並ぶ商店街(昭和37年11月撮影)。名古屋市東部開発によって姿を消した。中央付近「東山寿司」店頭。

昭和35年12月1日、商店街の真ん中にある滝子交差点。同交差点は五差路で交通量が多く、この日新たに信号機の点灯式がおこなわれた。名古屋工業高校のブラスバンドを先頭に小学生たちが渡り初めをして祝った。中央付近が「いとうや菓子店」。

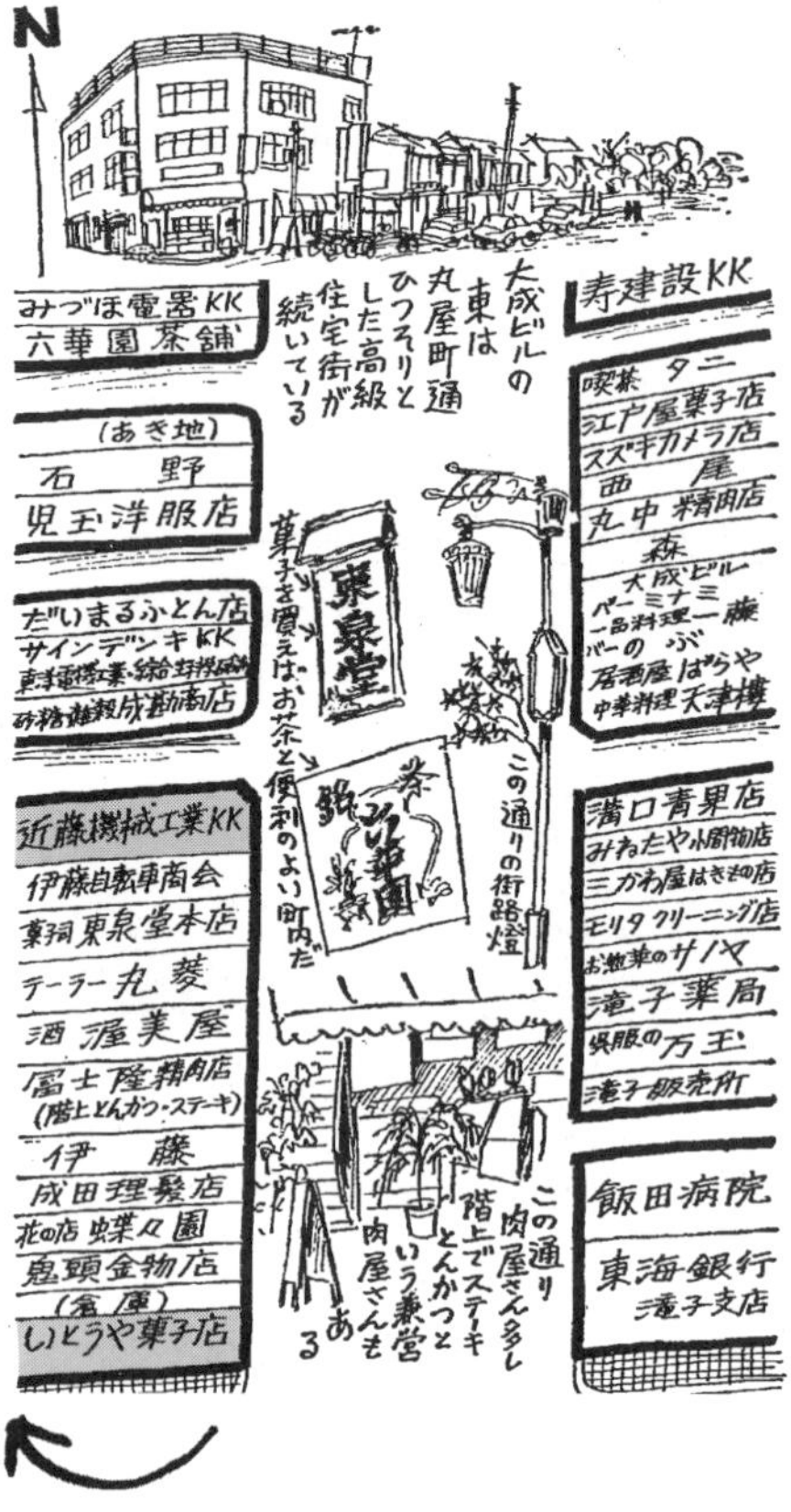

「近藤機械工業」付近から南を望む(平成26年6月撮影)

旧八高とともに
今は昔、ホオ歯にマント姿

滝子 (瑞穂区)

明治天皇が旧第八高等学校を視察するというので畑の真ん中に道を開いたという行幸道路が原型。八高の学生が下宿し、食堂や本屋など、かつては学生とのつながりが密だった。

昭和31年8月、滝子通商店街の七夕祭り。にぎやかな一宮、安城市の祭りにならってこの年から始まった。七夕飾りはコンクールがおこなわれるとあって、各店が競って豪華につくった。

【記事再録】

…滝子商店街振興組合理事長三浦昌夫さん（マルサン洋品店経営）は昭和初期、滝子松竹のあたりで店をやっていた。市バスがジャリをとばして、たえずガラスを割る。ガチャンというと三浦さん店をとび出してバスを追う。ナンバーを確認して交通局へ電話すると、すぐに係員がやってきて〝現場検証〟。「五円か十円の弁償をしてくれた。ところが当時、ガラス一枚二十円だったから、えらい損でした」。バスの乗客がタバコの吸いガラを捨てると、たいがい三浦さんの店の日おおいの上に落ちた。「ボヤもよくありましたなあ」（昭和41年10月9日）

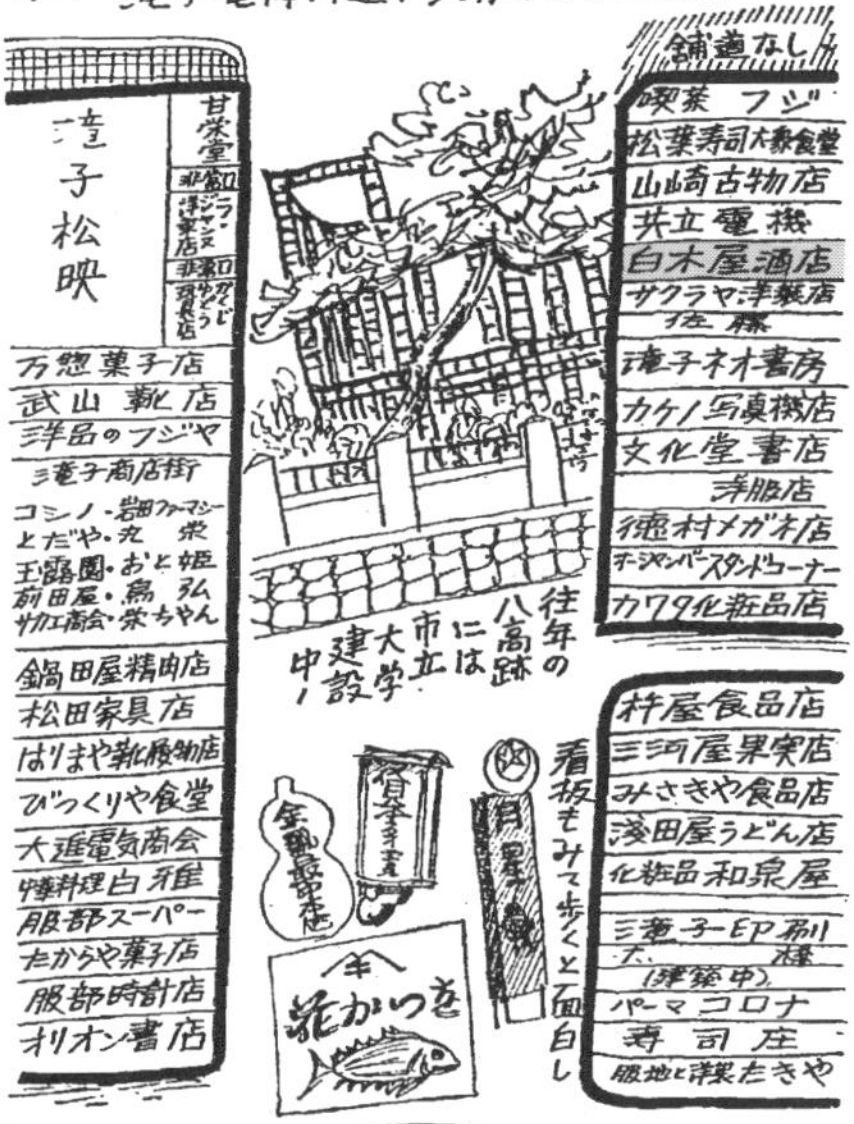

昭和32年8月の滝子商店街の七夕まつり。左端が「白木屋酒店」。

平成 26 年 6 月撮影。
左端が「遠源」(旧蔦源)。

昭和 41 年 7 月の牛巻商店街。昔、この地区で牛が大蛇に胴体を巻かれて苦しんでいると熱田の森から白鳥がやってきて助けたという伝説から、「牛巻」の名がついたとか。左端「蔦源」。

昭和 35 年 12 月の牛巻商店街。

牛巻(瑞穂区)

東部の農村と熱田神宮を結ぶ街道で、参拝客相手の商売が発端。戦前は熱田参りに出かける人でにぎわった。呉服屋や衣料品店などが多く、約 300m の繁華な通りだった。

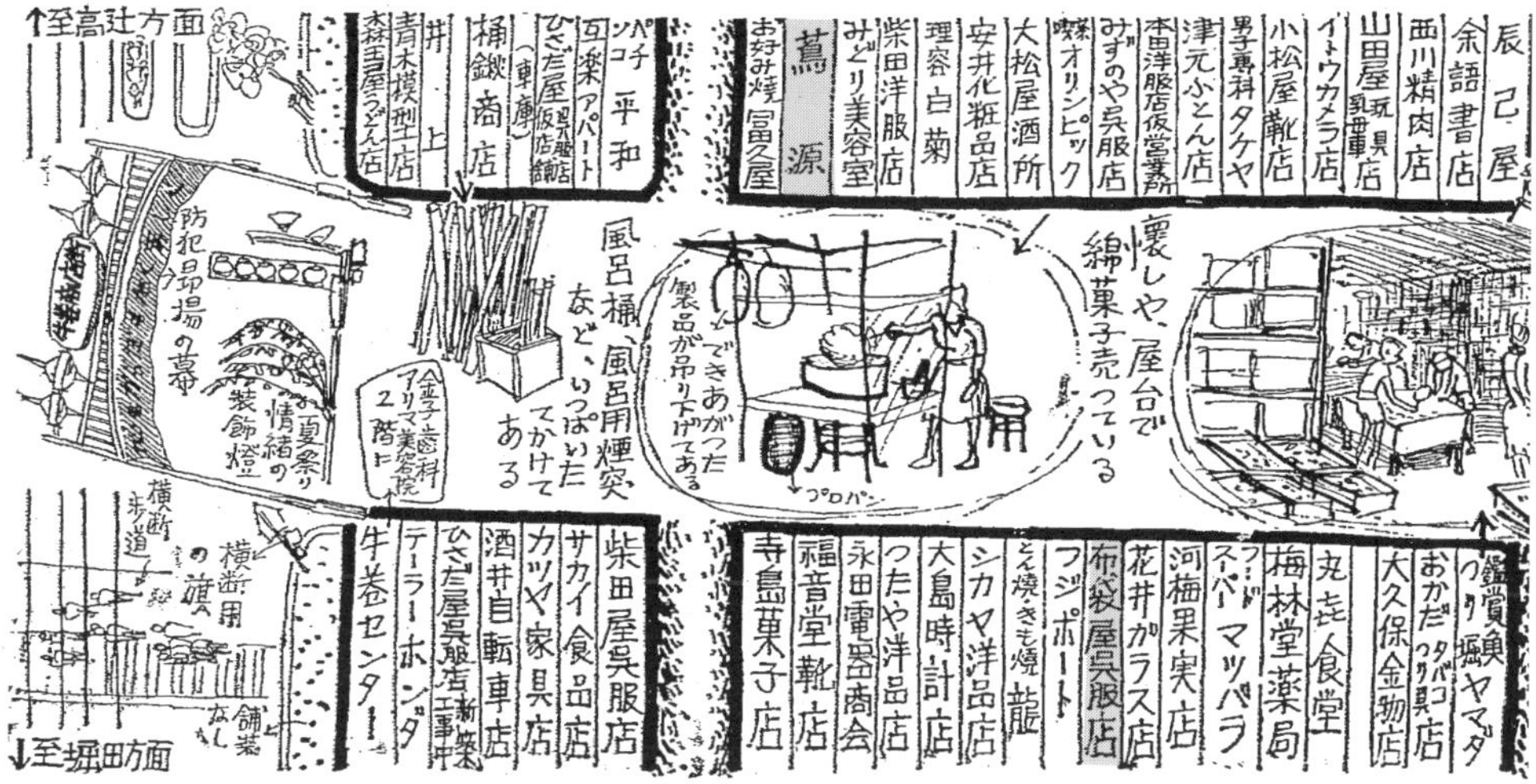

戦前はここを通って
熱田参り

【記事再録】

古い通りではあるが、戦前からの古い店は意外に少ない。富久屋、蔦源、津元ふとん店、辰巳屋の四軒くらい。富久屋はお好み焼きで夏場は氷も売っている。蔦源は以前食堂だったところ、いまは家具、流し台、カーテン、敷き物の店で岐阜ちょうちんが涼しそうに並んで人目をひく。津元ふとん店はふとん専門店。辰巳屋は昔から飲料水を中心に売っている店で、農家の人たちが熱田神宮の行き帰りに必ずここに立ち寄ってノドをうるおした。九月中旬から冬場にかけて大判焼きを一コ十五円で売り、女性や甘党に人気がある。（昭和41年7月31日）

昭和 41 年 7 月、洋服店のマネキン人形が路上にはみ出て手招きする牛巻商店街。当時は衣料品、呉服店の多い商店街として知られた。左端「布袋屋」。

曙通商店街の北、現在の吹上公園にあった名古屋刑務所（写真奥、昭和33年9月撮影）。同刑務所は明治31年に建設されたが、戦災復興事業の100m道路東西線（若宮大通）の敷地にひっかかり昭和39年に移転した。

昭和30年、曙通の商店前に立つ少年たち（土屋正義氏提供）

往時のたたずまいを残す「横井たばこ雑貨店」（当時は横井質店）（平成26年5月撮影）

曙通（昭和区）

戦争で焼け残ったこのあたりに、新しい人たちが住み着きつくった戦後の商店街。近くに名古屋大学医学部や名古屋工業大学もあり、学生相手の食堂などもある。

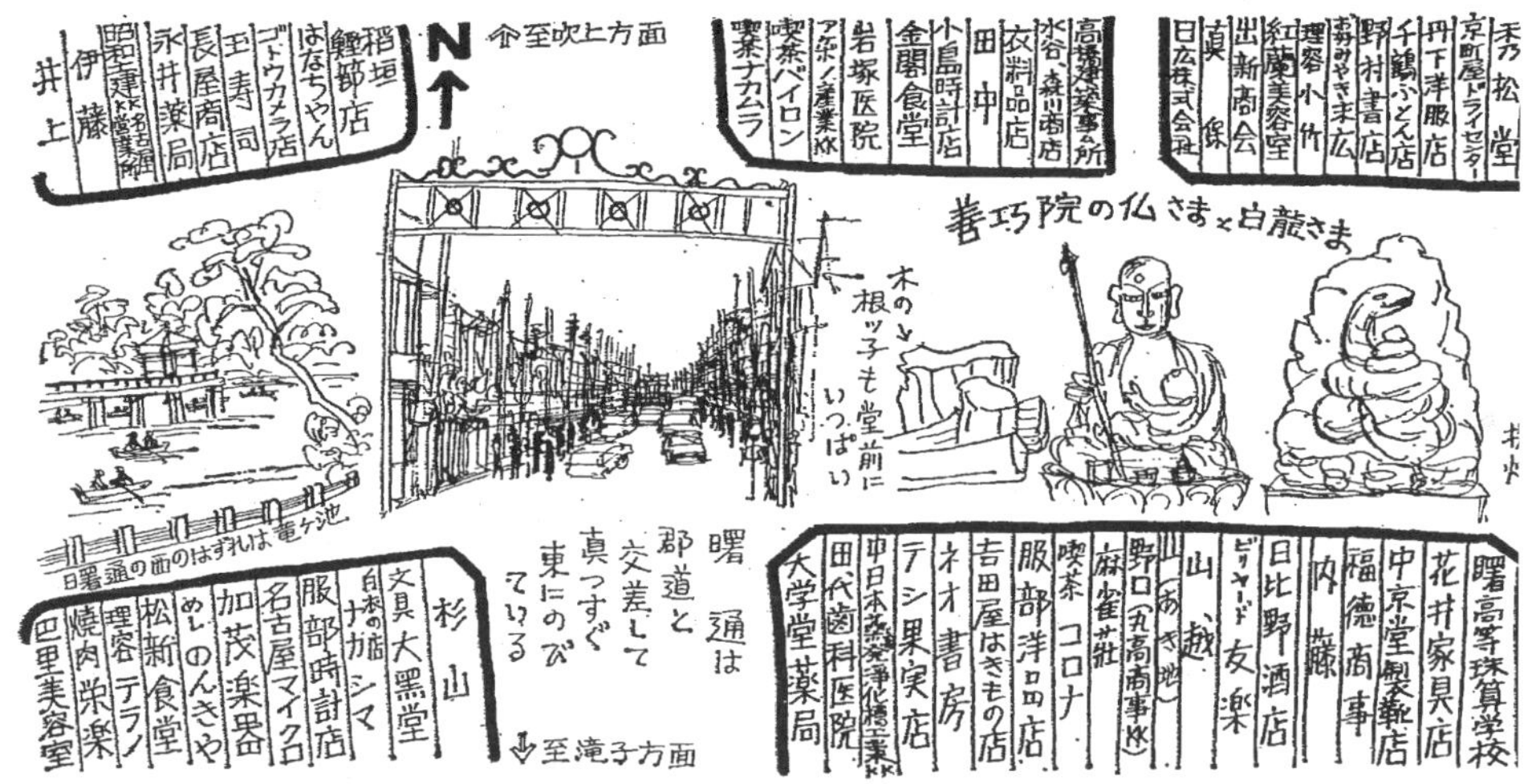

曙通商店街にある善功院は院主自らが彫った13体の仏像を安置。元仏具商の院主は終戦直後、出家。熱田神宮にあった弘法大師お手植えの楠が台風で倒れたのを譲り受けて8年かけて仏像を彫りあげた（昭和38年4月撮影）。

曙通の善功院の仏像と白竜様は今も残る（平成26年6月撮影）

伸びも、すたれもせず昔の面影残す

【記事再録】

…坂道をのぼりながら、坂道の上の町筋が少しずつ見えてくるのは、心はずむものだし坂道をのぼりつめた時、パッと開ける風景は、時には新鮮な驚きのようなものをあたえてくれたりもする。

鶴舞公園の裏手、竜ケ池から東へ続く曙通は、郡道と交差するあたりで、軽い坂道をこしらえている。おまけに通りは交差点で、わずかに右折して〝く〟の字型になっているので、曙町の町並みは、坂道をのぼりきらないとまったく見えない。

これといったとりえもない曙町にとって、この坂道、なかなかのムードをそえてくれるのだが、ちかごろの大交通戦争時代、通りは八事へ抜ける車がひきもきらず、おちおち坂道の味わいにひたってもいられないご時世となった。

（昭和41年10月23日）

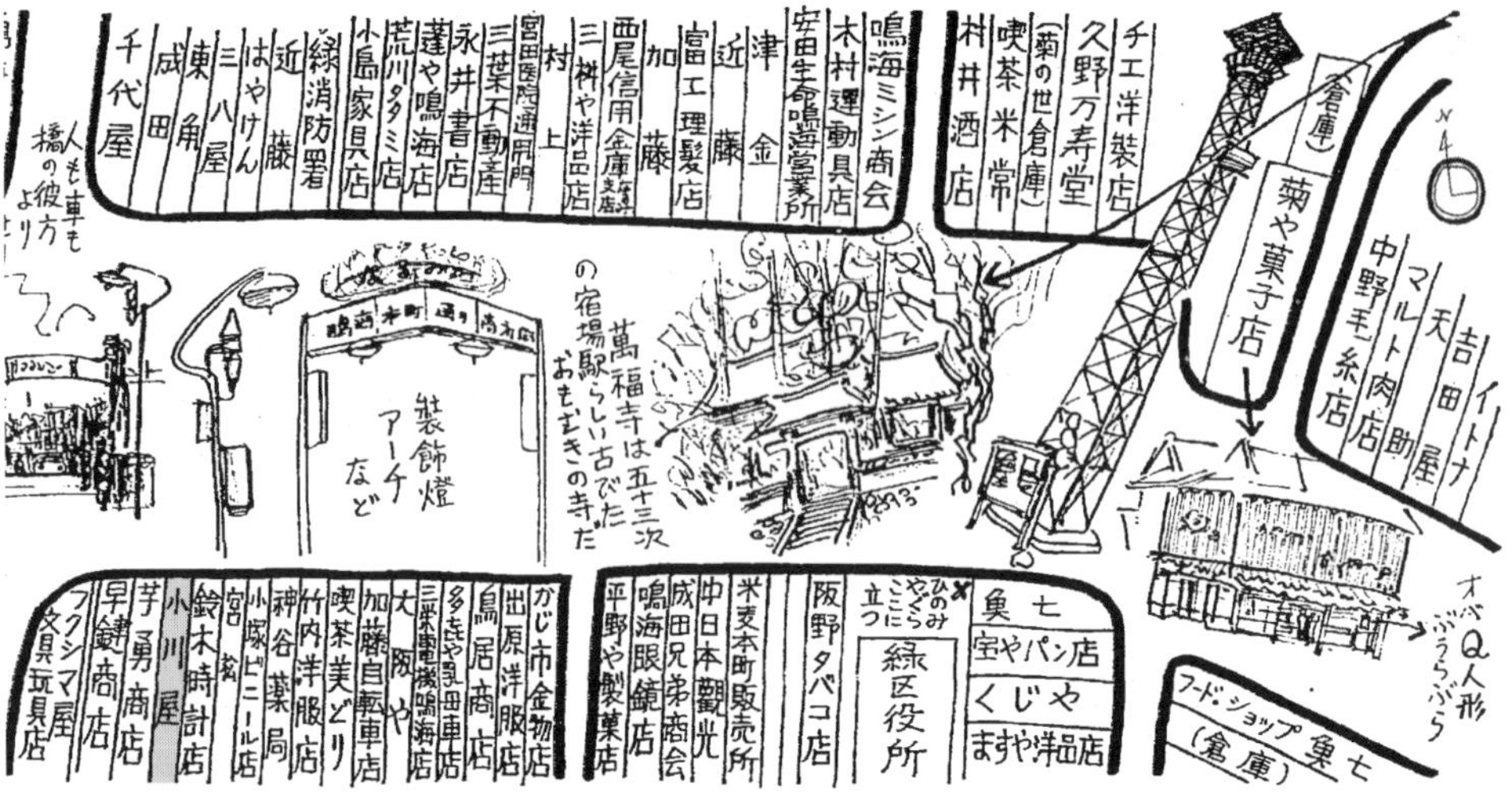

昭和 38 年 12 月、防犯用の街路灯が設置された鳴海本町通商店街。一帯の通り約 2 ㎞にわたって 140 基を取り付けた。円盤型とロケット型が一体となったスマートな街路灯だ。右端「小川屋」。

昭和 38 年 5 月、名鉄鳴海駅西の鳴海 1 号踏切。渋滞がひどく、歩行者と車で大混雑した。

平成 26 年 6 月撮影

鳴海本町通（緑区）

江戸から続く宿場町である。戦後の旧東海道は、国道一号線の完成で、重要道路としての役目は終えたが、北の丘陵地帯の住宅が建ち、サラリーマンのベッドタウンに。

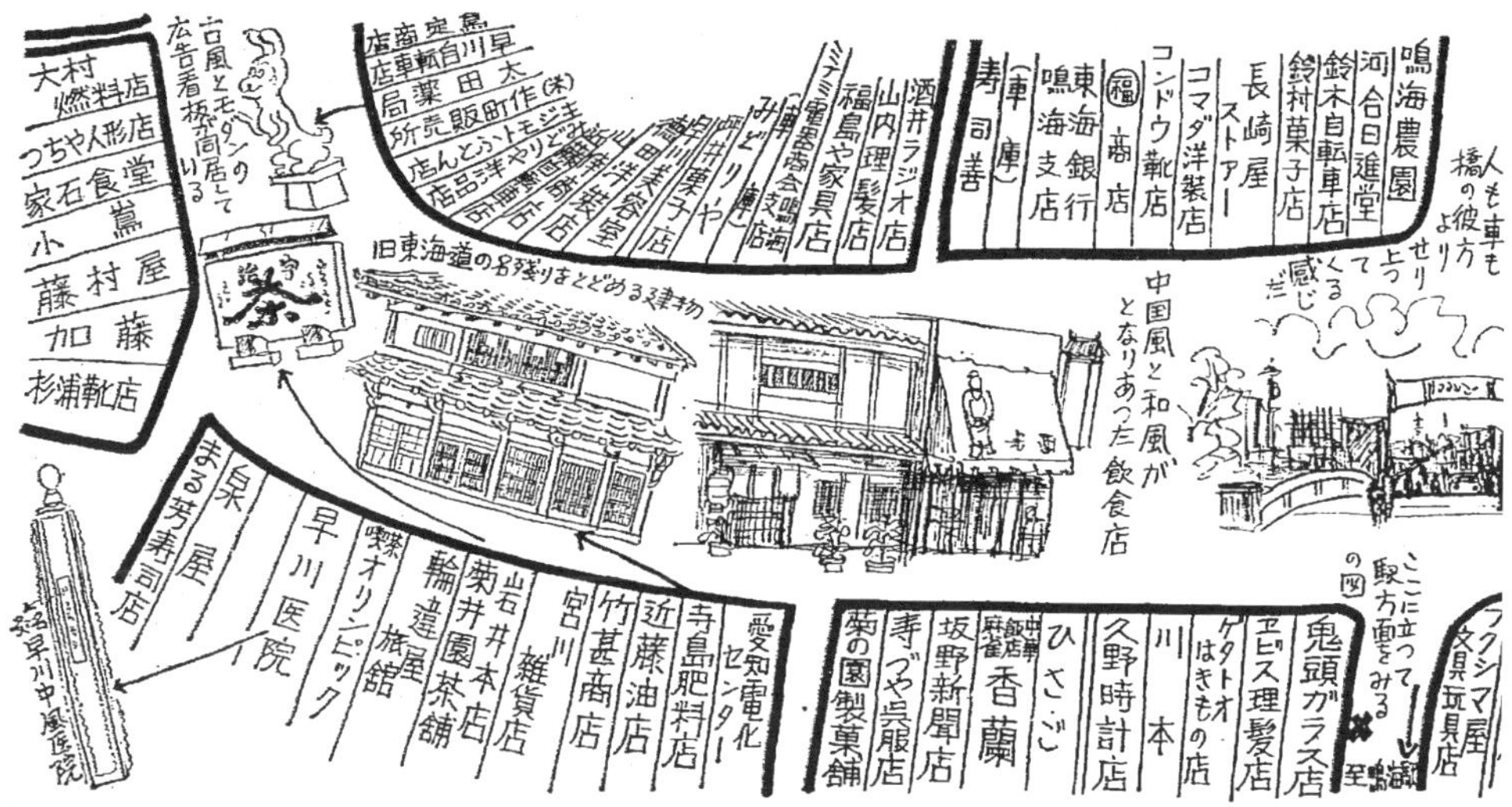

歴史薫る宿場町からベッドタウンへ

名鉄鳴海駅南にあった鳴海市場（昭和 38 年撮影）。名古屋中心部で戦災を受けた人々らが昭和 25 年創立。市街地再開発で平成 13 年閉鎖。

【記事再録】

この通りには、明治からの古い店がいくつもある。この通りただ一軒の旅館輪違屋。一階は喫茶店に変わっているが、二階は旅館、〝エイホー、エイホー〟とかごかきが、かごをかついで通ったころからの商人宿として知られている。筋向かいのみどりや。（略）少しとんでキグスリヤの河合日進堂、橋本屋の屋号をさいきん変えたが昔からの店。十字路角の千代屋。仕出しやとやおやだったが現在はフードショップ。筋向かいのフクシマヤ——明治時代の教科書も残されているほどの古い本屋さん。店内には文房具のほか子どもたちに人気があるプラモデルがぎっしり並べてあり、子どもがひっきりなしに出入りしていた。（昭和41年3月27日）

築地口（港区）

ほのかな国際色漂う 港のみえない港町

明治40年に名古屋港が開港。ほどなく市電が開通し、旅館、薬屋、食堂などが出現した。港から少し距離はあるが、店名には「ダリヤ」「リリー」「リヨン」など国際色も見える。

築地口交差点内の北東角にあった夫婦松。江戸時代に防風林として植えられたものだが、相愛の若い男女が仲を裂かれて首つり心中をしたという伝説があった（昭和33年2月撮影）

築地口交差点にあった交通標識を集めた看板。撮影した昭和41年7月当時は「交通戦争」と言われた。看板に添えられた「365日の幸福　この標識があなたの幸福を祈っています」の文章からも事故防止の願いが伝わる。

築地神社。ビルの谷間でいまも変わらず（平成26年6月撮影）

【記事再録】

戦後の都市計画ですっかり生まれ変わったのが築地口交差点。改造にともなってかいわいの〃名物〃が二つもなくなった。センタービル前の電車通りはいまのほぼ半分で道路わきに〃夫婦松〃と呼ばれる古木があった。昔から首つりがたえず〃首つり松〃ともいわれたが、道路拡幅で切られてしまった。町には惜しむ声が強く、移植も考えたのだが、幹の中身が朽ちはてており、〃寿命〃だからとみんながあきらめた。道路拡幅ですっかり小さくなったのが築地神社。うっかりすると見落としてしまうが、明治四十年の建立当時は電車通りまであった。昭和十四年ごろ、元町にもっと大きな同名の築地神社ができ、合併話も出たがことわった。いまでは町の人たちは〃新〃築地神社へ氏子費を納めるので、〃旧〃はおさいせんと寄付だけが頼み。

（昭和41年5月1日）

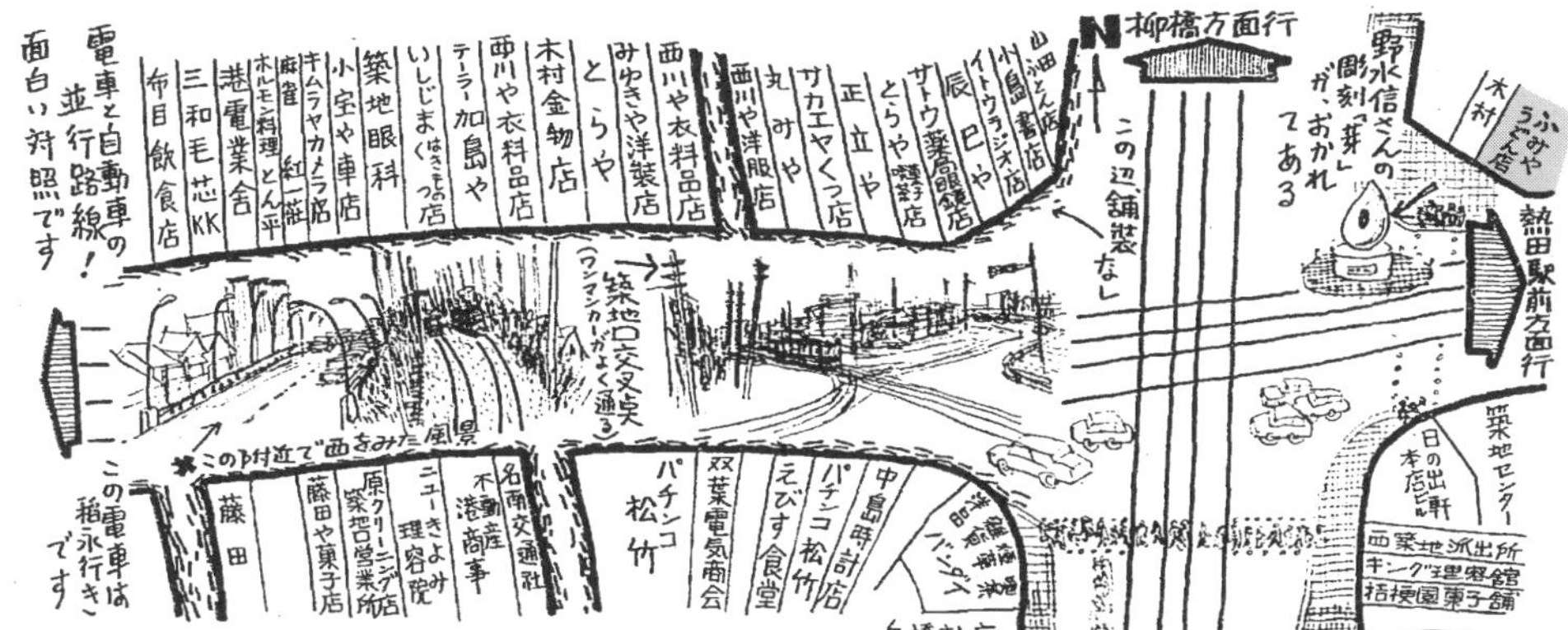

昭和 35 年 3 月、築地口交差点西側から北方向を見たところ。電停の向こうに見えるのが「ふみ屋うどん店」（名古屋市市政資料館所蔵）

昭和 38 年 3 月、市電築港線の終点・名古屋港付近。市電の向こうに中央ふ頭（現・ガーデンふ頭）の燈台が見える。

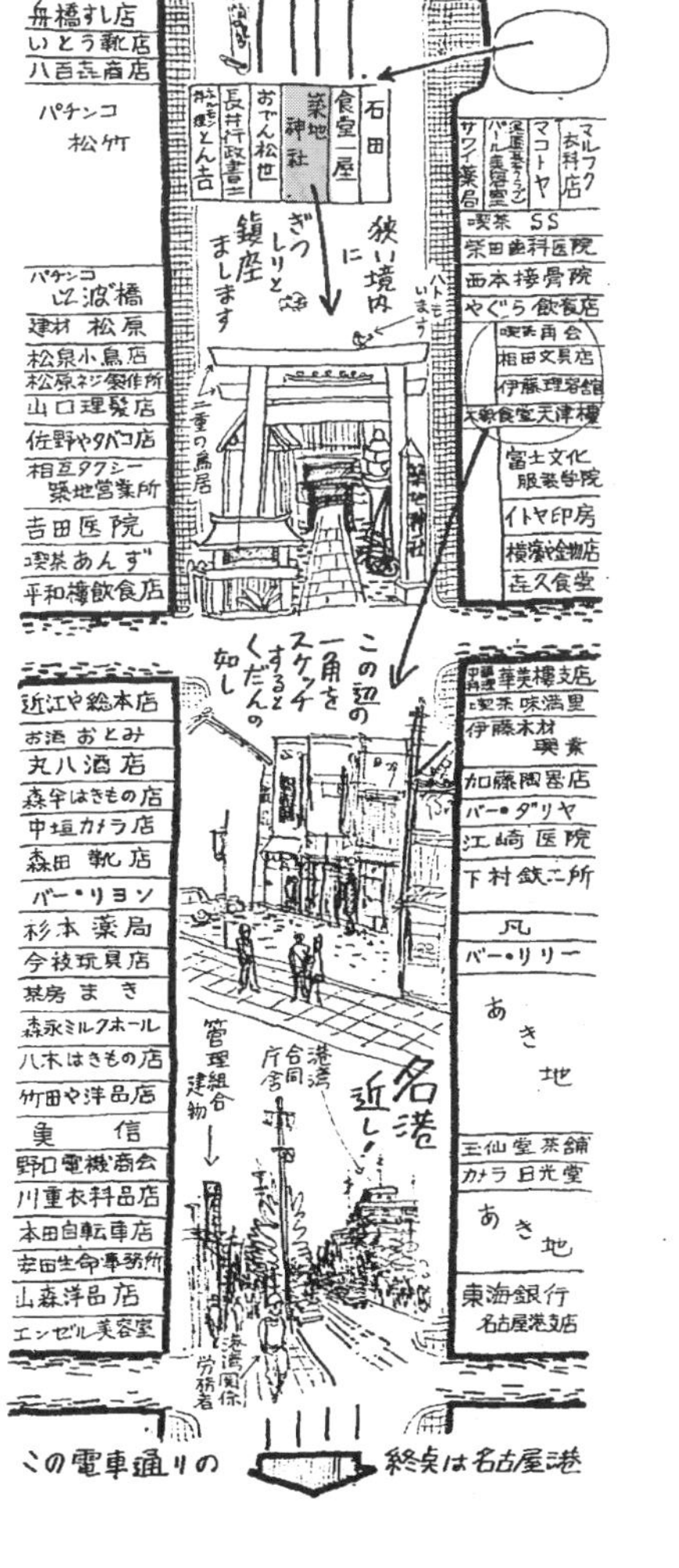

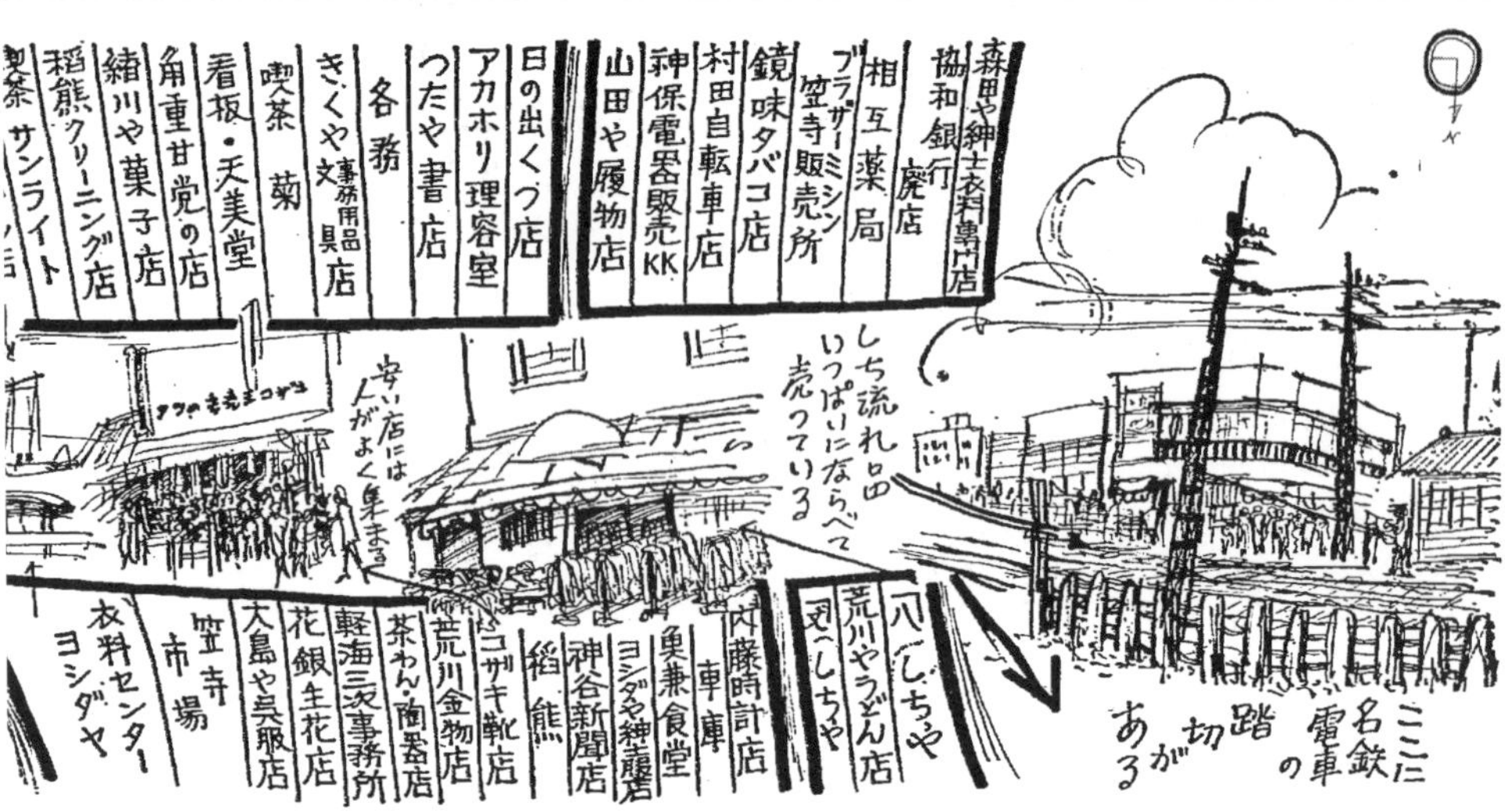

昭和 38 年２月３日、節分の恵方でにぎわう笠寺観音前。アーチの左たもとが「丸八うどん店」。

昭和 38 年２月３日、笠寺観音の節分会。この年は同観音が恵方に当たり、人波が押し寄せた。

平成 26 年６月撮影

笠寺西門（南区）

通りの要はやっぱり観音様。繁華な町筋には昔からの店が多い。毎月６日は特価日で、この日は市電通りに沿ってびっしりと露店が軒を連ねて、大変なにぎわいだったという。

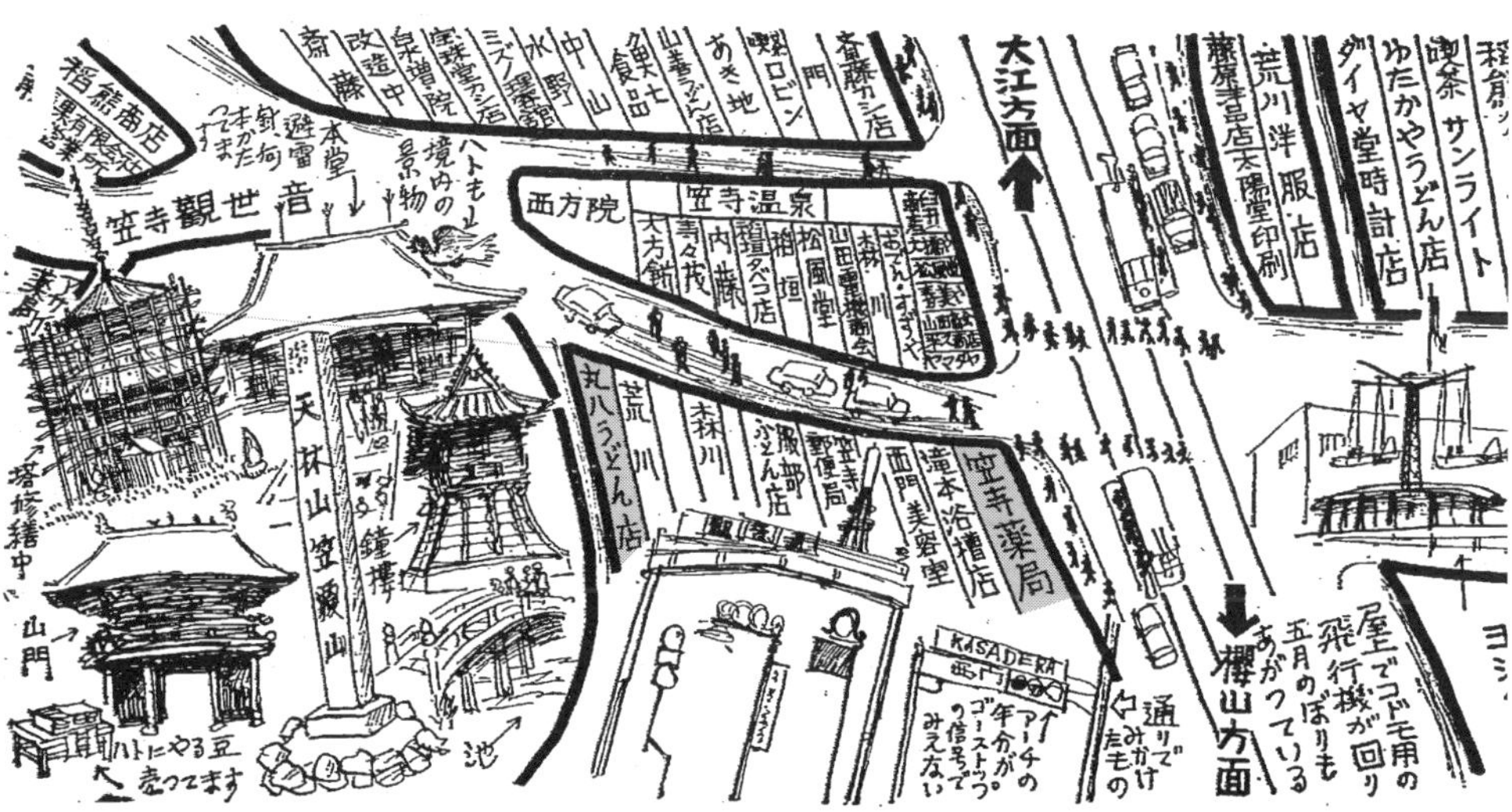

観音様の門前町
地域のお買い物センター

【記事再録】

電停かどの笠寺薬局。この店も、以前からの古い店だが、おやじさんというのがかわっていて少しぐらいの病気なら、"そんなのは眠っていればなおる"とクスリを売ってくれない。クスリを売らなくて、クスリ屋の商売が成り立つはずがないが、実は、その良心的なところがかえってお客に受け、人気があるらしい。セチがらい当節、珍しい存在である。薬局の話がでたついでに、この通りには、もう一軒薬局がある。名鉄電車の踏切近くの相互薬局がそれ。こちらのご主人は、笠寺薬局とはまた違って、なかなか愛想のいい人だが、売り出しはいっさいしない。値段もまけない――それでいて、結構お客が集まっている（昭和41年4月10日）

昭和38年2月3日の笠寺観音前のにぎわい。笠寺観音は正しくは笠覆寺。尾張四観音の一つだ。

昭和33年2月3日、笠寺観音で豆まきをするきれいどころ。

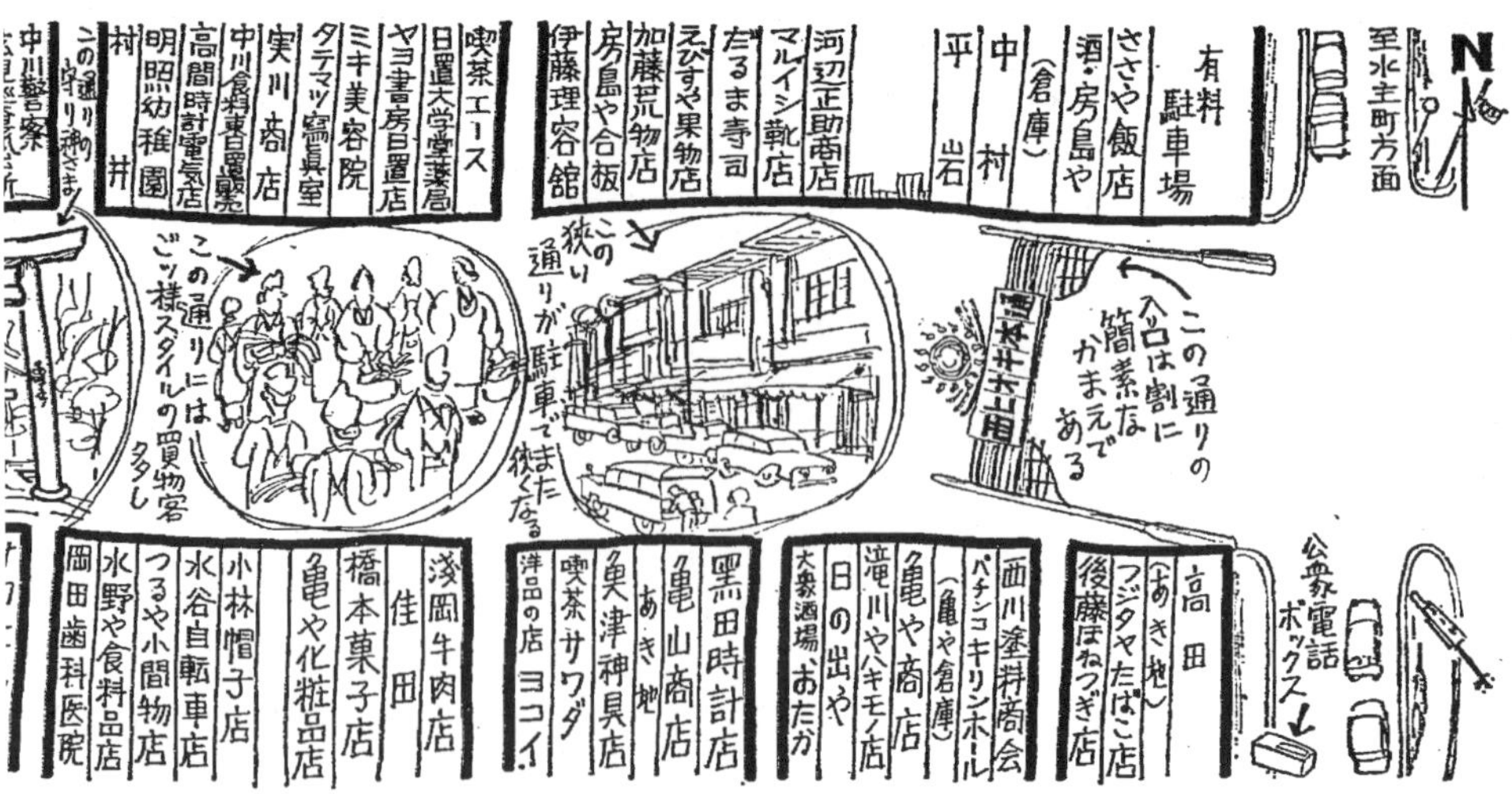

昭和 31 年 10 月、鹽竈神社に完成したコンクリート製の大釜。氏子有志がつくる親交会が発会 20 周年を記念して製作、奉納した。同神社の祭神は塩土老翁命（しおつちおぢのみこと）などで、安産、長命のご利益があると信仰を集めている。

鹽竈神社（平成 26 年 6 月撮影）

西日置本通（中川区）

半世紀の老舗も気楽な“下町”の雰囲気

明治から昭和初期にかけて、西方の農村から名古屋中心部に出るには、必ずこの通りを通ったという。居並ぶお店は一様に古く、これぞ下町という雰囲気が残っていた。

「喫茶みかわや」付近から東を見る。中央のこんもりした森が鹽竈神社（平成26年6月撮影）

昭和31年5月の日置劇場。戦前の11年に開場。買い物帰りのお母さんや、近くの紡績工場の労働者が大事なお客さんで、母ものや東映時代劇が人気を集めた。

【記事再録】……

通りに沿って、百軒ほどの商店がぎっしりと並んでいる。日用雑貨を商う店が滅法多い。付近一帯は中川運河と堀川にはさまれていたため戦災をまぬがれたらしい。親子三代にわたって五十年以上も商いを続けている店も多く、建て物の古さが目につく。

そんな古い屋並みに、下町のにおいがしみついている。「昔なも、エン台をもち出し将棋をさしながら商売をしたものですワ。いまでも平々凡々としていて小売りのきく町、買い物客しか通らん町ですワ」（町の人の声）

のんびりしている。通りを歩いていてもときどきエプロン姿のおかみさんや菓子を買いに行く子どもの姿をみかけるくらい。（昭和41年3月20日）

【記事再録】

夏のある日、庄内川へクジラが迷いこみ、西ノ切の源松船がアミを投げ、モリを投げていけどった。魚市場につないで泳がせ、見世物にしたが、村人はだれもカネを払ってくれない。せっかくのクジラ、このままでは宝のもちぐされ、なんとか一もうけしてやろう、と津島祭の天王川へ運ぶことにきめた。図体がでかいのだからスタミナだってうんとあるだろう、というので七・五メートルの巨体を大八車に材木みたいにしばりつけ、新川堤を西へ西へと運んだのだがさすがのクジラも途中、あえなく昇天。津島祭に参加した死体は日に日に腐敗臭を増すばかり、見物も鼻をつまんで…となっては人気もさっぱり。にわか興行を打った三盛丸の連中、とんだ骨折り損をぼやいたが、このクジラ〝魚の下之一色〟を広く世間にとどろかせてくれた。―いまも語り伝えられる、下之一色の話である。ちなみにこのできごとは、明治四十二年七月のことである。（昭和41年6月19日）

荒川
服部
大野や菓子店
高羽ブリキ店
二村
お地蔵さんがまつってある
鉄門の非常口
世にガラクタと称するものそれが店内に充満していた
藤
一色劇場
森
峯岸
『はよオ、オシッコしやアせんか ア』場末のこやのにおいがした
犬をひっぱって歩く人よくみかけた
切りだし看板

昭和31年6月の一色映画劇場。大正末期に演芸館として会場。25年に映画館に転身した。母もの、ちゃんばらもの中心で、「ローマの休日もコケた」と当時の支配人。

かつてこの先に一色映画劇場があった（平成26年6月撮影）

下之一色銀座通（中川区）

昭和30年代の終半、伊勢湾の埋め立てで漁場を失った地元民は漁から手を引く。漁から帰った男たちが通う銭湯、残魚処理を担った犬たち…この頃も往時の面影が残っていた。

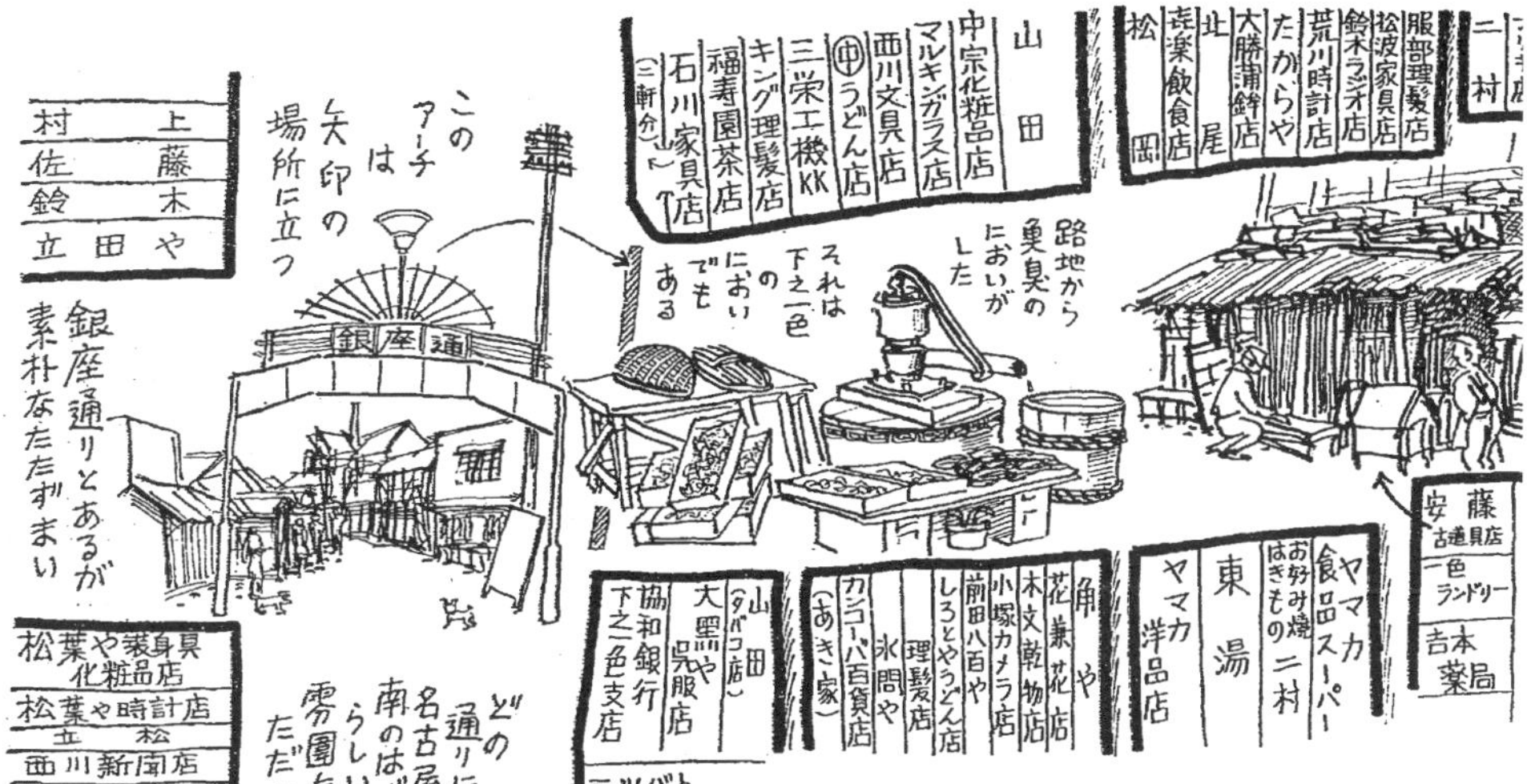

昭和32年7月の下之一色川まつりの一コマ。町内の各組が工夫を凝らした張り子で船を飾り、新川に浮かべた様子。浅間社の祭礼で、津島天王祭、熱田まつりと並ぶ川まつりとして知られた。

悩みのタネ"狭い道"
往時の名残り？　犬と銭湯

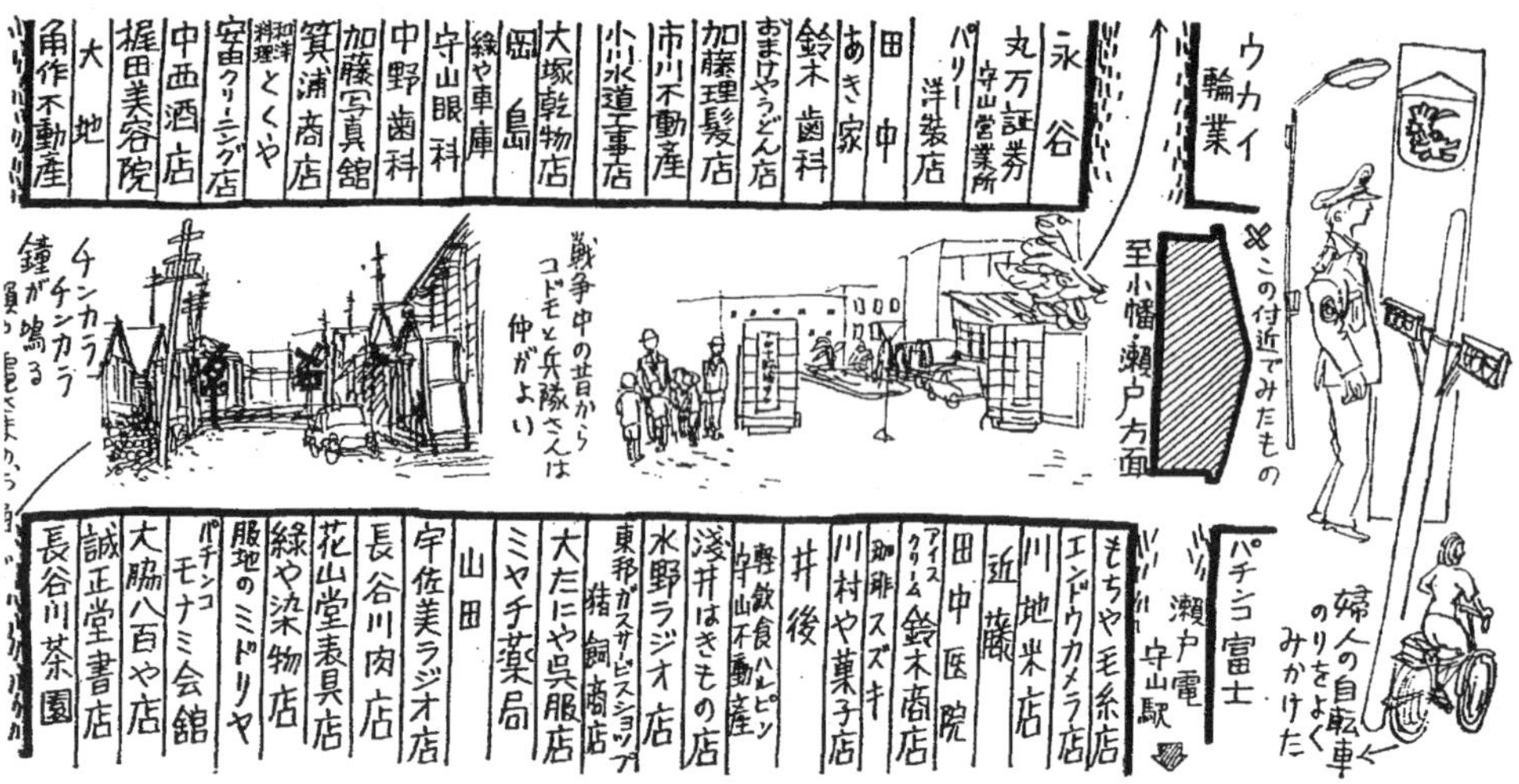

昭和41年5月の守山本通。守山区役所付近から東を望む。

平成26年6月撮影

昭和37年4月22日、陸上自衛隊守山駐屯地でおこなわれた第10師団誕生を記念した祝賀式の様子。駐屯地が一般市民に開放され、観閲式のほか隊員の仮装行列がおこなわれた。

守山本通（守山区）

戦前は軍隊の街としてにぎわった。写真館、生菓子屋、軍人の身の回り品を扱った店など、かつてはずいぶん潤ったという。このころは行き交う車の騒音に悩まされたとか。

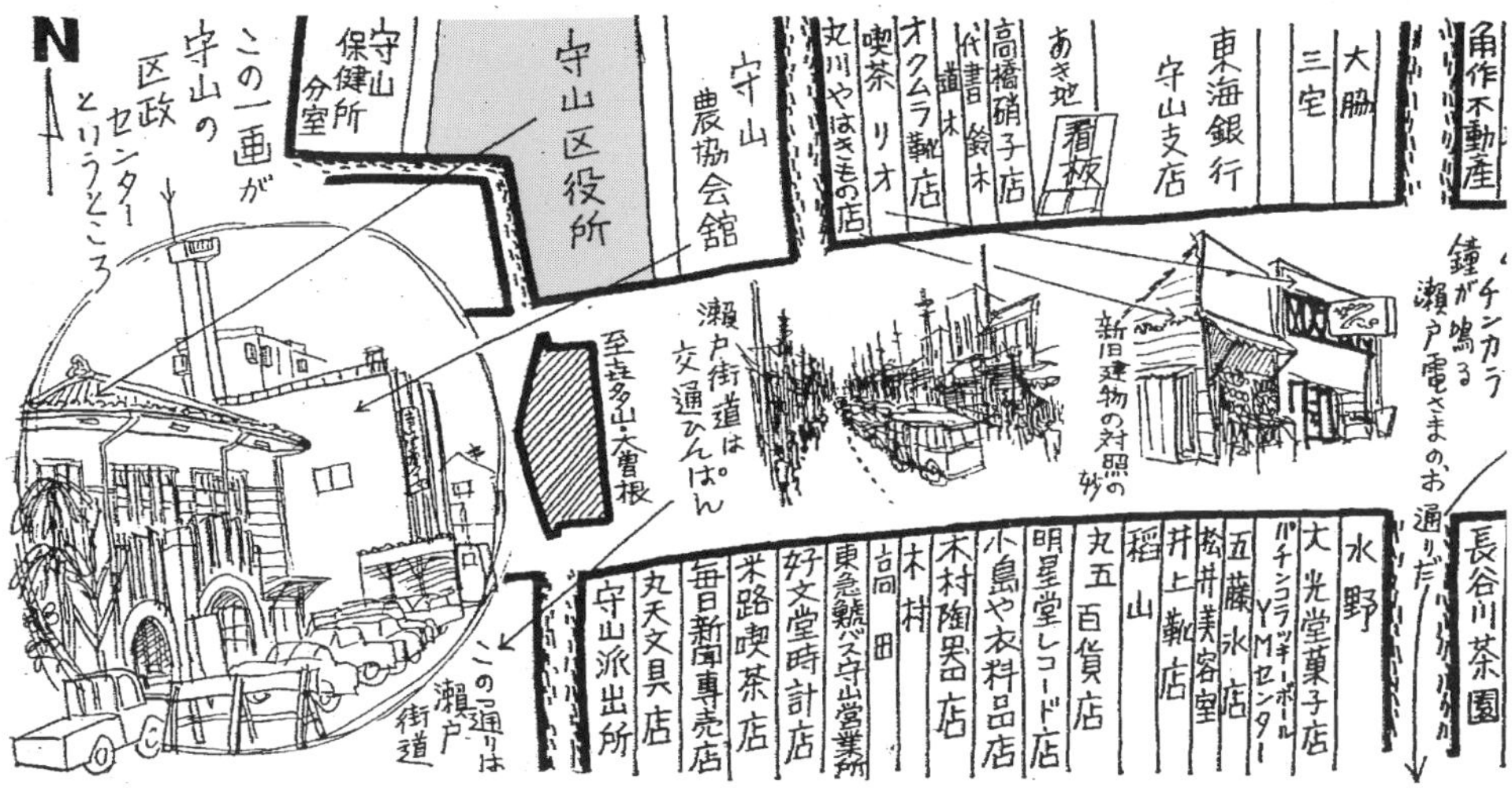

悩み多い街道の街
車の騒音に大弱り

昭和38年2月、守山市が名古屋市と合併して守山区が誕生。合併を祝う子どもたちの旗行列が守山区役所に到着した時の様子。守山中学、小幡小学校など7校の約2000人が参加した。

【記事再録】

東西に走る瀬戸街道に五月の太陽は日がな一日、白い光を落とし続ける。通りの両側にびっしりたてこんだ商店街の短いのきさきは日影を落とすすべもなく、太陽がいっぱいのコンクリート舗道は煮えあがって、もう真夏の感じ。

「きょうの暑さなんて、序の口にもはいりませんねえ。夏においでなさい。真夏に……」打ち水の手を休めた商店のご主人が腰をのばすと、白く焼けたコンクリートはもう乾きはじめる。（昭和41年5月15日）

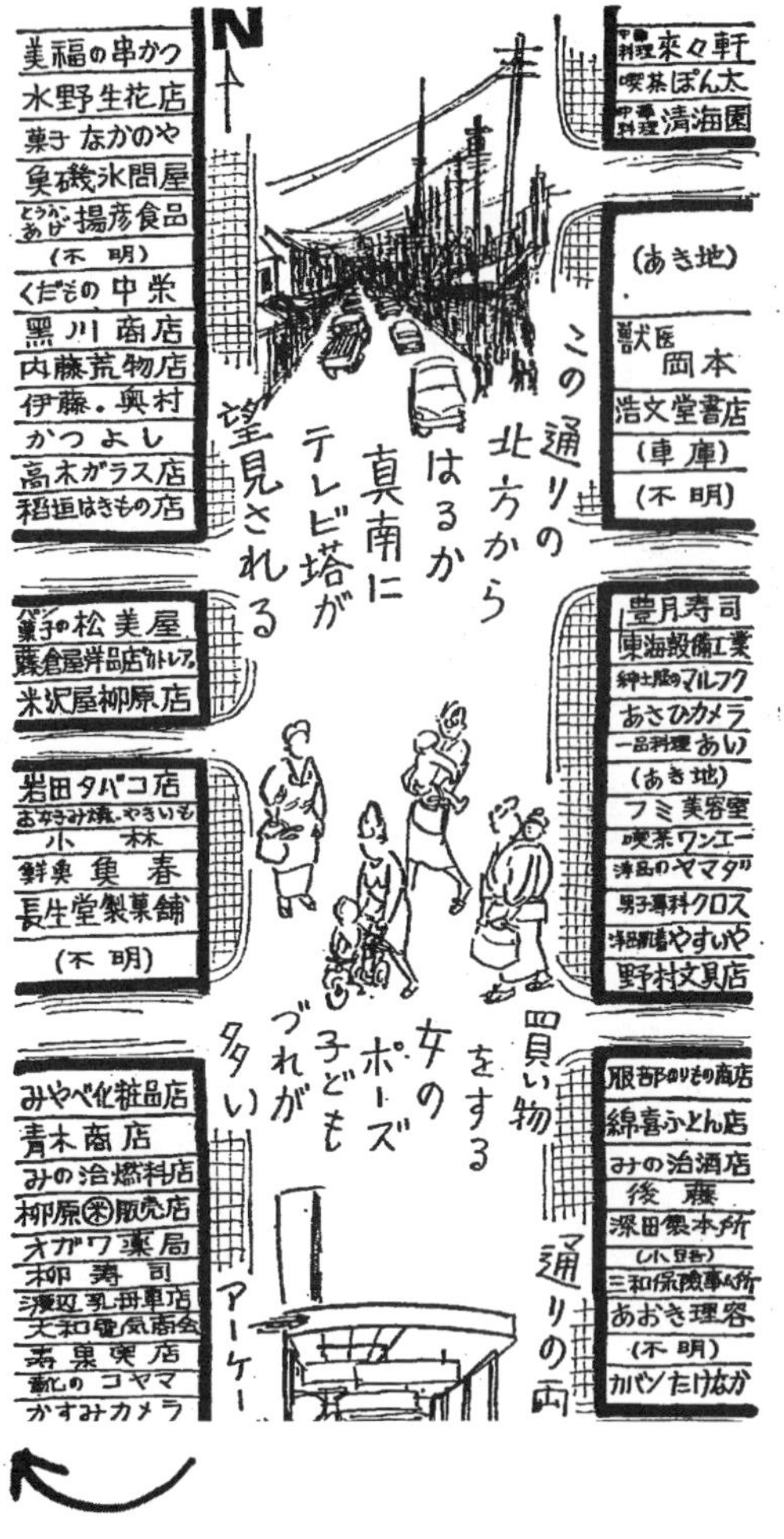

昭和 39 年 11 月、完成したばかりの柳原通商店街のアーケード。シルバーとオレンジのツートンカラーでまず約 600m が完工した。左端「うどん大野屋」。

商店街の北側から望む。遠くにテレビ塔が見える（平成 26 年 5 月撮影）

明るい“新興の街”日用品ならなんでも揃った

柳原通（北区）

かつては沼沢地帯。埋め立てられて大正末期に家が建ち始めたという。近所の清水通が戦災で焼け、ここ柳原に大半が移動。住宅地の真ん中にある落ちついた商店街として発展。

昭和 34 年 12 月、土居下付近を走る瀬戸電。写真左上が柳原通商店街。土居下は名古屋城外堀の東北端で、藩主がお城脱出の際に警護する武芸百般の親衛隊が住んでいた。

昭和 39 年 5 月の瀬戸電・土居下駅。瀬戸電は明治 38 年に瀬戸―矢田間に瀬戸自動鉄道として誕生。同 44 年に土居下―堀川間の外堀を走る「お堀電車」が開通した。

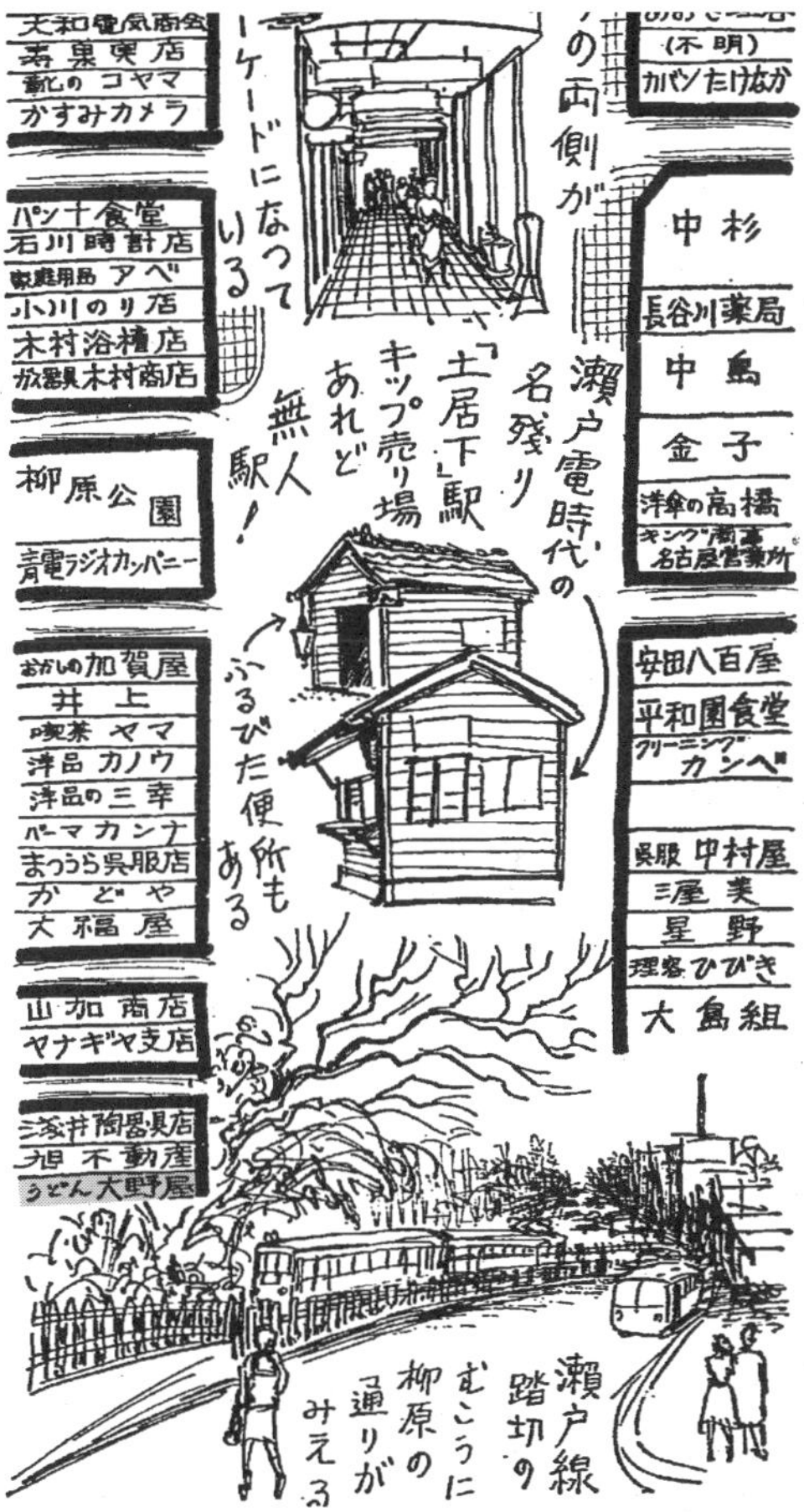

【記事再録】

かつての通りは、東側、ドブ川のある幅五メートルほどの道。江戸時代には御土居下と柳原を結ぶ唯一の街道で柳原街道と呼ばれた。柳原には〝豪潮さん〟で知られる豪潮寛海の開いた長栄寺と尾張藩の別邸柳原殿があった。街道の両側はアシの茂った沼沢地帯で、埋め立てられて住宅地となり、大正末期ごろぽつぽつ家が建ち始めた。

「昭和のはじめのころは古道具屋三、四軒とやお屋、床屋などごくわずかの商店があっただけ、夏はカエルの鳴き声の方がさわがしかった。そのころは通りの東にある清水通が北区一の盛り場でにぎわっていた…」と、戦前から商いを続けている商店主は語る。

(昭和41年12月4日)

昭和 29 年、市電終点付近。当時このあたりの水はけは、悪かったようだ（臼井薫撮影、臼井てる子氏提供）

上飯田駅前（平成 26 年 6 月撮影）

プラタナス並木に喫茶店文化の町

市電上飯田停車場付近（昭和 46 年 1 月撮影）。この区間はこの月の末日で廃止になった（鈴木浩之氏提供）。

上飯田通（北区）

昭和 40 年 12 月に完成したのが名鉄上飯田ビル。地上 11 階、地下 1 階のマンモスビルで、3 階以上には約 1000 人が居住。地元商店街は、独身者や庶民の街として展開。

名鉄上飯田ビル（平成 26 年 6 月撮影）

【記事再録】

イチョウ、シダレヤナギ、プラタナス、ナンキンハゼ、アオギリ――名古屋の町々に緑をそえる街路樹ベスト5。街路樹が町のふん囲気づくりに果たす役割りは大きい。見上げるようなイチョウ並み木は近代的なビル街と大通りのイメージだし、シダレヤナギは、やはりなまめいた夜の盛り場のムードをただよわす。

初秋の上飯田通には、まだ若いプラタナスが美しい。プラタナスはなにかさわやかな〝文化的〟空間を広げる。明るい葉の色合いと軽やかなその形が、白い歩道に調和して、大気を澄み渡らせるようである。

上飯田にスカッとした文化の匂いをもたらしている二番目の要素は、十四店の喫茶店（うち六店は名鉄上飯田ビル内）。〝喫茶店文化〟という。北欧風、ギリシャ風、ローマ風……の店構えで飾りたてる。〝××風文化〟。そして、その中でコーヒーをすすり、ハイライトをくわえながら談笑する上っすべりの対人関係をいう。

だが、なんといっても、この町に決定的な都会の匂いを運んできたのが十階建ての名鉄上飯田ビル。地上十階地下一階、四十年十二月完成。三階以上には三百八十七世帯約千人の住む公団アパートを乗せる市内一番のマンモスげたばきビルである。（昭和41年9月11日）

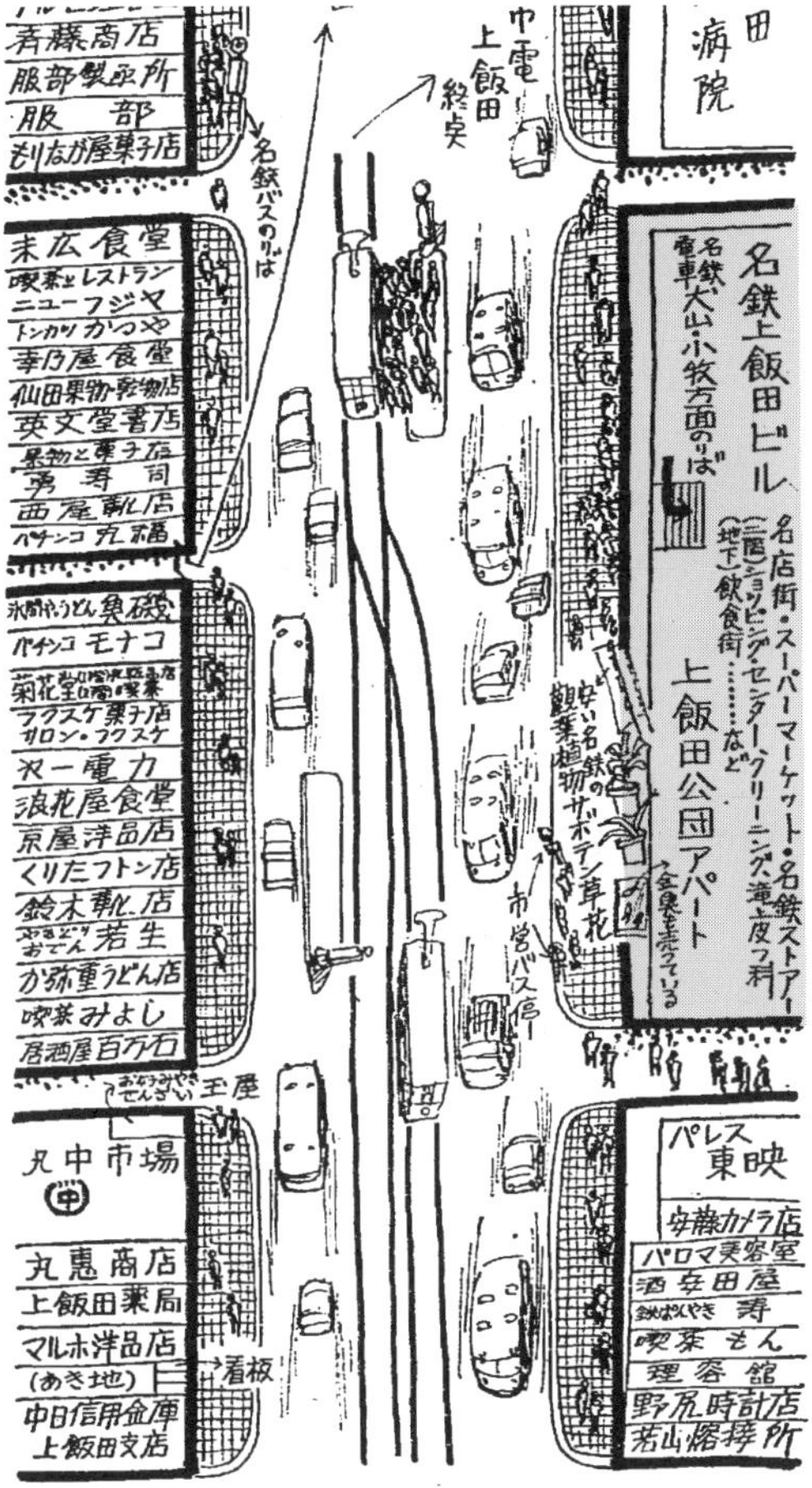

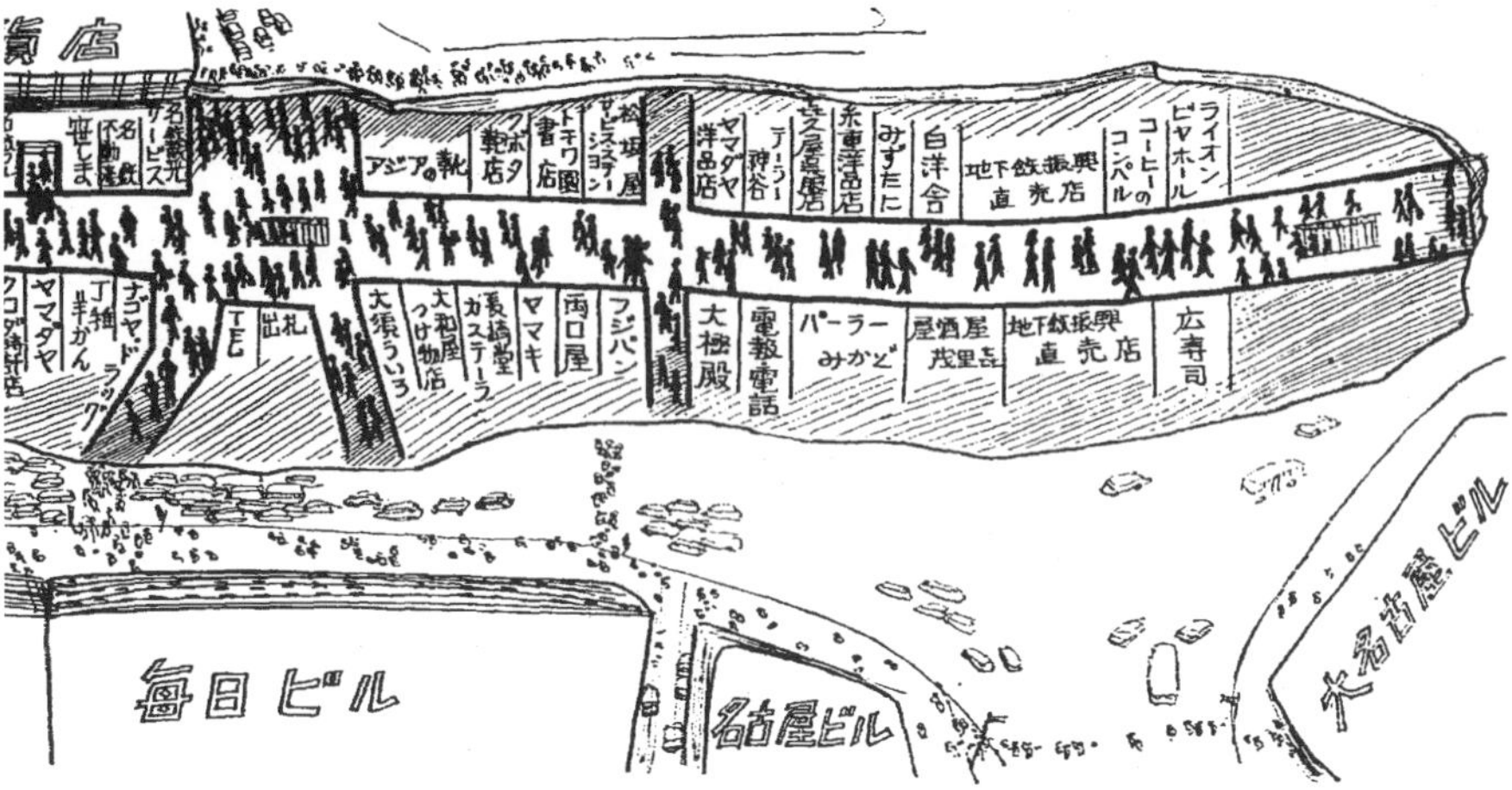

名古屋駅地下街

昭和32年3月18日、名古屋駅前に誕生した名古屋初の地下商店街「サンロード」。写真はオープン初日の様子で、約4万人が殺到。入り口7カ所を4カ所に制限、一方通行にして交通整理した。

昭和38年3月、名古屋駅前地下街と大名古屋ビルの連絡通路に地下街が店開き。三菱系5社が南側に「三菱ホームコーナー」を設けて、グループの共同展示場にした。

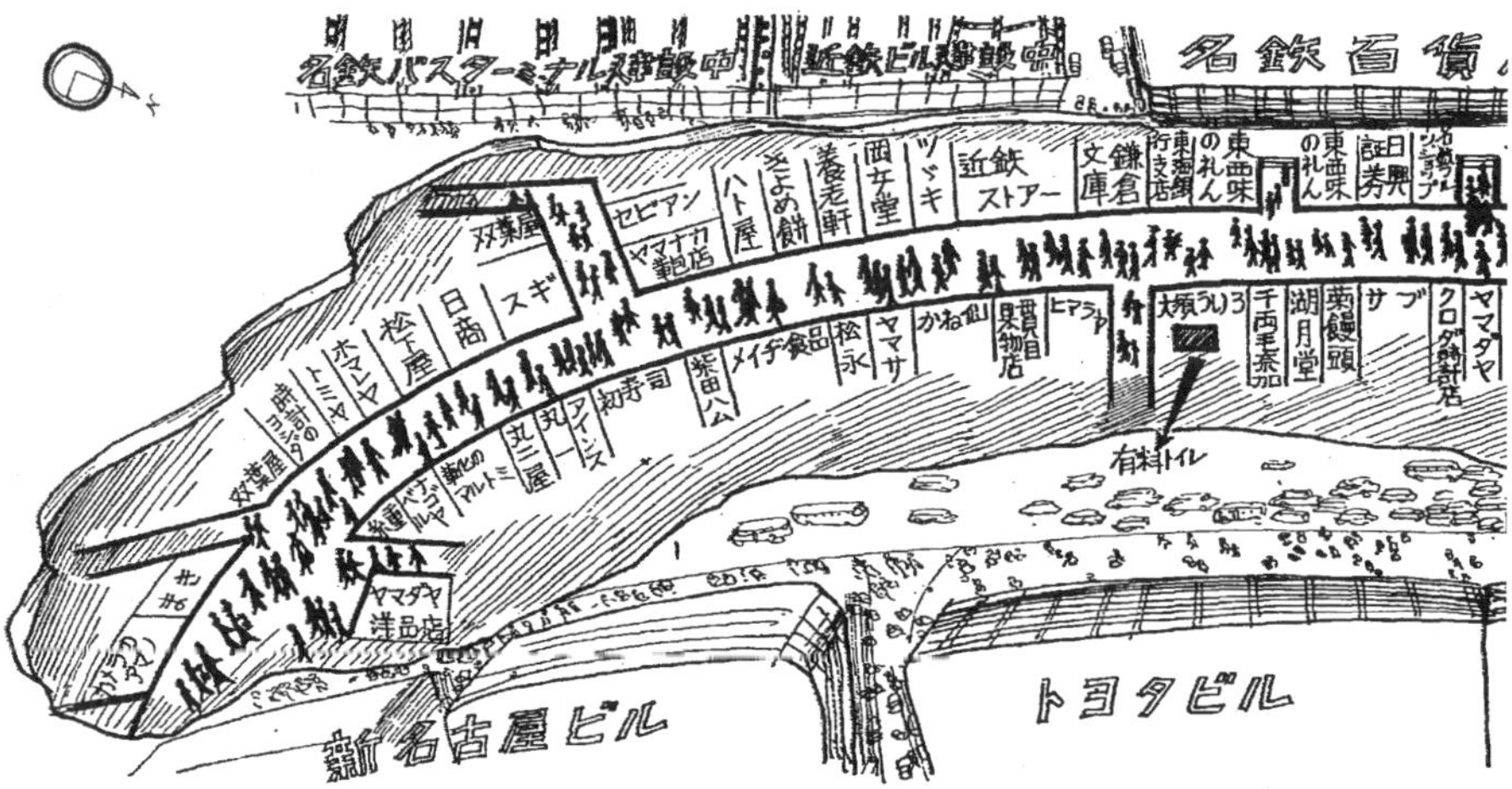

あみの目のように張り巡らされた名古屋の表玄関

【記事再録】

…ところで、ここの地下街ほど、本屋の店頭がいつもにぎわっているところはない。昼中の比較的すいている時でも、そこだけはかなり人がたてこんでいる。もちろん人が多ければ〝お金にならない立ち読み族〟も多いには違いないが売れることも、かなり売れるらしい。名前は秘すが、この地下街のある書店などは、坪当たりの売り上げがなんと日本一、というのだから驚く。〝名古屋文化の高さ〟を誇示するにあまりあるエピソードだが、（略）高い本は売れない――というのが本屋さんの嘆きである。

この地下街には、有料便所がある。中央コンコースから左に曲がって、二本目の道――つまり豊田ビルへ通じる通路を曲がったすぐ左側。表は、化粧品やたばこ、アクセサリーの売店になっていてちょっとわかりにくいが、ここをかまわずはいっていくと金十円なりをいれる箱があって、その奥に有料便所がある。なんでも便所にお金をいれるのは全国でもはじめての試みだったそうで、ケチで通る名古屋人のどぎもを抜いた――といわれる。（昭和40年10月17日）

ミヤコ地下街・駅前一番街

ビルとターミナル結び
大都会をになう「扇のかなめ」

昭和38年12月、ミヤコ地下街の鶏肉店では、1度に24羽を焼く自動天火炉を店頭に備え付け、クリスマスを前に大忙し。1羽300円で飛ぶように売れた。

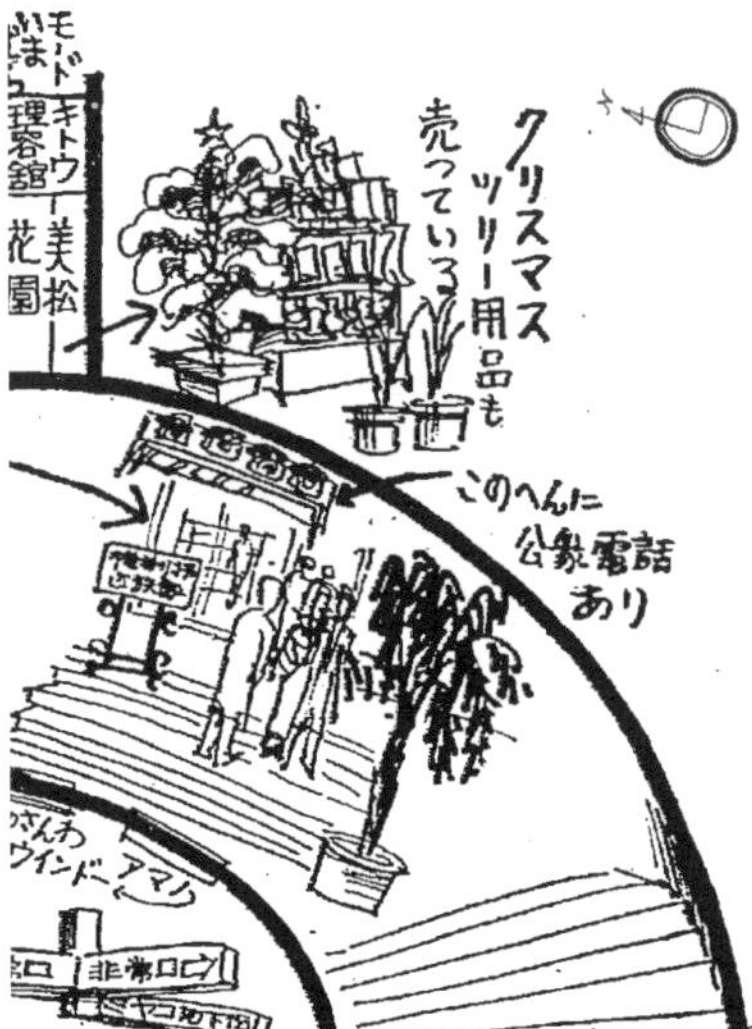

昭和38年8月28日、外装が完成した都ホテル。東京・日生劇場、大阪・新歌舞伎座をつくった芸術院会員の村野藤吾氏がデザイン。アルミニウムの斬新な窓枠が印象的な外観は名古屋駅前で異彩を放った。平成12年に営業終了。

（昭和 41 年 11 月 13 日の紙面から）

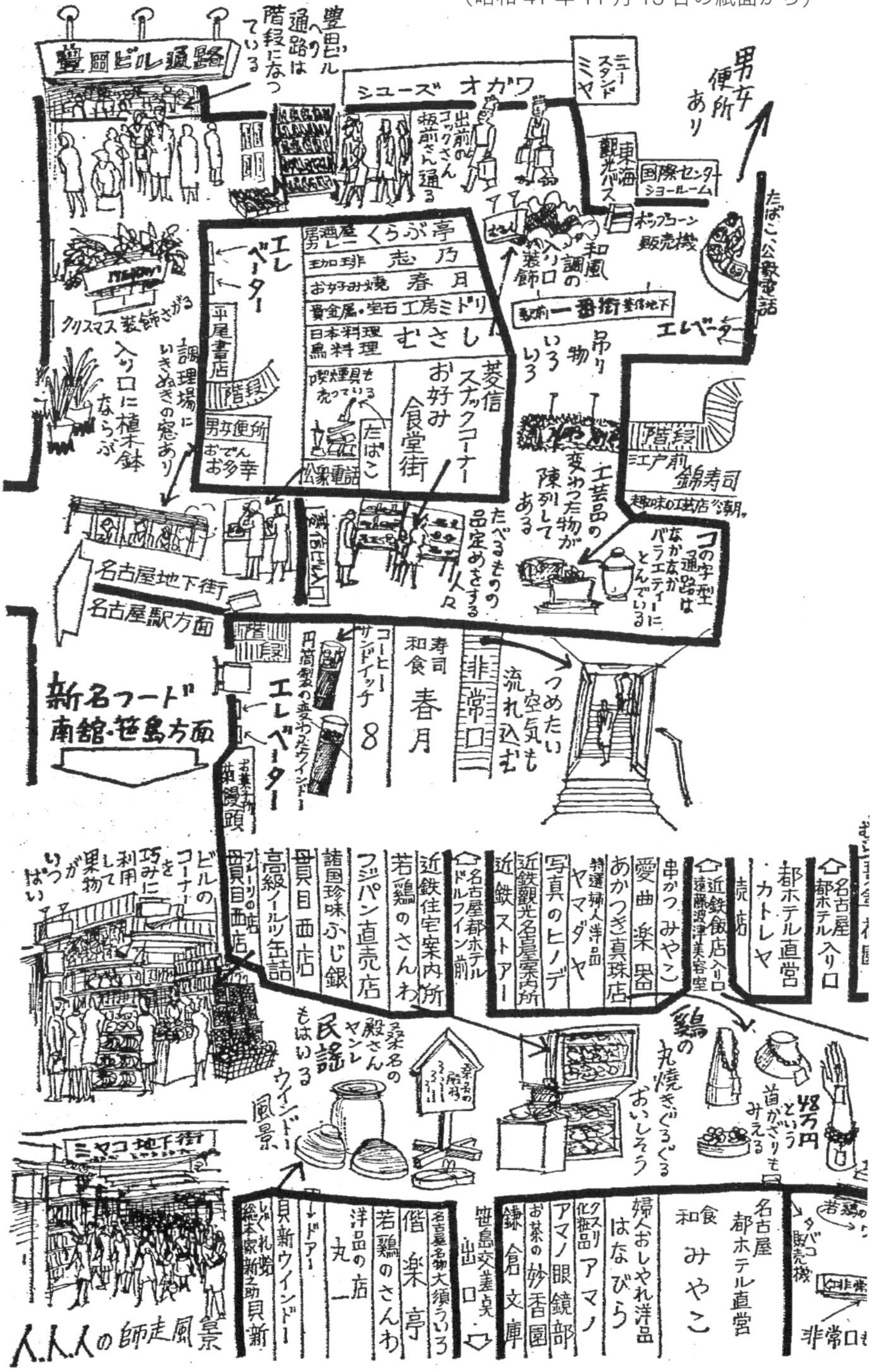

商店街は平成25年に閉鎖。写真は駅東側の現況（平成26年6月撮影）

今池地下街

【記事再録】

地下鉄は午前五時三十一分が始発。釣り人、交通関係のサラリーマンが少々。終電二十三時三十九分、十二、三人がきまって降りる。「おもしろい大学の先生がいましてね、いつも酔って終電なんです」と笑う若い駅員は、それ以上はプライバシーにかかわるので、と口をとじた。酔っぱらいで困ることはあまりない。扱い方の特訓をうけているからみんな応対はうまい。「とにかく低姿勢一本ヤリ。ひどいのは近くの派出所へ運びます」。今池駅は、酔っぱらいやチンピラの相手がうまい、とは派出所の評価。黄色いカサの返却率は、今池はとても悪い。

最近、変わった〝趣味〟の持ち主が午後の駅へ現われはじめ、駅員の話題のタネ。ゴミ箱からありったけの新聞を拾っていく。背広を着たちゃんとした身なりの中年の男性。とてもバタ屋さんとはみえない。知らぬ間にきていつの間にやらいなくなる。駅の伝言板は今池の窓だ。「六ジ、フジホテルデマッ、ピン」とはおさかんなこと。夜、西の改札口に立つ若い駅員はつらいという。「風向きによっておでんのニオイが流れてきます」。階段をあがると、ズラリ屋台。地下街は午後九時で店をしめるが、地上の今池はまだ宵の口である。（昭和41年11月13日）

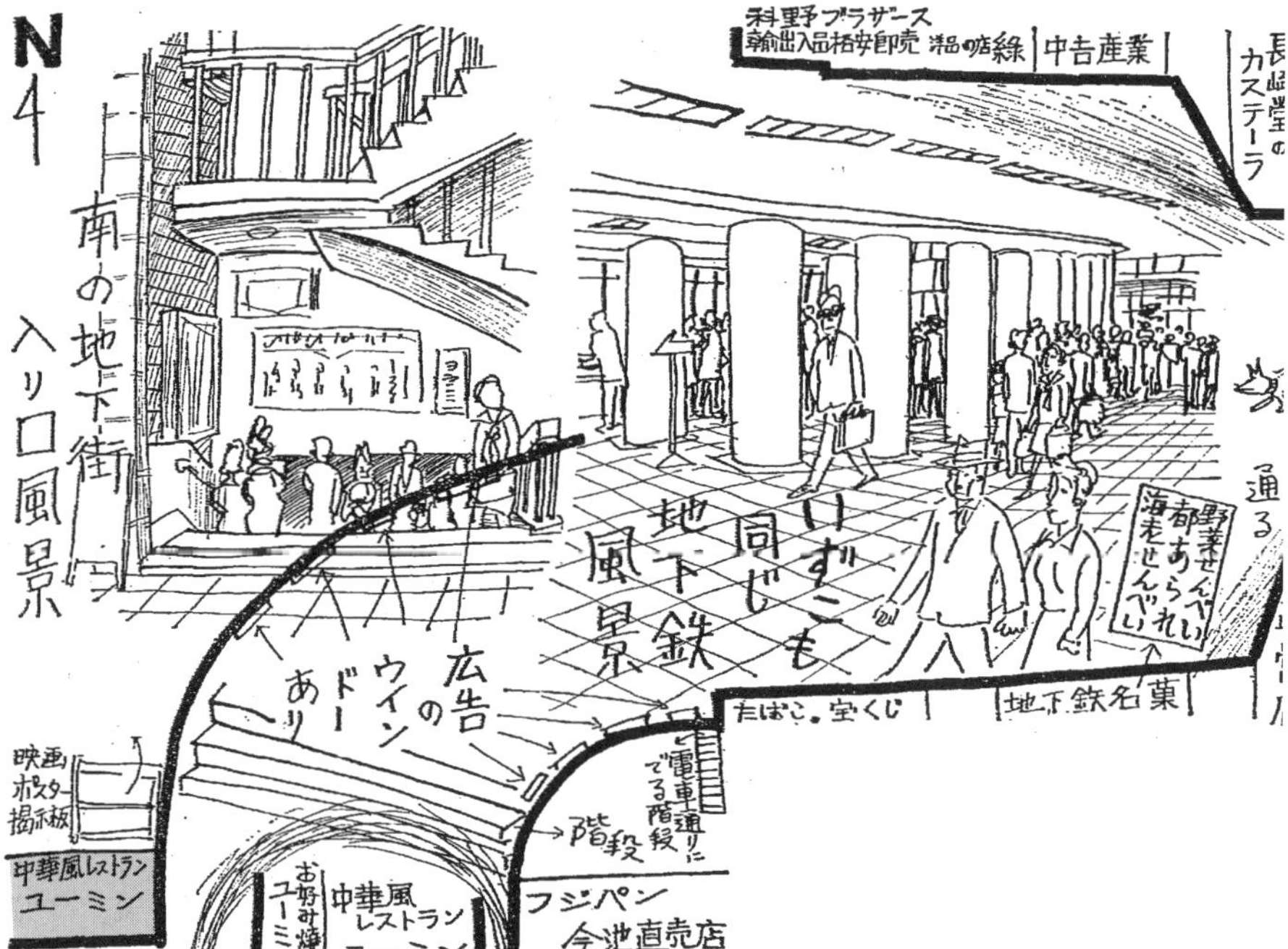
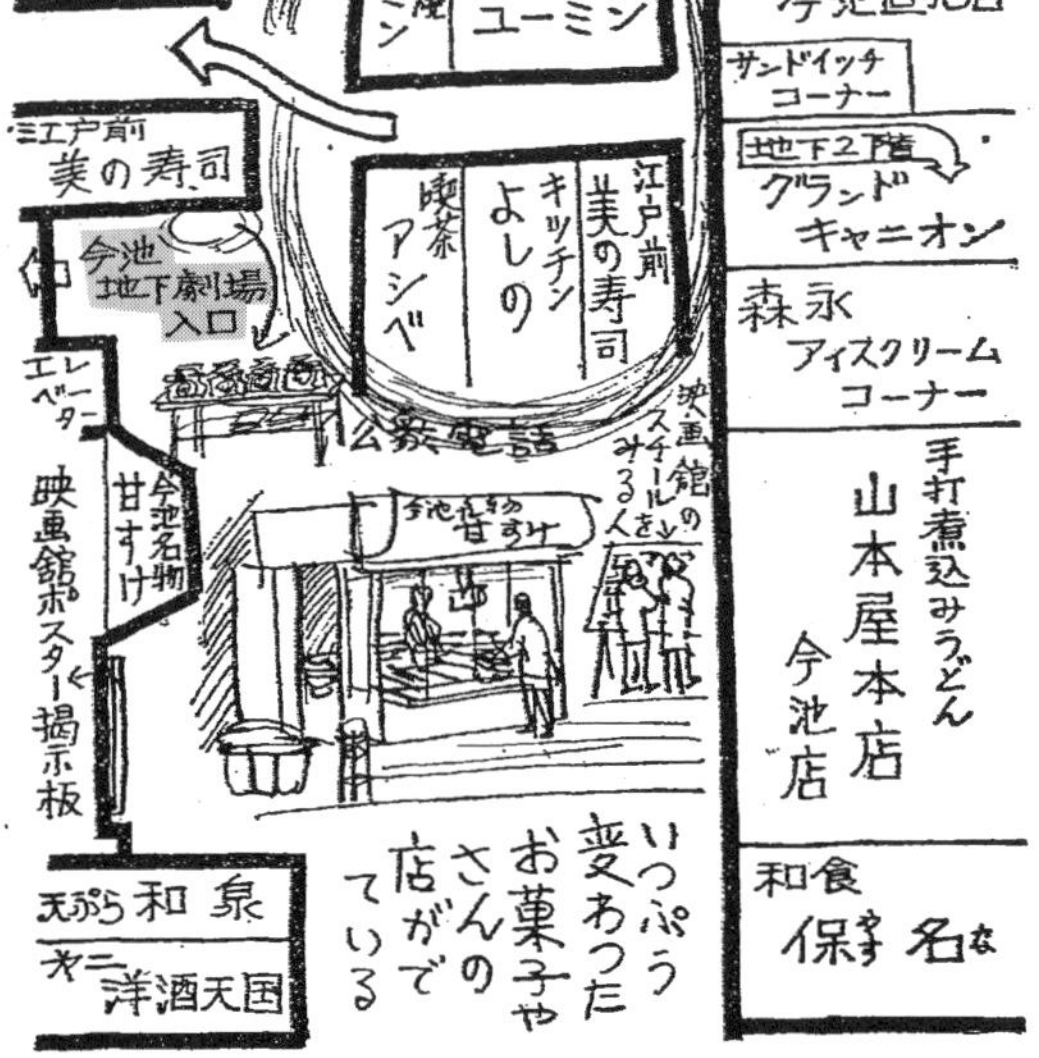

中華料理ユーミン、今池地下劇場は健在（平成26年6月撮影）

味自慢から劇場まで
栄より大衆的で地味

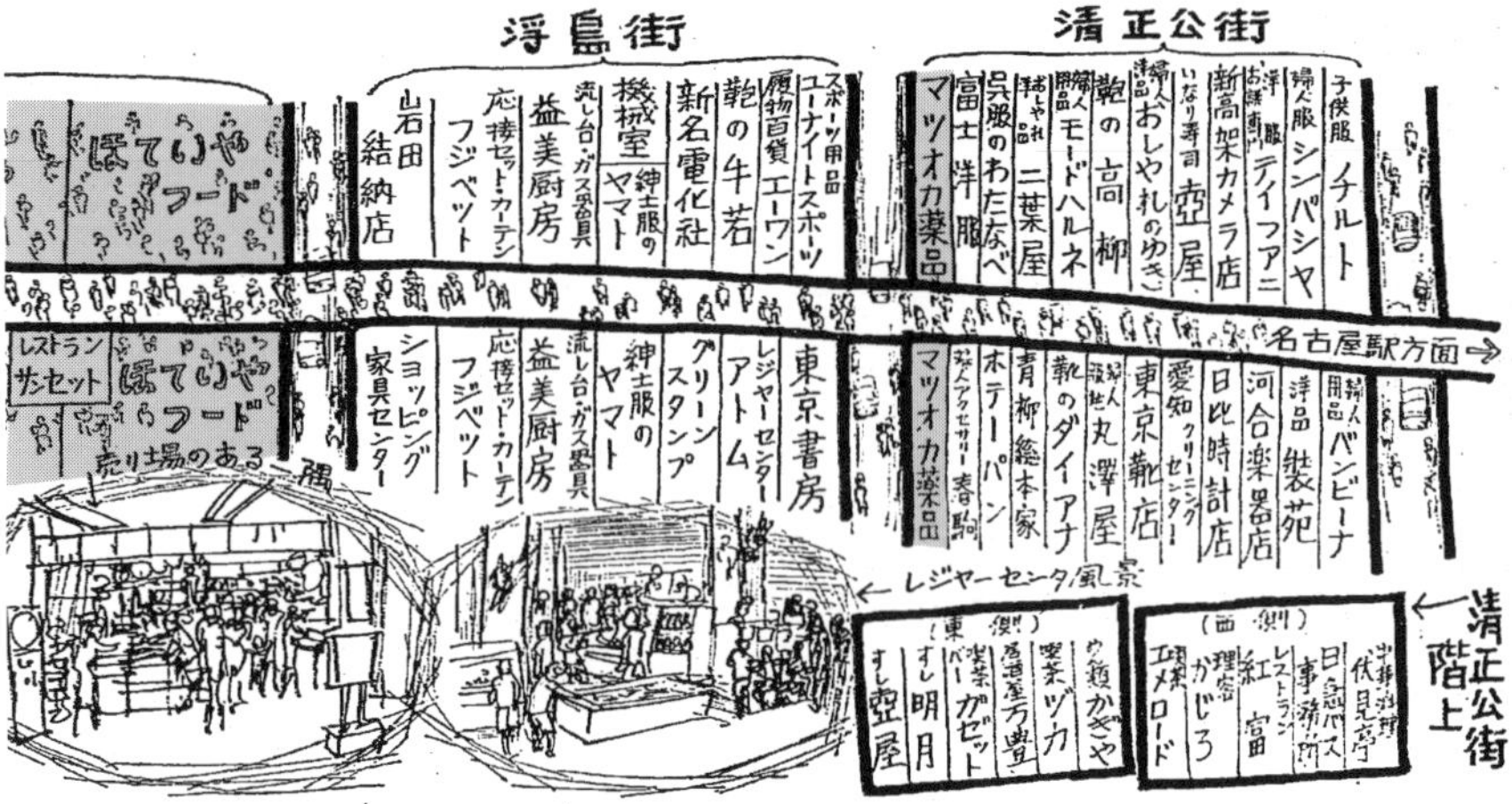

新幹線高架下 ショッピング新名古屋センター

名古屋駅から徒歩数分の距離にある（平成 24 年 11 月撮影）

昭和 38 年 12 月 1 日に営業開始した「ショッピング新名古屋センター」。左上写真は開店 6 周年謝恩セール時の稚児行列。奥に清正公街の「マツオカ薬品」の店舗が見える。左の写真は「ほていや」店内の様子。昭和 50 年代になると商店は徐々に撤退しはじめ、空きスペースは事務所や収納庫として活用された。名古屋駅至近でもあり、配送センターや貸し会議室としても人気が高い（写真提供：新名古屋高架株式会社）

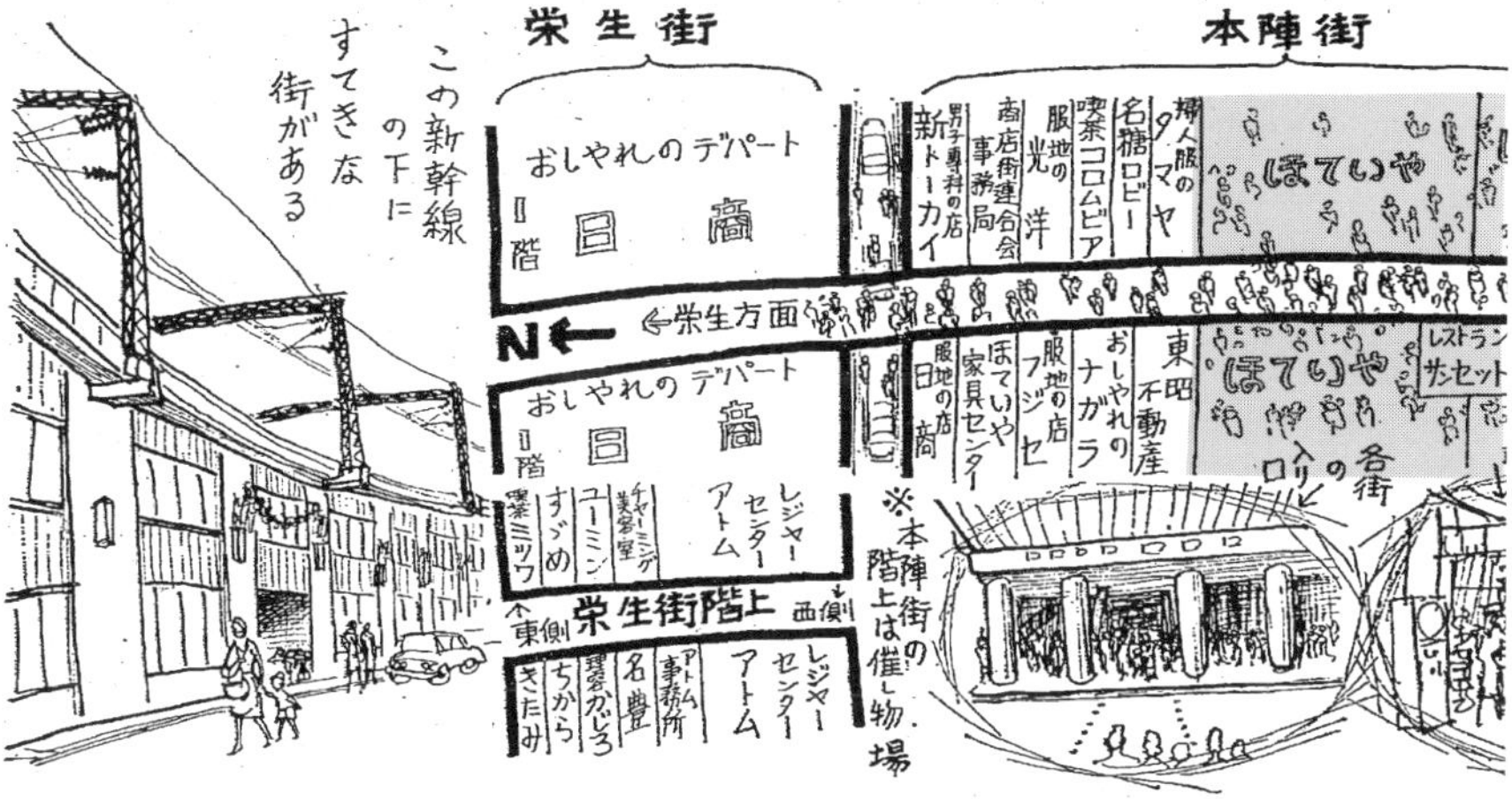

日曜日、雨の日は1.2kmの通りは人波でいっぱい
“横のデパート”

【記事再録】

浅井新一さん（六〇）。ショッピングの守衛長。いまようにいえば〝ガードマン〟の〝キャップ〟である。ときどき、町へ出て高架の上を見上げる。新幹線の列車がくると、思いっきり手をふる。「こないだ、中村の奴が手をふり返しよった。なつかしいね」。四十年間の国鉄勤務、十六年間蒸気機関車を動かして定年。「線路の上で働いていて、こんどは下へ来た」とチョビヒゲをふるわせて大いに笑う。終戦の年、敗戦報告に伊勢へ向かう天皇のお召し列車を動かした。ガードマン十二人。うち七人が元機関士、見回りより冷房機の操作が仕事。「機関車に比べりゃ、あんなもの——」と七人は若い。

守衛室にりっぱな放送設備が光っている。全部の通りへ配線がゆき渡り、スピーカーもついている。使えばすぐにでも使える。案内アナウンスをする予定だったが、三本の柱が独自の設備をこしらえたので、じゃまになって使えない。本陣街の北口には排水ポンプが完備している。大雨が降ると線路から水が落ちてきて通りに浸水する。排水口が小さすぎて逆流してしまうわけで設計の誤り。「使わなくてもいい機械なんですがねえ」とある商店主。（昭和41年9月25日）

長者町地下街

日本ではじめての地下問屋街

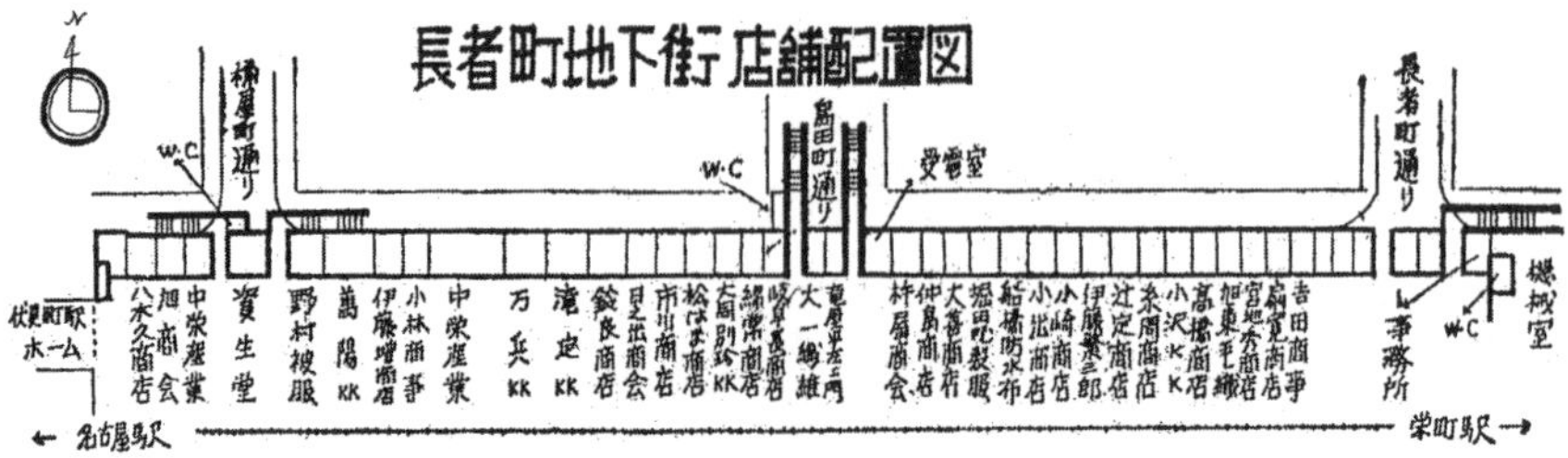

昭和 32 年 11 月、オープン直後の長者町地下街。名古屋の地下街は同月 15 日の地下鉄開業と同時に名駅名店街、栄町名店街がオープンし、1 日遅れで長者町地下街がデビューした。長者町地下街は繊維問屋さんばかりが地下に店を出す世界に類を見ない地下街として話題になった。

【記事再録】

ここはどの店も繊維の問屋さんばかり、日本ではじめての地下問屋街。地下鉄「ふしみちょう」駅のホームからすぐ東に入っていけるという便利なところだ。高速度鉄道道路〝錦通り〟の北側車道の真下を地下鉄線路に並行して東へ長者町通りまで約二百八十メートル。五十一コマ三十五店がある。このうちただ一軒喫茶店が混っているほかは問屋ばかり。一コマが二間半真四角で六・二五坪で大きい店は三コマもブチ抜いている。地下鉄と壁がくっついているので防音、防振装置に手がかかっているそうで壁が二重になっている。（昭和32年11月7日）

エッセイ

商店街と映画館

河合文化教育研究所研究員　小林貞弘

◉昭和35年の名古屋市

戦後、商店街は地域の盛り場として賑わいをみせた。『名古屋市における商店街に関する調査研究』(名古屋都市再開発促進協議会、昭和51年)によると、当時の商店街は「豪華なムードの中で買物し、散策し、かつ遊ぶ娯楽・レクリエーションの場」だったという。また、『愛商連25年史』(愛知県商店街振興組合連合会、昭和49年)によると、商店街が活況を呈した昭和30年代前半において、とりわけ昭和35年は「黄金の年」だったという。

当時映画は大衆にとって「娯楽の王様」で、映画館は商店街を代表する「娯楽の場」だった。商店街が活気づけば映画館も盛況した。実際に昭和35年の日本の映画館数は史上最高の７４５７館だった。昭和35年は、映画製作本数や映画館入場者数のピークとは一致しないものの、日本の映画産業が一つのピークに達した年だったといえる。

『第55回 名古屋市統計年鑑』(名古屋市、昭和39年)によると、昭和35年は名古屋市でも映画館が最も多かった年で、実に１３５館もの映画館が存在した。商店街が空前の消費ブームに湧いた年と、名古屋市で映画館が最も多かった年は一致していたことになる。

ちなみに、当時の名古屋市は12区制で、すべての区に映画館が存在した。その内訳は、中区の31館を筆頭に、中村区21館、西区・港区各12館、北区11館、千種区・南区各9館、瑞穂区8館、昭和区7館、熱田区6館、東区5館、中川区4館だった。中区には明治・大正時代から名古屋市で映画興行が最も盛んだった大須や広小路が含まれているし、また、中村区には戦後に映画興行の中心地になった名古屋駅周辺が含まれている。

名古屋駅—栄は名古屋市の都心部であり、流行や情報の発信地として機能し、規模の大きな映画館も集中するようになった。名古屋市では、名宝宝塚劇場・名宝スカラ座(広小路通)、名古屋松映(南呉服町)、名古屋日活劇場(南伊勢町)、ＯＳ劇場(門前町)、名古屋東映(蒲焼町=現在の錦)、アロハ劇場・グランド劇場(笹島町)が、座席定員数１０００を超え、鉄筋建築をほこる映画館だった。

しかし、規模の大小とは別の次元で、個々の記憶に鮮明に残っている映画館も存在する。それは普段着で気軽に入れるような、ときに「こや」と呼ばれ、二番館・三番館として親しまれた身近な映画館だった。商店街の一角に映画館《こや》が

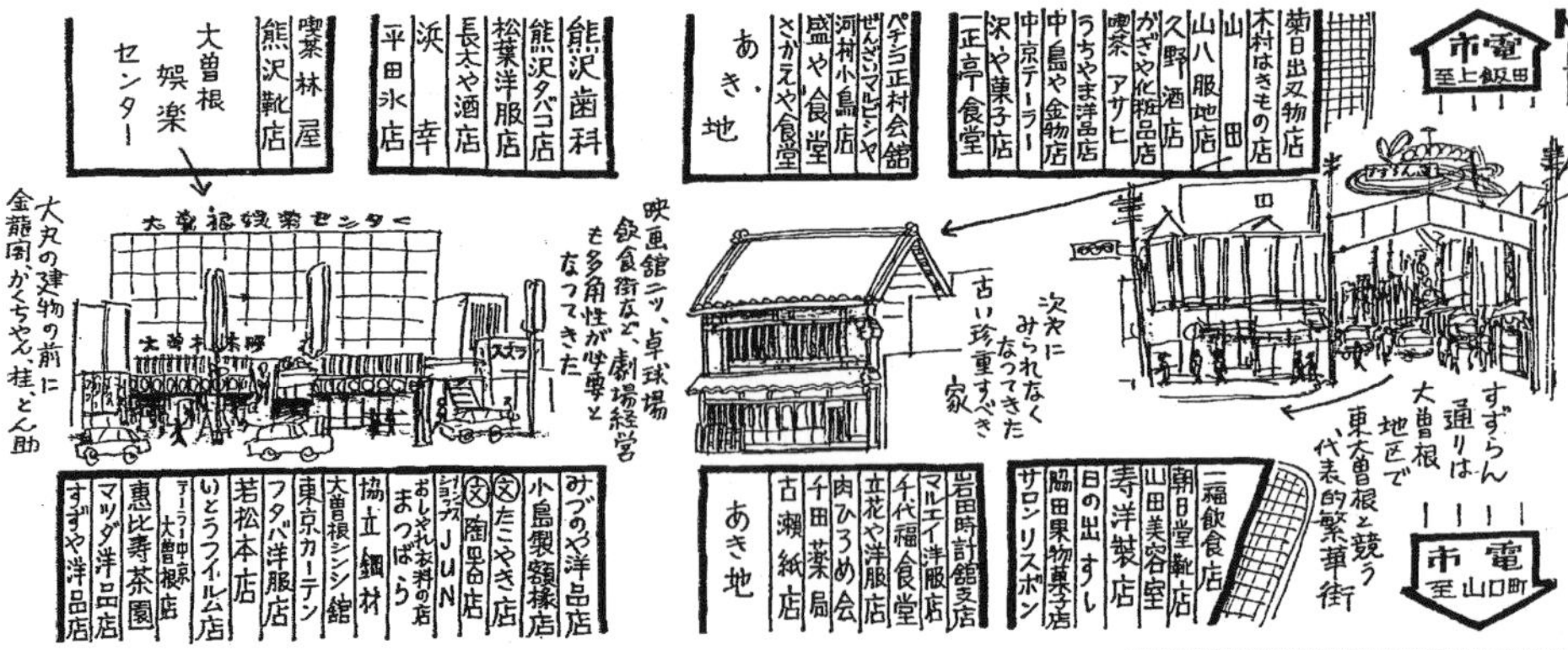

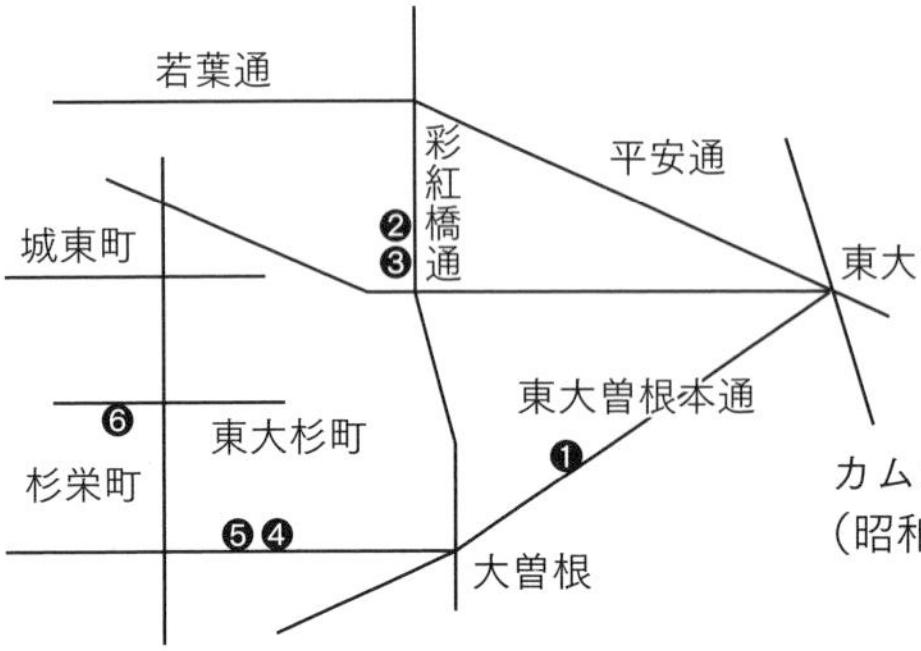

カムカム映画劇場
（昭和 31 年３月）

昭和 36 年の名古屋市北区の住宅地図をもとに作成した大曽根地区の映画館地図である。
❶大曽根日劇 ❷有楽座 ❸大曽根大映
❹スズラン劇場 ❺大曽根東映
❻カムカム映画劇場

建つことで、商店街と映画館はある種の「互恵関係」で結ばれることになった。

◉商店街と映画館の互恵関係

名古屋市の「北の玄関」にあたる北区は、この「互恵関係」の変遷を鮮明に描き出している。昭和35年の北区には、大曽根日劇（大曽根）、有楽座・大曽根大映（彩紅橋通）、スズラン劇場・大曽根東映（東大杉町）、カムカム映画劇場（杉栄町）、志賀東映（東志賀町）、黒川日劇（志賀町）、北キネマ（清水町）、上飯田劇場・パレス東映（上飯田町）の計11館の映画館が存在した。座席定員数はどれも３００～５００ほどの規模で、大曽根日劇と黒川日劇以外は木造建築の映画館だった。

桑原成順氏は『名古屋シネマノスタルジー　わが青春の三番館』（文芸社、平成24年）の中で、昭和30年代前半に守山市（昭和38年に名古屋市に編入）に住んでいた自分にとって、栄は「遠い別世界のようなもの」だったのに対し、大曽根は「繁華な憧れの町」だったと記している。

その大曽根地区で、かつては大曽根本通りを凌ぐほどの繁栄を見せていたのが鈴蘭通である。鈴蘭通は杉栄町・東大杉町・東大曽根町の三町に右の手書き地図は、『名古屋タイムズ』昭和41年5月29日の紙面から。記事には次のような記述がある。「大曽根東映とスズラン劇場、卓球場をかかえ、夜の賑わいを引き受けるのが大曽根娯楽センター。サウンドトラックを通りへ流し、ピストルの音や美女らの悲鳴が町をつんざく」

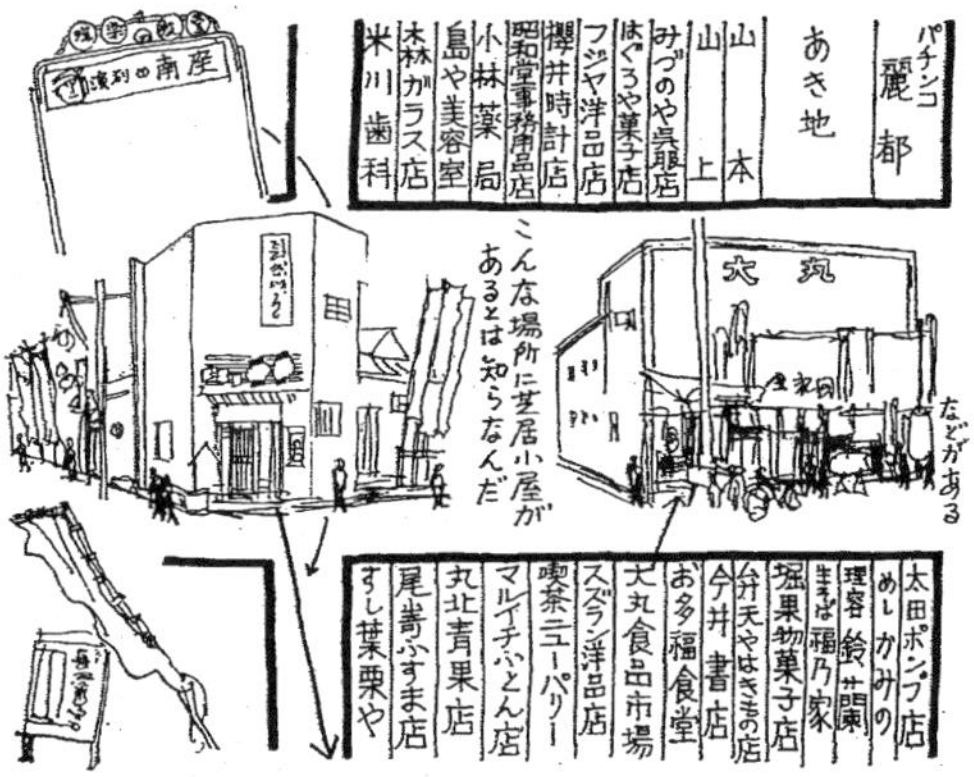

鈴蘭通商店街入り口
（昭和41年5月）

またがり、遊郭城東園のおかげで戦後に発展した。昭和32年の売春防止法施行と翌33年の市バス新路線の開通でダメージを受けたものの、その後も夜の歓楽街として賑わい続けた。

桑原氏は中学生だった当時、洋画専門の上映館として昭和23年に開館したカムカム映画劇場に足を運んだところ、父親に「あの辺にはあまり行かんように」と釘を刺されたという。上映作品の評判自体を不問にしてしまうほど、映画館の所在地のイメージが先行していたことがわかる。そして、人や施設が堆積させてきた土地の記憶のようなものを、やがて映画館自体も表象することになった。映画産業が斜陽化して、成人映画の上映館になったカムカム映画劇場は、昭和50年頃に閉館した。

その後、大型量販店の進出やマイカーの普及やレジャーの多様化などを背景に、商店街は集客力を失っていった。市電が廃止され、地下鉄が延伸され、さらに多くの人が都心部に流れていった。そして、商店街の動向と歩調を合わせるように、映画館も徐々にその数を減らしていった。

消えた映画館の中には、昭和60年に閉館した、当時名古屋で最古だった大須太陽館があった。映画評論家で名古屋の映画史に詳しい伊藤紫英氏は、太陽館を愛着のある「映画の小学校」だったと振り返った後で、その閉館を「盛り場の移り変わり」ととらえて「さびしい」と語っている（『中日新聞』昭和60年4月3日夕刊）。

そして、シネマコンプレックスの普及もあって、平成23年の名古屋市の映画館数はわずか18館になった。その内訳は、中村区・千種区各5館、中区・東区各2館、西区・中川区・港区・緑区各1館である。最盛期には11館の映画館をほこった北区からは、平成5年に閉館した上飯田パレス（上飯田町）を最後に、映画館が消えてしまった。

商店街と映画館が取り結んだ互恵関係とは「運命共同体」の謂いだったのである。

【代官町】昭和26年12月の代官町商店街。戦災で焼け残った二つの映画館を中心に戦後、にぎわいを取り戻した。

【広小路】昭和29年10月に開催された名古屋商工祭で戦後初の本格的花電車6台が広小路を走った。市交通局は1台35万円をかけてお化粧、600個の電灯も使われた。

【南大津通】昭和28年6月、松坂屋本店にお目見えした東洋一の二人並列型エスカレーター。幅1.3mで、「アベックはもちろん子供連れも家族が並んで搭乗できる」と評判を呼んだ。

【代官町】昭和31年撮影の代官町映劇。中京を代表する映画館で、昭和元年に名古屋市内最初の鉄筋映画館として建てられた「音羽座」が前身。開館当初には松竹のオールトーキー「マダムと女房」を掛けて話題になった。頑丈に造ったために客席に太い柱があり観客には観づらかった。

III
ガイド図絵 名古屋今昔

定点観測で街角時空散歩

昭和時代が半世紀を迎えた区切りの昭和50年、1月9日～5月29日に「新版ガイド図絵 50年目のなごや」と題して名タイが連載した企画の一部である。繊維、家具、菓子など同種商品を扱う店舗が集まった街や歴史のある公園、寺院などを取り上げ、昔と今（昭和50年）を比較している。

それまでの商店街イラストマップ企画とは趣が異なり、実用性よりも教養・歴史ものの企画である。イラストは洗練され、今日よく見られるイラストマップのスタイルに近い。ここで紹介されたスポットは生活に密着した商店街ではないが、「歴史散歩」の参考になるはずだ。

さて、この当時、名古屋の商店街の多くは苦難の時代を迎えていた。大型量販店の進出によって食品・雑貨の日用品を扱う個人商店は打撃を受けた。また、市電に代わる地下鉄の登場やモータリゼーションの進展で旧市域の人口が減少し、商圏も変化した。さらに、娯楽、レジャーの多様化によって、商店街の活況を牽引した映画館は閉館し、寺社の祭りは魅力を失っていったのである。

それから30年、名古屋各地の商店街は新たな魅力づくりに挑戦している。大須商店街は昭和50年代後半から復活し、今や名古屋の観光名所となった。今池商店街、円頓寺商店街など独自のイベントや企画で注目を集める商店街も多い。そうした商店街に共通する一番の売り物は、昔も今も変わらぬ「人のぬくもり」だ。

＊マップ上の日付、料金などは掲載当時のものです。

＊参考文献『名古屋市における商店街に関する調査研究』（名古屋都市再開発促進協議会）／『商店街活性化の基本戦略』（杉戸厚吉・著）

売った買った、上がった下がった　株屋人生は有為転変

株の町
電話もないので株価の変動のたびに取引所に詰めている店員が店へ走る。少しでも早くわかるようにメガホンで叫びながら走ったものだ。
3銭高
客は碁か将棋をやっていた
呉服屋の店そっくりだった
昔
畳
前だれ
着物
栄町 吉忠洋服店
3階建てで名古屋随一の高層建築。名株3代理事長の高橋彦次郎（高彦将軍）は3階に望遠鏡をすえ枇杷島の横井山に揚がる旗を眺める。それは伊勢の多度山に旗をあげて、その日たった桑名の米相場を横井山に知らせ、それから3階に知らせるシクミなのだ。この将軍といわれるだけあってやることがちがっていた。
横井山
今の店は通報テレビを何十台も備えつけ電話もジャンジャン
テレビ
黒板に白ボクで今も
ソファ
現在
木村証券はもとここにあった。このあたり、ずっと株屋ばかり。当時の株屋の構造は格子戸があってノレンが掛かり、入ると畳敷きの部屋があって店も店員も呉服屋そっくりだった。
安藤証券
広小路通
株屋のシニセは木村・丸万松本・安藤と数少ない。そのころ浮いた沈んだで店の平均寿命は2～3年という説もある。
丸栄百貨店
野々部
栄交差点
地下鉄入り口
地下鉄入口
栄屋
栄開発ビル
丸栄スカイル
栄メルサ
栄3丁目
オリエンタル中村
昔の相場師のスタイル
ここに昔は印刷所があって株価の変動のたびに印刷。各店の店員が自転車で三河地方まで配ったという。
印刷
日本共栄証券
協栄証券
名古屋証券取引所
共栄証券
丸八証券
豊証券
丸万証券
木村証券
東証券
入江町通
八千代証券
大和証券KK
伊勢町通
東光証券
大徳証券
大穂証券
丸三証券
丸八証券
岡徳証券
岡地証券
ナショナル証券
大阪屋証券
新日本証券
三蔵通
松商証券
大津通

昭和29年春の伊勢町証券街。朝鮮戦争特需にも陰りが現れたころ。景気が周辺の飲食店にも影響するのがこの街。「客の注文が天丼からきしめんに代わった」と某店。

伊勢町（中区）

取引所がここに開業したのは明治27年。昭和初期になると近代的になってくるが、以前の取引所は格子戸畳敷き。仲買人は中央の火鉢にたむろし、キセルというスタイルだった。

長者町（中区）

歴史は、名古屋城築城の慶長15年（1610）まで遡る。戦前までは料亭と芸者の街。戦後は大正末期から増えてきた繊維卸問屋の街として再出発した。

遠山産業ビル（延藤安弘氏提供）
現在は取り壊され、コンビニになっている。

昭和38年8月の長者町界隈。

昭和35年12月、長者町衣料卸センターでの歳末大売り出しのにぎわい（名古屋長者町織物協同組合提供）

【記事再録】

武士に武士道、商人に商人道。長者町商人道は汗と根性によって培われた――という。それは多分に、伝統的な名古屋人気質を受けついでいる。〈わかいときは二度ない〉〈つめに火をともす〉は江戸カルタにも京カルタにもない名古屋カルタの特色だが、こうした〝働け働け〟の風土の声がなりふり構わぬ働きものの長者町商人道の形成にプラスした。かくて大正末期から昭和にかけての繊維卸問屋街時代を迎えるわけだが、主人が先頭に立って働く〝現金取引〟〝薄利多売〟の商法は、やがて長者町を日本有数の問屋街へと発展させる原動力に。

半世紀前まで名古屋商人のメッカを誇った本町の老舗たちを〝一番組〟とマークして長者町へ集まった人たちが、いま、本町をも含めた〝長者町繊維問屋街〟のイメージ作りを果たした秘密もここにある。（昭和50年1月9日）

昭和30年ごろの長者町通り（滝一株式会社提供）

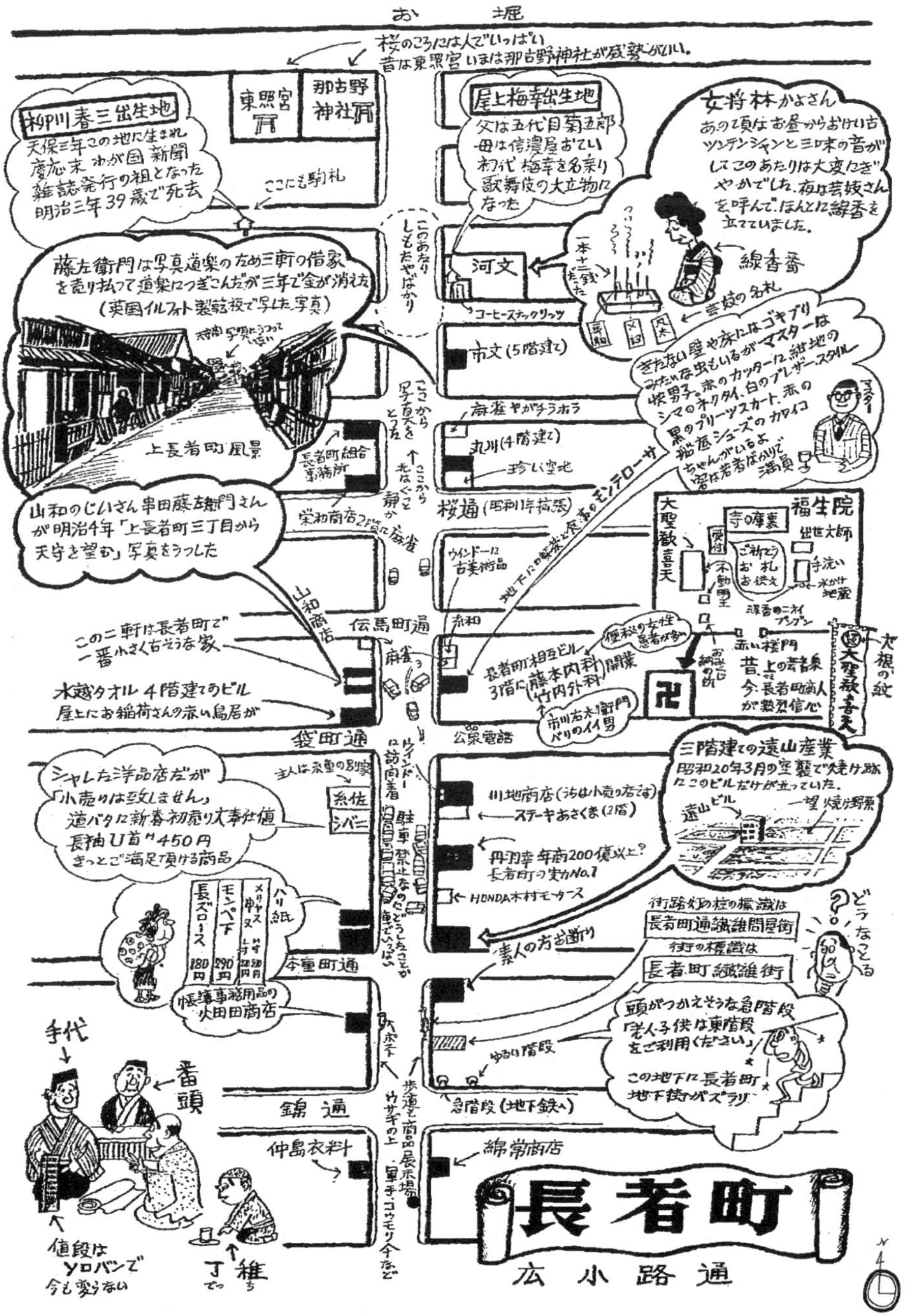
お堀
桜のころには人でいっぱい
昔は東照宮いまは那古野神社が威勢がいい。
東照宮
那古野神社
柳川春三出生地
天保三年この地に生まれ慶応末わが国新聞雑誌発行の祖となった明治三年39歳で死去
ここにも駒札
尾上梅幸出生地
父は五代目菊五郎
母は信濃屋おてい
初代梅幸を名乗り歌舞伎の大立物になった
女将林かよさん
あのて頃はお昼からおけい古ツンテンシャンと三味の音がしてこのあたりは大変にぎやかでした。夜は芸妓さんを呼んで、ほんとに線香を立てていました。
一本十二銭だった
線香番
芸妓の名札
このあたりしもたやばかり
河文
コーヒースナックリップ
藤左衛門は写真道楽のため三軒の借家を売り払って道楽につぎこんだが三年で金が消えた
（英国イルフォト製乾板で写した写真）
上長者町風景
市文（5階建て）
麻雀やがチラホラ
丸川（4階建て）
珍しい空地
ここから写真を撮った
長者町組合事務所
ここから北をのぞむ
静か
きたない壁や床にはゴキブリみたいな虫もいるがマスターは快男子。赤のカッターに紺地のシマのネクタイ、白のブレザースタイル
黒のプリーツスカート、赤の船底シューズのカワイコちゃんがいるよ
客は若者ばかりで満員
マスター
地下にこの喫茶と仄暗のモンテローザ
桜通（昭和17年拡張）
山和のじいさん串田藤左衛門さんが明治44年「上長者町三丁目から天守を望む」写真をうつした
栄和商店2階に麻雀
ウインドーに古美術品
大聖歓喜天
福生院
寺の庫裏
出世大師
手洗い
水かけ地蔵
不動明王
ご祈とうお札お供え
線香のニオイプンプン
赤い楼門
昔上の芸妓今長者町商人が熱烈信心
大根の紋
大聖歓喜天
山和商店
伝馬町通
この二軒は長者町で一番小さく古そうな家
麻雀
赤和
長者町相互ビル3階に藤本内科竹内外科開業
便利な女性患者が多い
市川右太衛門ソックリのイイ男
水越タオル 4階建てのビル
屋上にお稲荷さんの赤い鳥居が
袋町通
公衆電話
ウインドーに訪問着
駐車禁止なのにどうした事か車でいっぱい
三階建ての遠山産業
昭和20年3月の空襲で焼け跡にこのビルだけが立っていた。
遠山ビル
一望焼け野原
シャレた洋品店だが「小売りは致しません」
道バタに新春初売り大奉仕値
長袖U首〃450円
きっとご満足頂ける商品
主人は京都の別家
糸佐
シバニ
川地商店（うちは小売りもします）
ステーキあさくま（2階）
丹羽幸 年商200億以上？長者町の実力No.1
HONDA木村モータース
ハリ紙
長ズボン
モンペ下
メリヤス肌着
素人の方お断り
街路灯の柱の標識は
長者町通繊維問屋街
街の標識は
長者町繊維街
どうなっとる
本重町通
帳簿事務用品の火田田商店
大赤子
頭がつかえそうな急階段
「老人子供は東階段をご利用ください」
ゆるい階段
この地下に長者町地下街がズラリ
急階段（地下鉄へ）
手代
番頭
錦通
歩道に商品展示場
ウサギの上・里芋・コウモリ傘など
仲島衣料
綿常商店
長者町
広小路通
値段はソロバンで今も変らない
丁稚

芸者数名古屋一の色街から繊維街に変貌

東陽町（中区）

かつては大須万松寺、円頓寺、熱田伝馬町に続くにぎわいの街。夏の提灯祭りでは夜の6時から10時ごろまでは身動きできなかったほどの雑踏だったという。

東陽町は矢場町から国鉄（当時）中央線まで東西約2㎞、このうち商店街は約600ｍ続いた。写真は昭和38年1月撮影。

昭和50年3月に撮影の東陽町の古川商店。このころも明治の香りを残す店構え、店内には作業着などの商品が並んでいた。

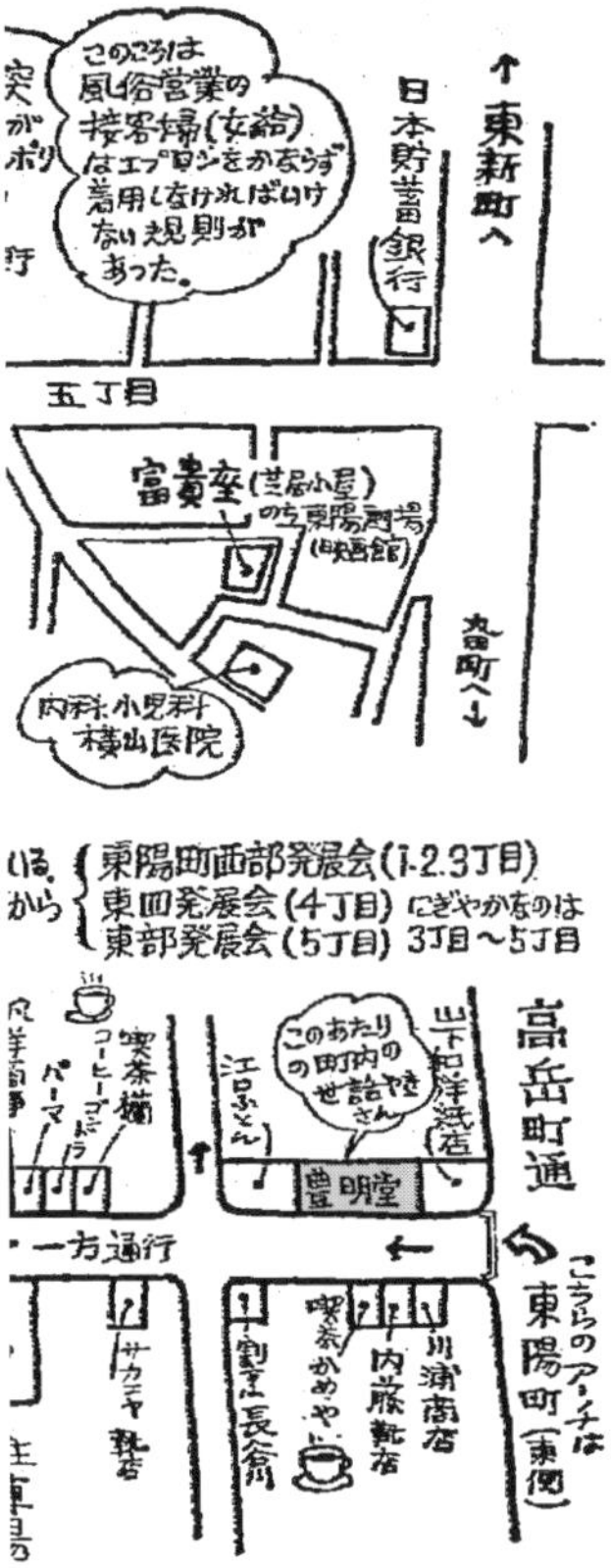

【記事再録】……

「高岳通から西へ入るのが五丁目の入り口ですが、山下和

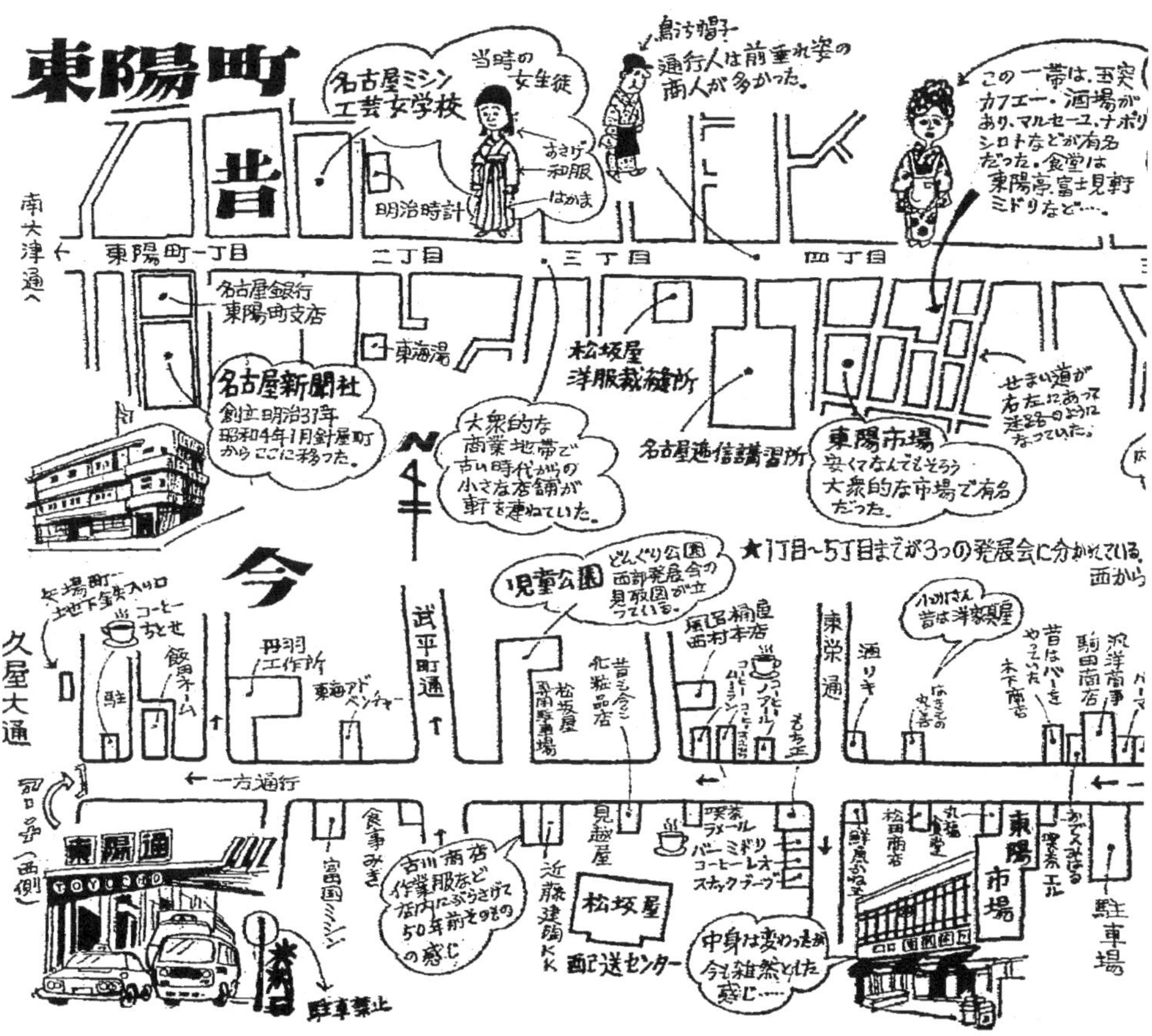
東陽町
昔
名古屋ミシン工芸女学校
当時の女生徒
おさげ
和服
はかま
明治時計
烏帽子
通行人は前垂れ姿の商人が多かった。
この一帯は、玉突、カフェー・酒場があり、マルセーユ、ナポリ、シロトなどが有名だった。食堂は東陽亭、富士見軒、ミドリなど…。
南大津通へ
東陽町一丁目
二丁目
三丁目
四丁目
名古屋銀行東陽町支店
東海湯
松坂屋洋服裁縫所
名古屋新聞社
創立明治37年
昭和4年1月針屋町からここに移った。
大衆的な商業地帯で古い時代からの小さな店舗が軒を連ねていた。
名古屋通信講習所
東陽市場
安くてなんでもそろう大衆的な市場で有名だった。
せまい道が右左にあって迷路のようになっていた。
★1丁目～5丁目までが3つの発展会に分かれている。
今
児童公園
どんぐり公園
西部発展会の見取図が立っている。
久屋大通
武平町通
東栄通
一方通行
東陽通
駐車禁止
松坂屋
配送センター
中身は変わったが今も雑然とした感じ…。
駐車場
東陽市場

人、人を呼び、街さらに潤う
「あすこに行きゃあ、何でもあるぜえも」

洋紙店の角には日本貯蓄銀行があり、茶碗屋、食堂、うば車屋、げた屋、毛糸屋、ふとん屋、菓子屋、印章屋、郵便局、小間物屋、金物屋。南側は、くだもの屋、米屋、紙屋、時計屋、洋品店、呉服店、食堂、くつ屋。これが五丁目かいわいで、四丁目には食料品を中心に名古屋有数の人気があった東陽市場を中心に、東の筋と向かいの袋小路は玉突き、カフェー、飲み屋、喫茶店が集まっていた。遊びの中心地というべきところ。東の方――一、二丁目は比較的寂しくて、三―五丁目が繁華街でした。五丁目の富貴座も芝居小屋としてなつかしい存在です」

近藤彦一郎さん（文房具・印章の店「豊明堂」主人）は、こう言って目を細める。（昭和50年3月27日）

女子大小路（中区）

名古屋の夜のプレーゾーンの一角。バー、クラブ、キャバレーなど約500店。その昔、中京女子学園があったのが名の起こり。

キャンパス去っても不夜城は残った タクシー泣かせの500店

女子大小路の発展会結成は昭和37年。もともと個人経営店が多い地味な街だったが高級店が進出して名古屋を代表する歓楽街に（昭和38年11月撮影）。

【記事再録】

「よく似た名前が多くて、ビルを覚えるのに半年はかかります。しかも女子大小路は中京女子学園の筋と、もう一つ西の筋と二本あるでしょ。無線は〝東の女子小路、西の……〟というふうに呼び分け、またぼくたちはバー、クラブ、キャバレーの分布地図を持たされているんですが、それでも間違う」

タクシー泣かせ。M社の運転手さんはこうつぶやいたあと、「夜の八時頃はお客を運び込み十二時頃になると店の女の子を送って回る。三、四人乗せて走るんですが、彼女らの話題って、あいつが私のお客を取ったとか取られたとかの話ばかり。住まいは高層マンションであったり、小じんまりした一戸建ちであったり。中には酔っぱらっているのもあって、部屋までかつぎ込み、ベッドに寝かせてやることもある」

まったく、いろんな意味で往生します、というわけだ。

（昭和50年3月13日）

昭和26年9月の東新町交差点付近。奥に見えるのが陸田ビル。

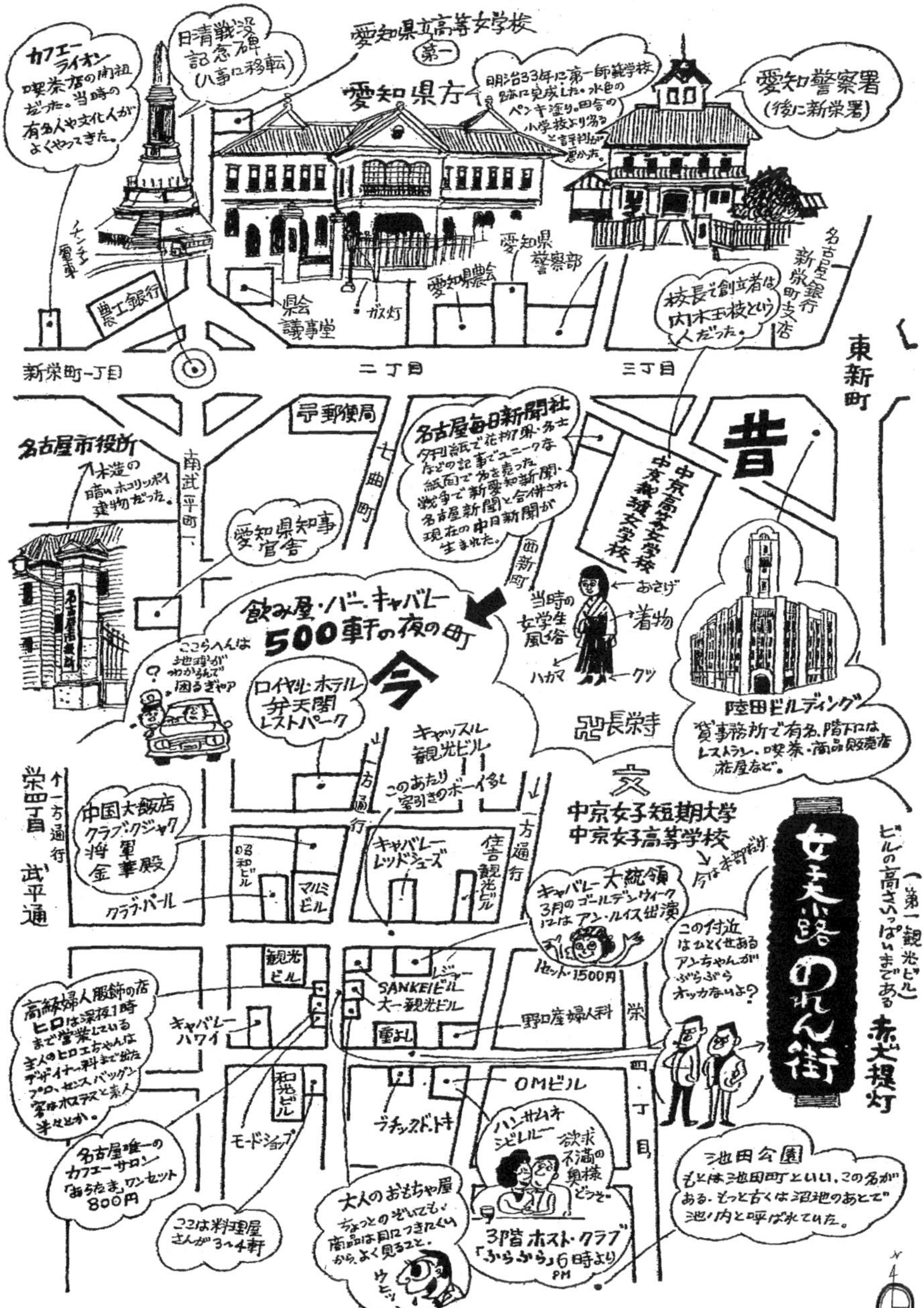

カフエーライオン 喫茶店の元祖だった。当時の有名人や文化人がよくやってきた。
日清戦没記念碑（八事に移転）
愛知県立高等女学校 第一
愛知県庁
明治33年に第一師範学校跡に完成した。水色のペンキ塗り。田舎の小学校より劣ると評判が悪かった。
愛知警察署（後に新栄署）
チンチン電車
農工銀行
県会議事堂
ガス灯
愛知県農会
愛知県警察部
校長で創立者は内木玉枝という人だった。
東新町
新栄町一丁目
二丁目
三丁目
郵便局
名古屋毎日新聞社
夕刊紙で花柳界・名士などの記事でユニークな紙面で売った。戦争で新愛知新聞、名古屋新聞と合併され現在の中日新聞が生まれた。
昔
中京高等女学校
中京裁縫女学校
名古屋市役所
木造の暗いホコリッポイ建物だった。
南武平町
七曲町
西新町
愛知県知事官舎
当時の女学生風俗
おさげ
着物
ハカマ
クツ
飲み屋・バー・キャバレー 500軒の夜の町
今
ここらへんは地理がわからんで困るぎゃア
ロイヤル・ホテル 弁天閣 レストパーク
キャッスル観光ビル
このあたり客引きのボーイ多し
一方通行
卍長栄寺
陸田ビルディング
貸事務所で有名。階下にはレストラン、喫茶・商品販売店花屋など。
中京女子短期大学
中京女子高等学校
今は本部だけ
栄四丁目
武平通
中国大飯店 クラブ・ジジャク 将軍 金華殿
昭和ビル
マルミビル
クラブ・パール
キャバレー レッドシューズ
住吉観光ビル
キャバレー大統領 3月のゴールデンウィークにはアン・ルイス出演
1セット・1500円
女夫小路 のれん街
ビルの高さいっぱいまである赤提灯（第一観光ビル）
この付近はひとくせあるアンちゃんがぶらぶらオッカないよ？
観光ビル
SANKEIビル
大一観光ビル
レジャー
重よし
野口産婦人科
栄四丁目
高級婦人服飾の店ヒロは深夜1時まで営業している。主人のヒロエちゃんはデザイナー。
キャバレーハワイ
和光ビル
OMビル
モードショップ
名古屋唯一のカフエーサロン「あらたま」ワンセット800円
ここは料理屋さんが3〜4軒
大人のおもちゃ屋 ちょっとのぞいても、商品は目につきにくい。から、よく見ること。
ウヒッ
欲求不満の奥様どうぞ
3階ホスト・クラブ「ふらふら」6時より PM
池田公園 もとは池田町といい、この名がある。もっと古くは沼地のあとで池ノ内と呼ばれていた。

裏門前町大通（中区）

家具ならなんでも値打ちに揃う専門街

明治９年、青山家具が店を開いたのが家具街の始まり。明治43年に鶴舞で開かれた共進会で同業が集まりだし、愛知県商品陳列館の移転後に大発展した。

昭和38年６月の裏門前町大通。約500mの道の両側に当時95軒の店が並び、うち９割の80店が家具関係だった。袋町（現・錦１）に集まっていた道具屋の子どもたちが家具・建具を商うためにここに集まった。

平成26年６月撮影

昭和38年３月、裏門前町大通

【記事再録】

家具屋さんに追い立てられた形で昭和五年三月に中区東新町の陸田ビルに移転した愛知県商品陳列館は、古い裏門前街の名物的存在。

しかし、この施設は、めまぐるしく名を変えた。明治十一年開設―工芸博物館。十四年二月―公立名古屋博物館として規模を広げる。十六年九月―組織を改め県立とし、愛知県博物館。四十四年一月―県下一般の産業発達にともない、改築費三十七万二千三百四十六円を投じて一大洋館となり、愛知県商品陳列館と改称。大正十年四月―道府県市立商品陳列所規程により、愛知県商品陳列所と名を変えたところで、昭和五年三月一日、陸田ビルへ移転。裏門前町に別れを告げた。（昭和50年2月27日）

愛知県商品陳列館（大正末ごろ、名古屋市鶴舞中央図書館所蔵）

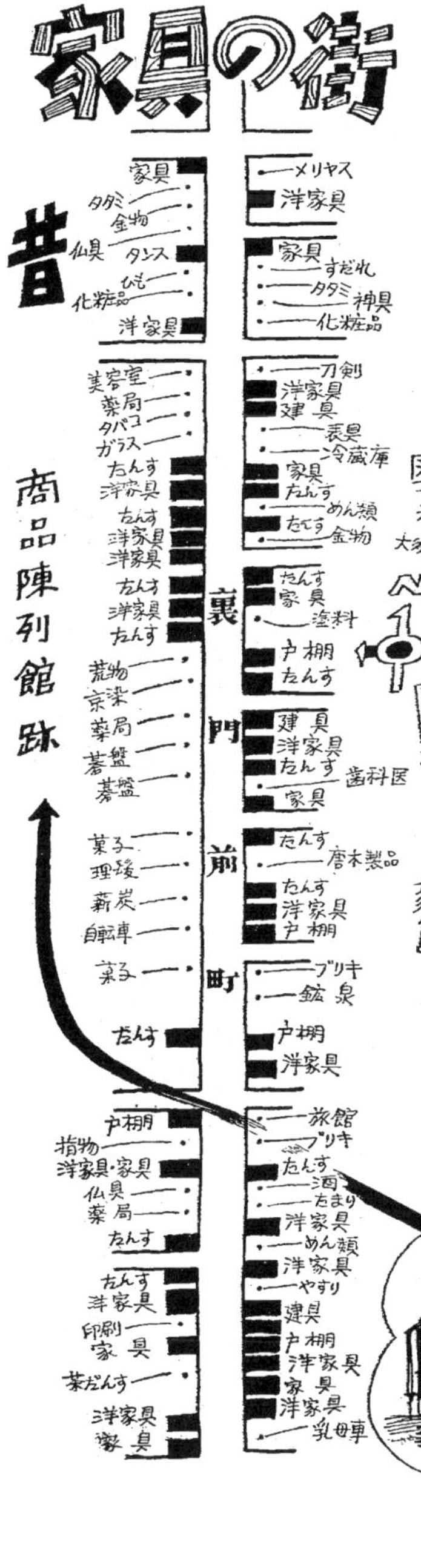
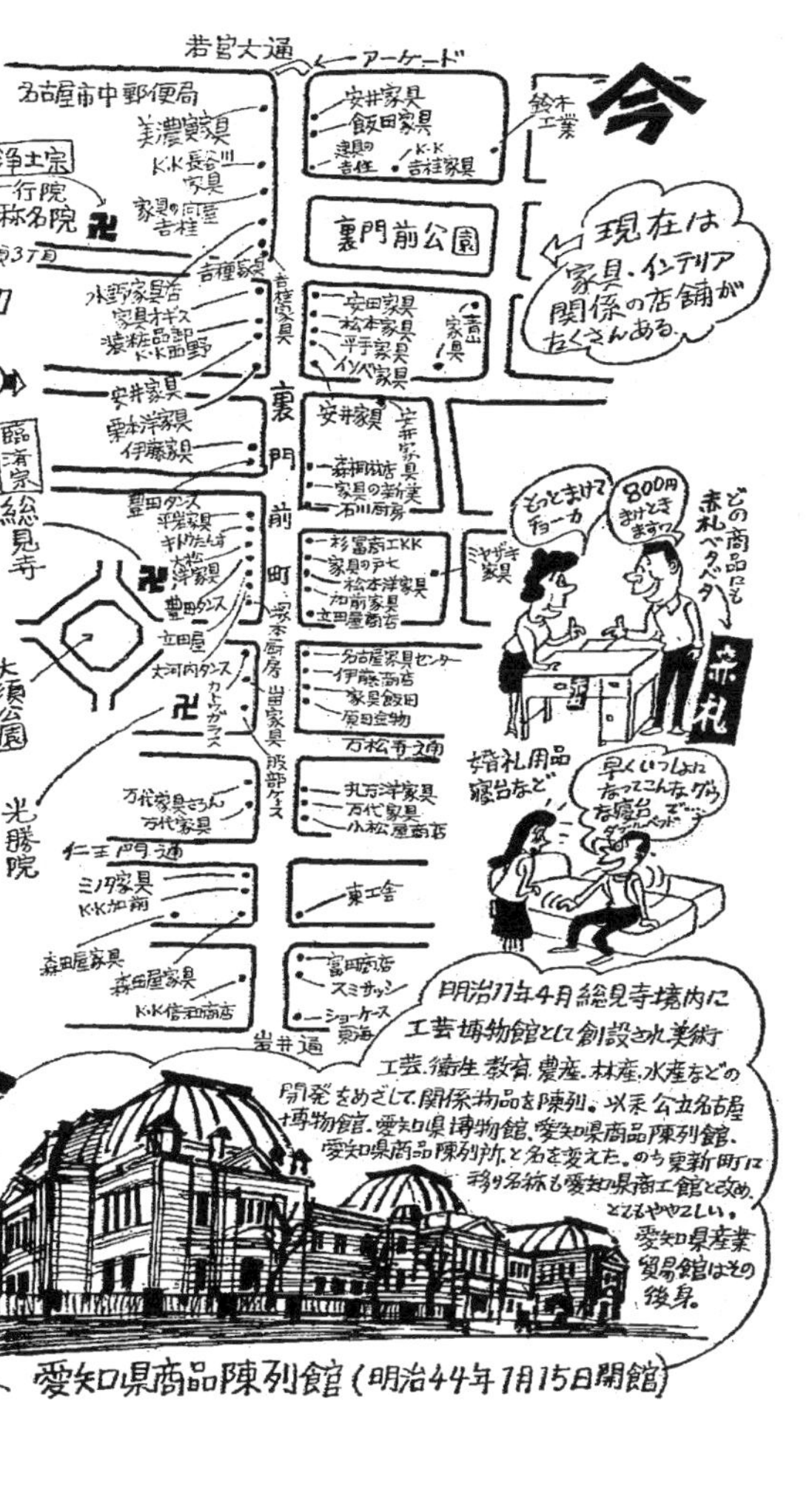

家具の街
昔
商品陳列館跡
裏門前町
今
若宮大通
アーケード
名古屋市中郵便局
浄土宗
一行院
称名院
大須3丁目
臨済宗
総見寺
大須公園
光勝院
仁王門通
万松寺通
岩井通
裏門前公園
現在は家具・インテリア関係の店舗がたくさんある。
もっとまけてチョーカ
800円まけときますワ
どの商品にも赤札ベタベタ
赤札
婚礼用品
寝台など
早くいっしょになってこんなダブルな寝台で…
明治11年4月総見寺境内に工芸博物館として創設され美術工芸・衛生・教育・農産・林産・水産などの開発をめざして関係物品を陳列。以来公立名古屋博物館、愛知県博物館、愛知県商品陳列館、愛知県商品陳列所と名を変えた。のち東新町に移り名称も愛知県商工館と改め、とてもややこしい。愛知県産業貿易館はその後身。
愛知県商品陳列館（明治44年1月15日開館）

名古屋だけでなく日本中に知れ渡った仏壇街

仏具・仏壇の町
明治37年9月末広町より転住した仏具商 京久事通名久兵衛
大野利平仏具店は今は5階建て近代的なすっきりしたビルになった
当時の店
柏屋尾関弥平 文政年間創業の紙屋
高顕寺
日置神社
本町通
伏見通
橘町草分けの旧家墓傳
妙善寺
長栄寺
栄国寺
橘光院
戦災をまぬがれて昔のままでリッパな屋根にシビの鬼瓦・延命地蔵さんが有名だ
以前は七面宮といった 2代目藩主光友がヘレモノの病にかかり七面大天女像をまつって祈願した
名宗仏壇といっても金ピカの本願寺用が目につく
氏子総代水野清一さんの古めかしい家
古いコンクリートの公衆便所。水道出流れ・小便用二つのみ
五丁目十四番地 佐々部茂左衛門 当町屈指の名家の当家な松坂屋の姻戚
このあたり『名古屋の芝居濫觴址』
切支丹遺蹟博物館
松原幼児園
南から入ると、左手に切支丹塚、仏足石・地蔵堂右に本堂。本尊は火伏の弥陀として有名。庫裡の一部に切支丹遺蹟博物館（佐藤鉎一氏寄贈コレクション）設立1969年 尖沢文化史料室がある。拝観料は大人50円
卍東本願寺別院

昭和22年7月の栄国寺境内にある切支丹塚（別名・千人塚）。慶安2年（1649）、島原の乱の後、処刑された約200人のキリスト教徒を供養して建てられた。米軍の空襲は免れたが、直後の地震で中央から切断され無残な姿に。

橘町（中区）

現在の仏壇街のある橘町の名づけ親は尾張二代藩主の光友。もともとは古着商の街として始まった。かつてはキリシタン刑場や、跡地に芝居小屋があったりとドラマチックな地。

ご坊さま
東別院かいわい
北
元禄3年(1960)織田信秀が建てた古渡城址を藩主から賜わり、学宇を建立。
文政5年(1822)再建の本堂は県下随一の大堂宇だったが、太平洋戦争で焼失
昭和43年、新本堂を再建し、今日の鐘楼建立で全復興を完了。
巡査派出所
昔
崇覚寺
巡査派出所
愛知女子工芸女学校
池
芝居の常小屋
橘座跡
小屋の裏に池があっておいなりさんに左団次・菊五郎らがおまいりに来た。
縁日には露店で賑った。
本堂
大造
茶
屋
町
昔は緑でいっぱいだった
尾張中学校
尾張東宗門学校
古渡城址
桜が咲いて花見客で賑った。
下茶屋公園
下前津
古沢町一丁目
東別院
名古屋病院
下茶屋町の由来
このあたりお茶屋、飲み屋、宿屋がたくさんあって繁盛していた
広見餅有名だった。
名古屋市内で「別院」といってタクシーに乗ればみんなここへ連れてくるほど有名な別院
今
名古屋市特別消防隊
結婚式場
明月
橘公園
周辺の商店は、別院の名をつけているのが多い
しつこくつつきにくるアヒルがいるからご注意
キャッ
ガァ ガァ
橘交通車庫
東幼稚園
掘り出しものがあるでよー
北側で日当たりが悪くておかんわ。
本堂
鉄筋コンクリート
みてござれ
古渡城址
句碑
信智見
新鐘楼完成により、全復興終わり4月8日からの慶讃法要のため、境内整備に大わらわ。本堂の正面ではお練りの張り出し工事が追い込み
鐘楼
光雲殿結婚式場
下茶屋公園
池
NBN
名古屋テレビ
駐車場
いつも車でいっぱいになる
別院市場
中へ入ると薄暗く通路の両側に戦後のヤミ市みたいな店がズラリ…お好み焼、うどん屋、一文菓子屋、八百屋・魚屋もある。通路の天井に蛍光灯が一本ついてるだけ。
⇦古沢町へ
青少年会館
レストラン東院
サントリー純生もあるでヨ
コーヒー・コーラ 180円
ビーフカツ 350円
ハム サンド 400円
エビ フライ 750円
バス停
バス停
⇨大井町へ

善男善女でにぎわう「ご坊さま」

昭和25年3月22日、彼岸の中日でにぎわう東別院。正午前には2万人を数えた。

東別院（中区）

ご坊さまといえば昔も今も通用するのがこのお寺。芝居小屋、茶屋などがあった往時の面影は大きく変貌。レストランから仏壇屋まで、多彩な店でにぎわう界隈になりつつあった。

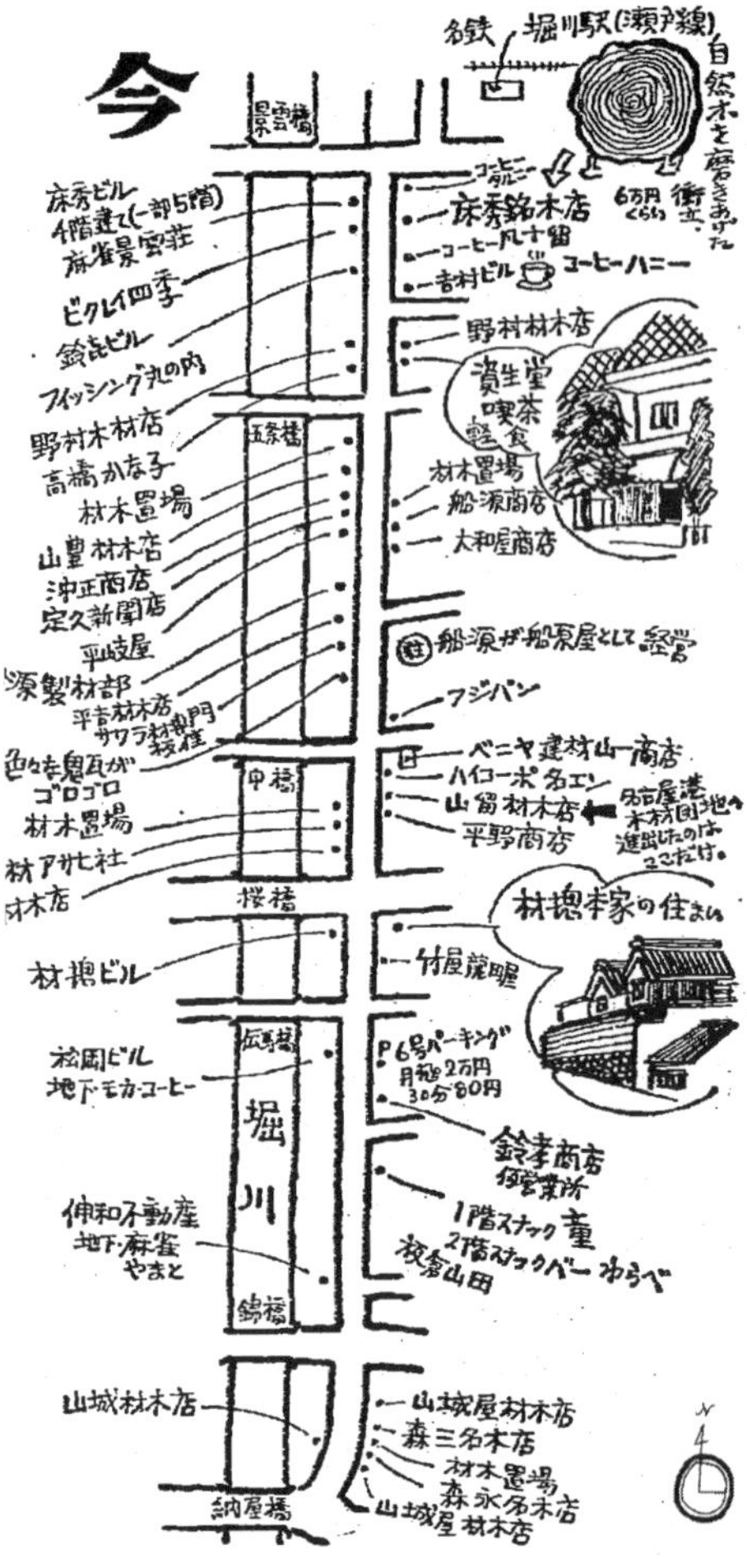

昭和 42 年５月の堀川・五条橋界隈。五条橋は清須越しのおりに、清須から「お引越し」した橋だが、橋の西にある菓子店「美濃忠」も尾張徳川藩の初代藩主・義直が入府の時に駿河の国から随伴したという老舗だ。

昭和 42 年４月の大船町界隈。

昭和 39 年６月の堀川・中橋付近。

慶長の名古屋城建築で木挽き職人が移り住んだ

木挽町（中区）

名古屋城築城で集められた木挽職が移り住んだことがこの名の由来。都市の南方への発展に伴い、木材産業は堀川下流に。この時代、堀川はドブ川のよう。

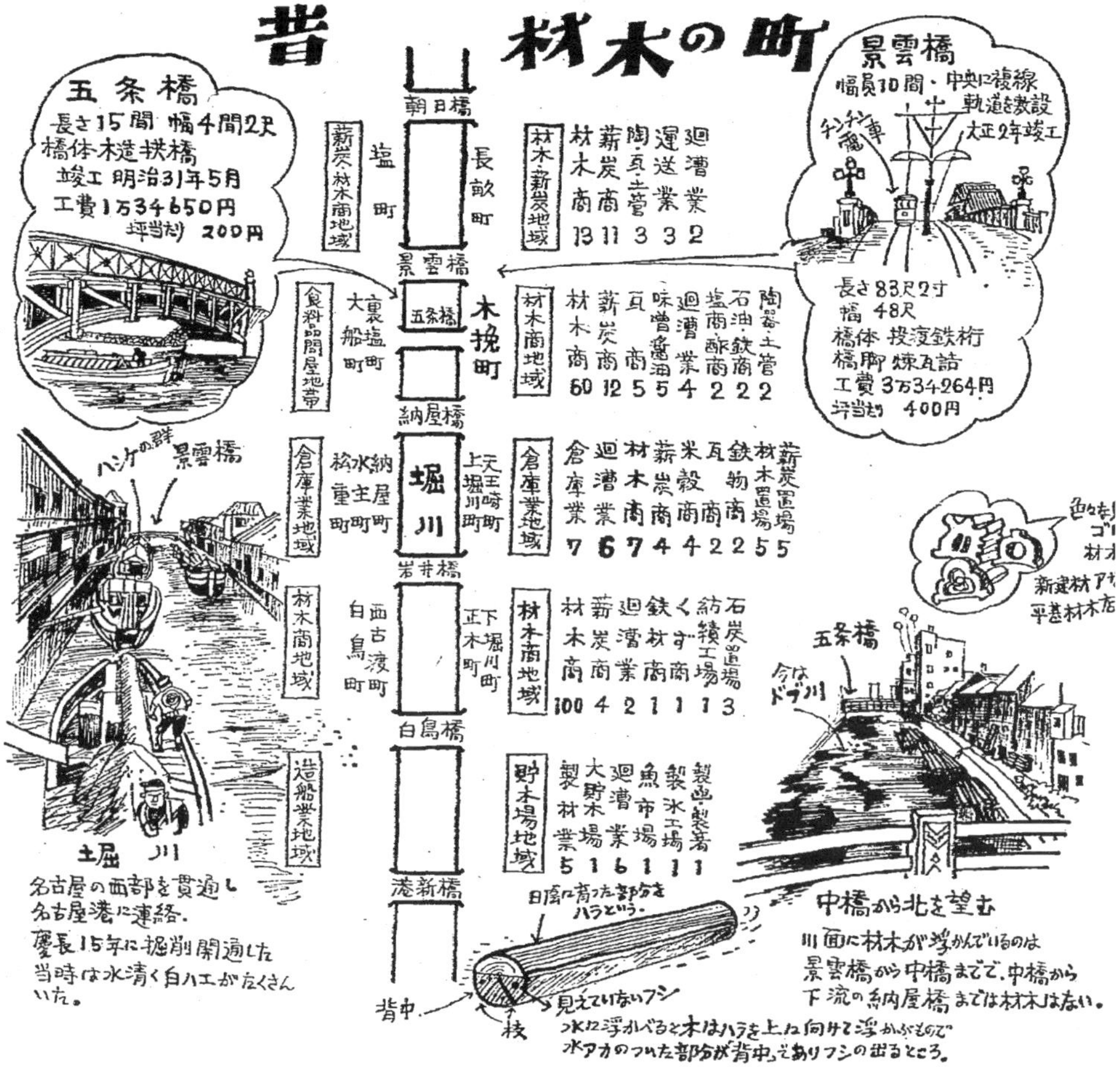

昭和 40 年 10 月、堀川清掃
（名古屋市市長室広報課所蔵）

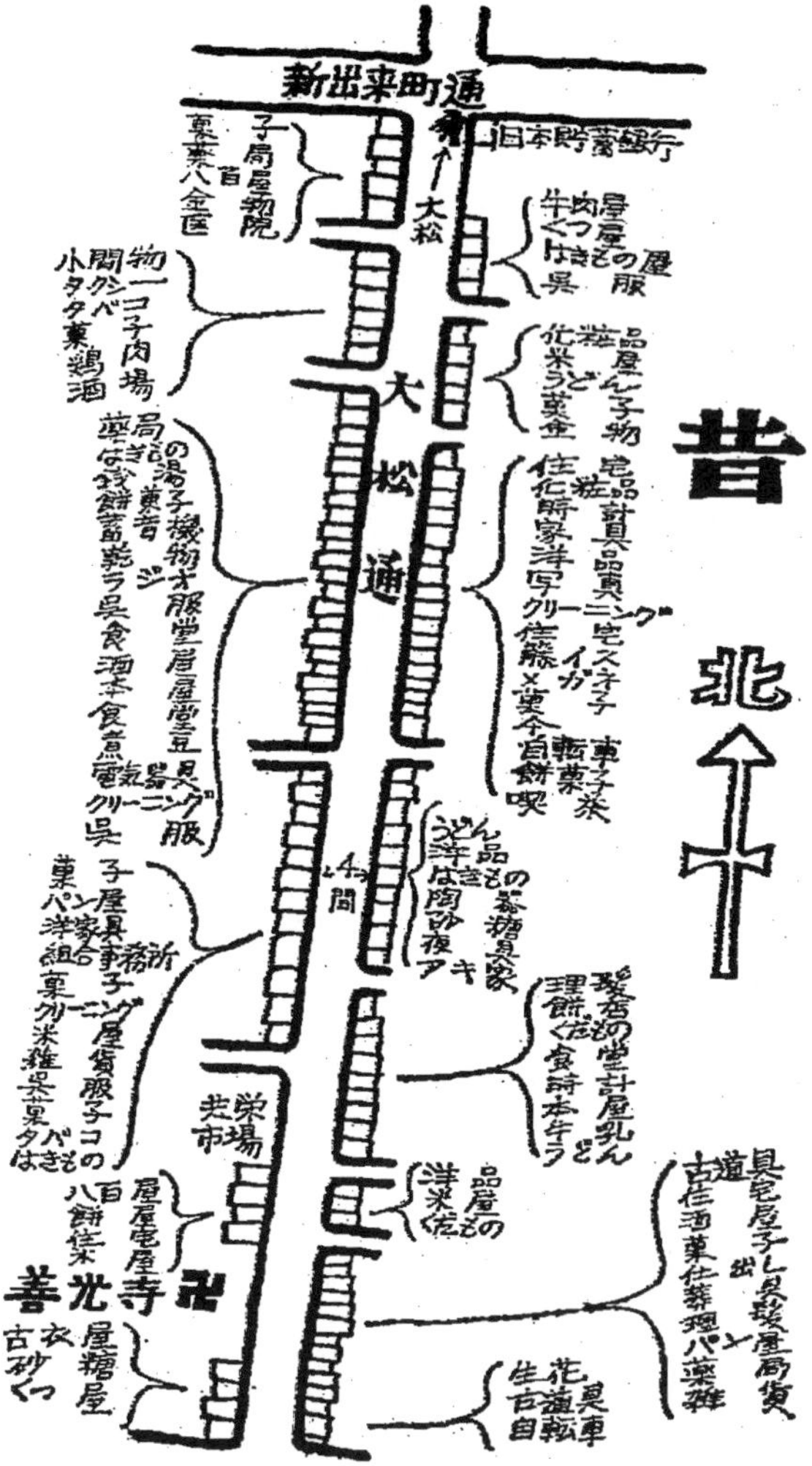

昭和 38 年 1 月の大松通商店街。8年に商業組合法に基づいて名古屋で初めて商店街組合を結成した。

平成 26 年 6 月撮影

昭和 50 年 4 月、大松通の風情のある長屋。

戦災で新旧二つの顔が同居する商店街

大松通（中区）

商業組合ができたのは昭和 8 年。戦災で街の 3 分の 2 が焼け、通りの北と南で新旧が同居する商店街に。昭和元年に道路拡張で切られた大きな松があり、通りの名の由来だ。

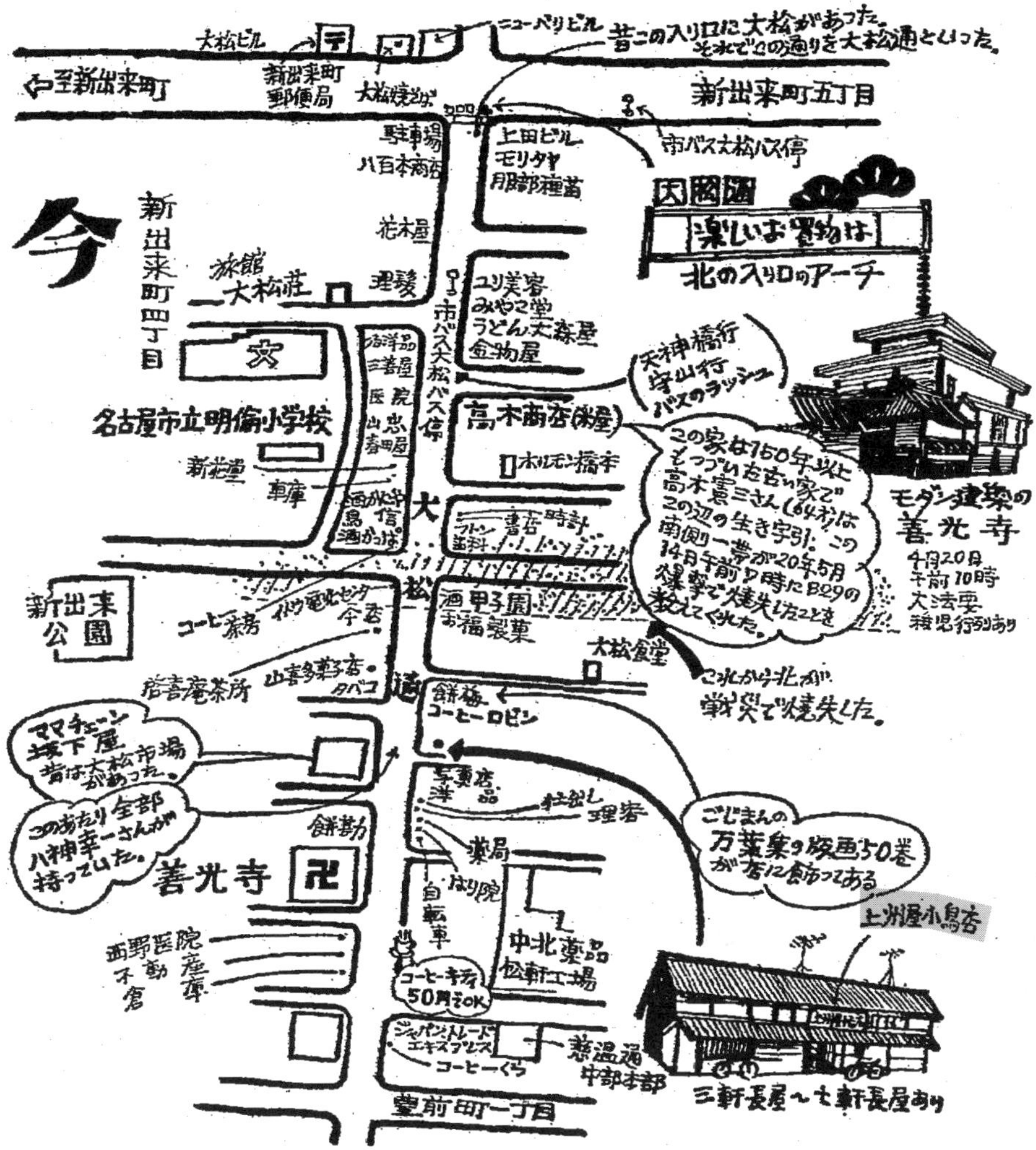

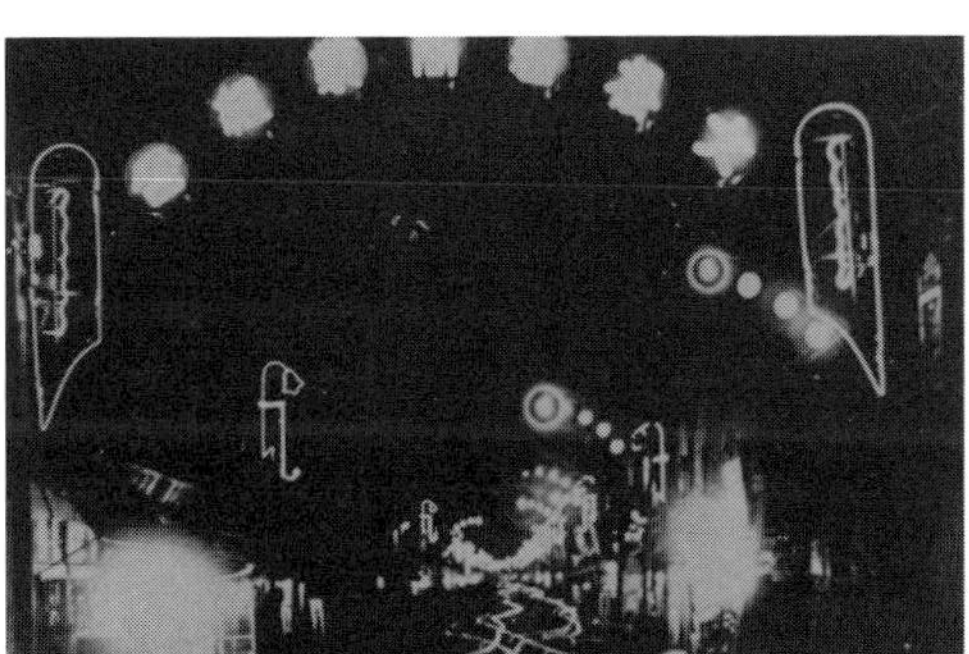

大松通発展会時代の夜景。毎週土曜日、夏は日没から11時まで、50店を超す夜店が出てにぎわったという。（名古屋市鶴舞中央図書館所蔵）

鶴舞公園
32万m²
公会堂
近世式 783坪
鉄筋コンクリート5階建
工費223万余円
昭和5年竣工
当時の一日の使用料
200〜800円
今も色々な催しに使用されている
テニス・コート
名物みたらし
4本150円
注文してからクシを出して焼く時間がかかる。
セッカチにはだめ。しかしおいしい
萩の茶屋
スピーカーで公園中にひびくようなボリュームで流行歌をジャンジャン
この上に加藤高明の銅像があった 朝倉文夫作
中央線
ガード
入口
噴水塔
いまは取りこわされて昔の面影はない
沈黙と花壇
奏楽堂
老人、アベックもうの憩の場 昔も今も変らない
浮見堂
龍ヶ池
鯱ヶ池
昭和37年埋め立てたあとが鶴舞ベビーゴルフ場になった
9ホール
パー24
一周コース
器具使用料共
大人100円
小人50円
年中無休
大きくなったらジャンボ尾崎みたいになるんだ
日本式庭園
胡蝶ヶ池
池畔に藤棚並びに四阿が設けられ四季の眺めは最も絶佳という。昔は都鳥(ユリカモメ)もやってきたという。
進駐軍が池を埋めてベビーゴルフ場をつくったが今は復元された
菖蒲池
二の丸にあった猿面茶席
八幡山古墳
今は焼失してない
東郊通
八高寮歌 伊吹おろしの碑 昭和33年出来た
鶴舞グラウンド
レリーフ
国運進展は青年に…云々
野球場
名古屋市立鶴舞小学校
建築様式
近世復興式
本館木造
書庫コンクリート 528.15坪
書庫は戦災をまぬがれて現在もある。
市立名古屋図書館
動物園
今泉動物園の今泉七五郎という人が寄付し大正7年に開園。東山動物園が開園する昭和12年まで名古屋唯一の動物園だった。
園長の七五郎さんは奇行で有名な人で南洋土人の風俗をして旗を立てラクダに乗って宣伝に街を練り歩いたという
おさげ髪
図書館に通った当時の女学生風俗
紺のハカマ
草履
第八高等学校学生
マント
回数閲覧券
十回分 金三十銭
市立名古屋図書館
一回参銭・今は無料
N

鶴舞公園（昭和区）

博覧会場が市民の憩いの場に

鶴も舞う田園地帯が埋め立てられ、第14回関西府県連合共進会会場になったのが明治43年。跡地に図書館、公会堂、動物園、噴水塔などが出来、市民公園として整備された。

昭和32年6月の鶴舞公園。西洋風回遊式庭園の美しさが空撮によってよくわかる。

昭和29年5月、鶴舞スタジアムでおこなわれた闘犬大会。中京地区初公開で、北は青森、南は土佐から集まった土佐犬60頭は大会前にオート三輪に乗って市内をパレード。満員の会場では犬たちが血みどろの熱戦を繰り広げた。

胡蝶ヶ池は終戦後、進駐軍に接収されて、埋め立てられ進駐軍用のベビーゴルフ場になっていた。昭和27年4月に接収が解除されたあとも市民らが使用した。写真は28年8月、ゴルフを楽しむ市民。その後、胡蝶ヶ池は30年に復元された。現在のベビーゴルフ場は、37年開場。

【記事再録】

公会堂は当時のカネで二百二十三万三千七百五十八円もかけた立派なもので、音楽会や講演会にひっぱりだこだが、昭和の初年はマージャン大会も催されて、マージャン黄金時代の拠点になった。二百テーブル八百人の大会くらいはザラだった。この公会堂の正面に公園の中心となる噴水塔があるはずだが、地下鉄工事の拠点にされて、いまはない。そして名古屋自慢の図書館も、戦災で焼け残ったのは書庫だけ。それでも市史資料四千六百点、河村本、尾張名所図会版木など貴重本が無事残り、その後も細野要斎関係の自筆稿本などを買い込んで充実に努力中。（昭和50年2月6日）

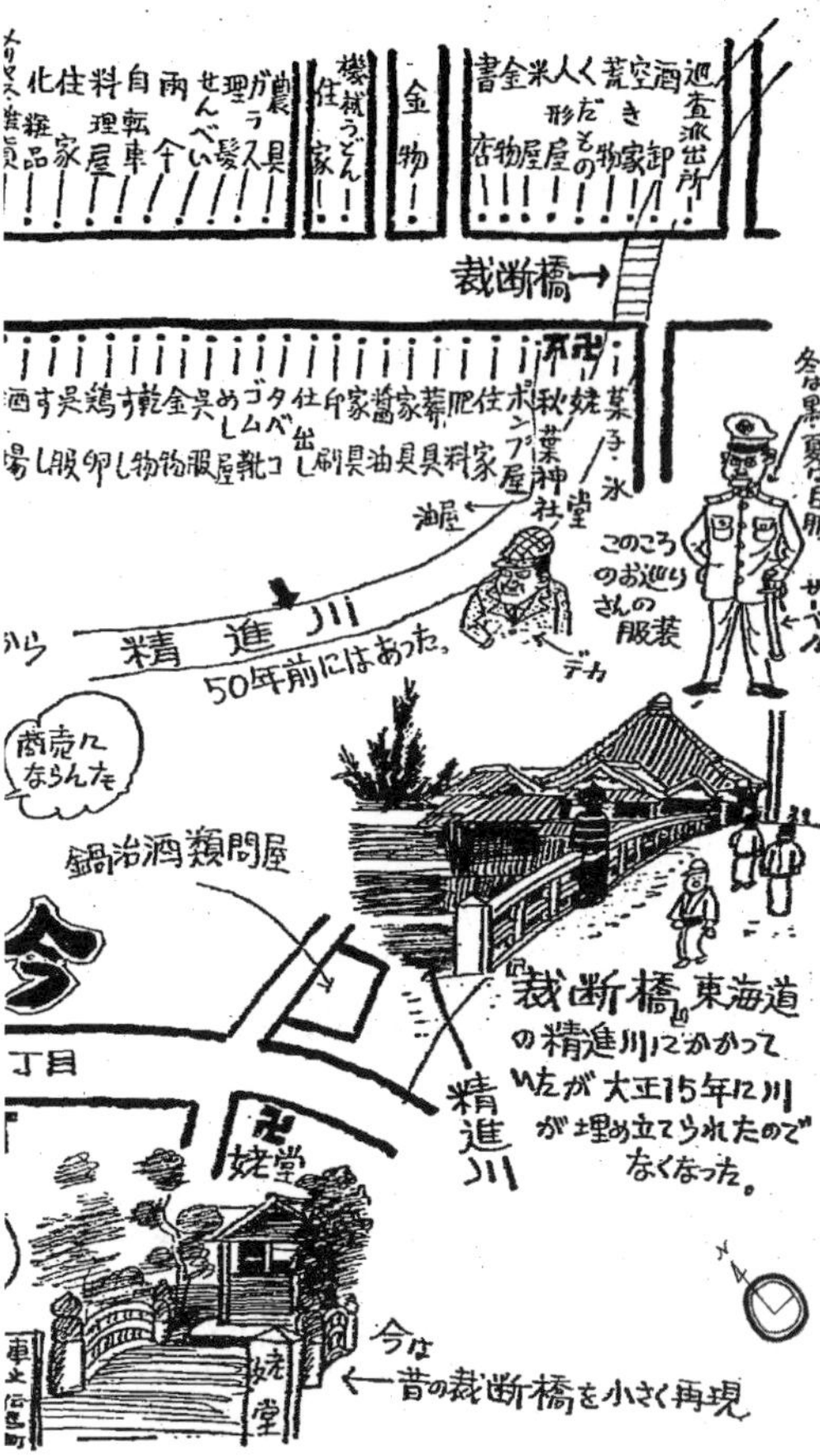
裁断橋→
精進川
50年前にはあった。
金物
鍋治酒類問屋
このころのお巡りさんの服装
サーベル
デカ
油屋
『裁断橋』東海道の精進川にかかっていたが大正15年に川が埋め立てられたのでなくなった。
姥堂
今は←昔の裁断橋を小さく再現

昭和25年8月25日、裁断橋の再建・保存が決まり、いったん擬宝珠を熱田署で保存するために取除式をおこなっている風景。同年2月ごろから中京文化人の間で保存運動が起きて、28年3月に再建された。その後擬宝珠は腐食が進んだため平成4年に市博物館に保存された。

姥堂境内に縮小して再現された裁断橋（平成26年6月撮影）。

西

伝馬町の東海道と美濃路の分岐点を示す道標（昭和36年10月撮影）。かつて、このあたりにあったうどん店が一説にはきしめんの発祥の店と言われる。おやじが紀州出身で「紀州めん」がなまったものとか。

平成26年6月撮影

熱田伝馬町（熱田区）

東海道五十三次の宮の宿カナメの街であった。天正18年（1590）に息子・堀尾金助を小田原の陣で亡くした母が供養のため架け替えたことで知られる「裁断橋」も有名。

芸妓に船人夫
東海道の旅人でにぎわった街

【記事再録】……

大正六年からこの町に住み、長らく町内会長もつとめた小島和堂さん（六七）は昔と今をこう語る。

「東におんばこ（姥堂）、西に文殊……と歌われたとおり、東西をお堂とお宮で区切られた伝馬町は、もうすっかり昔の面影を残していません。五十年前は、四丁目の鍛冶（酒屋）さんの東に精進川が流れていて、伝馬町の南裏を西南行。うちの裏もたくさんの船が着いていた。ハゼを釣った記憶もあります。当時の名物というと、宮の宿にちなむ芸者町と、七里の渡しに集まる伊勢方面の船人夫たち。それらの飲食と娯楽の面が強かった」（昭和50年5月22日）

昭和36年1月、仕入れの人々でにぎわう新道の菓子問屋街。午前5時ごろ、駄菓子を詰め込む大きなブリキ缶を担いだ「カンカン部隊」と呼ばれる買い出しの人々が押し寄せて、問屋街の一日が始まった。

昭和42年11月の新道界隈。カンカン部隊のおばちゃんたちが今日もゆく。

【記事再録】

…菓子といっても、お菓子屋然と構えた店で売られるそれではなく、いわゆる一文菓子屋の駄菓子。安ものの型焼きせんべい、黒砂糖のぬり菓子、おまけつきのガムの類、ねりあめ、いもあめ、こんぺい糖、ふわふわせんべい、らくがん、ようかん……。十円を八円で売り、二十円を十五円で卸すといったこまかい商売。要するに、昔なつかしい一文菓子屋の延長なのだ。

一文菓子屋は幼い日々の思い出の場所。五厘や一銭、二銭の銅貨を握って一文菓子屋へ駆け込んでエプロン姿のおばさんにガラスケースの中から駄菓子を取り出してもらったり、おもちゃの類をもらったり、そんな光景を思い出せるのは、昭和一ケタ生まれ以前の人たちだろうが、早朝、ここを訪れる人たちは、ライトバンで、自転車で、または市バスで、もう六時ともなれば活気に満ちる。（昭和50年4月24日）

昭和39年8月、新道の菓子問屋街。菓子王国・名古屋を象徴する問屋街だが、このころから東西の菓子メーカーに押され気味となり、研究会を開いて対策を練るようになった。

新道（西区）

幕末には駄菓子製造地として知られた新道。日露戦争後、小資本の家内工業として本格的に発展し、美濃、伊勢方面からも買い出しがあったという。最盛期にはお店が500余軒。

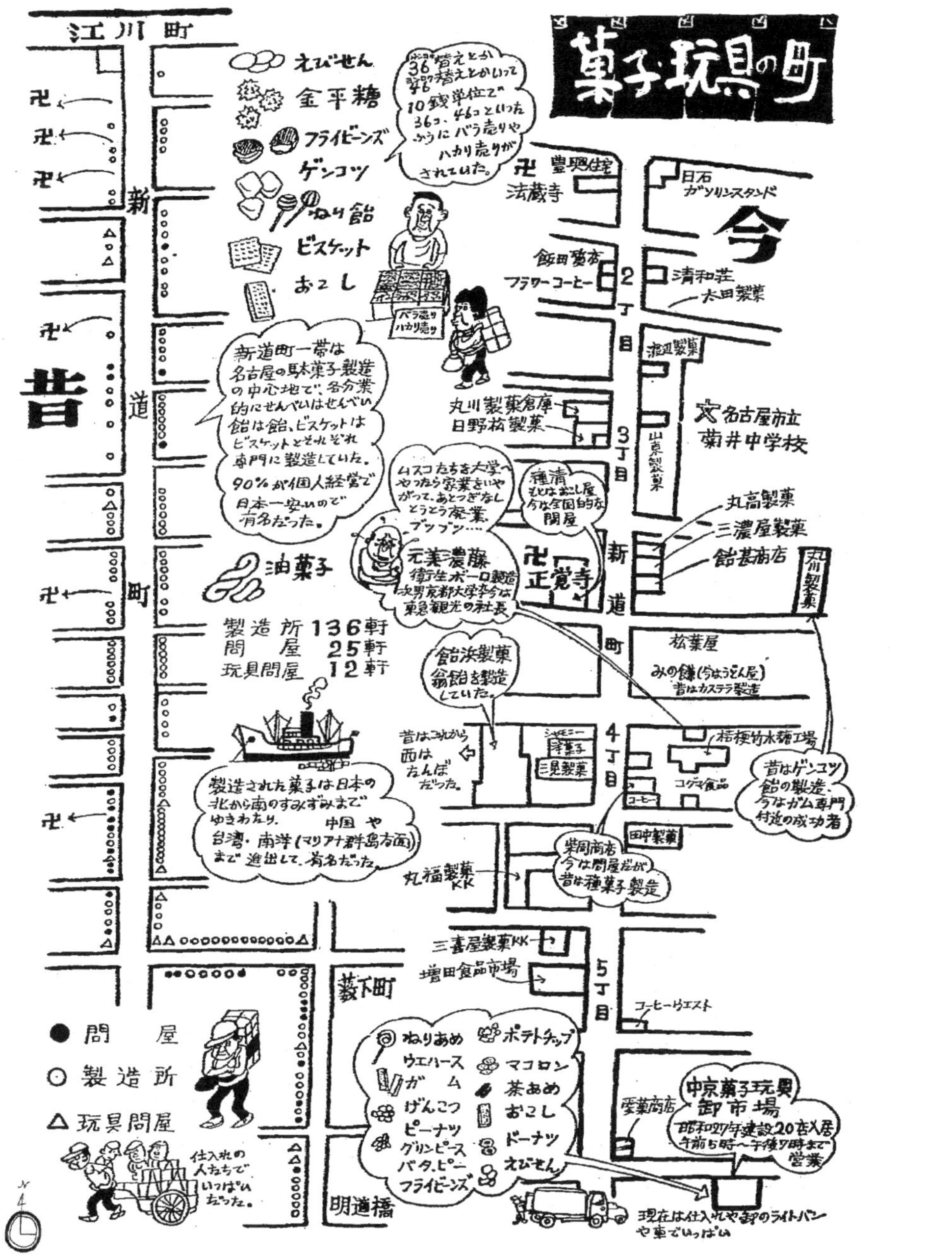

昔なつかしい駄菓子のふるさとここにあり!

商 店 街 写 真 館 ⑤

【広小路】昭和 35 年撮影。広小路の名物露店「小鳥のおみくじ」。ヤマガラが、10円玉をくちばしで受け取ると、おばあさんの指示で拝殿前に進み、さい銭箱に 10 円玉を入れて、鈴を鳴らして扉を開ける。中からおみくじをくわえて出てくる。ご丁寧にも、結ばれたおみくじをくちばしでほどいておばあさんに渡した。

【広小路】昭和 30 年代、激しく腰をひねって踊るツイストがブームに。レコード各社はツイストのレコードを次々に発売。中には佐川ミツオの股旅調「ツイスト三度笠」も。写真は昭和 37 年 2 月、社交会館でおこなわれたツイスト講習会。

【南大津通】昭和 38 年 11 月、松坂屋屋上で組み立てられたゼロ戦。グアム島で不時着したままになっていたものが前年に発見され日本に返還。松坂屋で一般公開するため航空自衛隊が組み立てた。

【尾頭橋】昭和 52 年 8 月、尾頭橋の金魚すくいの夜店。

おわりに

昭和55年1月、私は名古屋タイムズに入社した。以来、商店街にはお世話になった。

仕事が終わると名タイ近くの円頓寺商店街にあった元郵便局員の老人が経営する「豊年」という飲み屋に顔を出した。そこでは名タイの誰かが必ず飲んでいた。L字型の年季の入った小さなカウンターと小上がりがあり、7、8人も入れば満員となった。客は名タイの社員ばかりだった（正確に言えば名タイのごく一部の社員が利用し、その者達は「豊年一派」と言われていた）。そいつらが毎日酔っぱらってけんか腰の議論をしているので、名タイ関係者以外は入りづらい店であった。老人には大変迷惑をかけたと反省している。

さて、入社当初、港区のアパートに住んでいた私は数年して大須・仁王門通商店街の中にあるアパートに引っ越した。よく遊んでいた大学の先輩が大須にある会社に勤めていたためである。ところが、そこは家賃が高く、1年も経ずにやはり大須商店街の一画にある七寺近くアパートに引っ越した。

当時の大須は大道町人祭が始まったばかりで、わけのわからないエネルギーを秘めた不思議な人々がたくさんいた。私の住んだアパートでも、1階には「大須のレオナルド・ダ・ビンチ」と呼ばれた、人々のためにいろいろなものを作ってしまうおじさんが家族と住んでいた。またアパートの入り口横の、元は倉庫とみられる小さなスペースで、ドイツの実験映画を専門に上映する人がいた。

私は私で、今はなき居酒屋「木の実」とか「自由都市」、売れない芸人さんが恋人にやらせていた某店など、大須の「隠れた名店」で飲んだくれる日々であった。

ある日、ドイツ実験映画の首謀者である人から鉄腕アトムの上手な描き方を習いながら飲んでいると、その人が「長坂君、もう大須はいい加減にしておきなさい。これからは今池だよ」

と言った。

私はその人のことを少し尊敬していたので、今池という街に興味を持った。それで、当時よく行動を共にしていた会社の先輩と今池で飲み歩くようになった。このころの今池は「今池まつり」（いきいき今池お祭りウィーク）が始まる前後で、エスニック、バブル経済、学生運動、エロス、音楽などが混とんとしながら共存する不思議な空間であった。

すっかり気に入った私は毎晩のように今池を徘徊するうちに、今池のビルの一室に住むことになり、ひょんなきっかけで商店街にある喫茶店兼スナックの運営の片棒を担ぐようになった。新聞記者をしながら店の運営に加担するというでたらめな生活だった。店の運営が危機に瀕したころ、私は一人の女と出会った。そして私の青春は唐突に終わった。

その後、まじめな新聞記者となった私は商店街で連日飲み歩くことはなくなった。振り返れば商店街には濃密で、むき出しの人間関係があり、私はそこで「人間」を勉強させてもらったと思う。本書は私が飲み歩く以前、もっと人間の体臭が漂っていた時代の商店街の姿が記録されている。

本書ではページ数の関係で名タイの商店街シリーズに登場したすべての商店街を紹介することができなかった。「オレんとこが、載っとらんがや！」とお怒りの向きもあるかと思うが、別の機会にご紹介したいと思う。なにとぞ、ご容赦願いたい。

平成26年6月

名古屋タイムズアーカイブス委員会　長坂英生

［編者紹介］
名古屋タイムズアーカイブス委員会
平成20年10月に名古屋タイムズが休刊した後、元記者、元カメラマンらで結成。昭和21年の創刊以来、同紙が掲載した膨大な写真、記事などを保存・管理するとともに出版物、映像作品、各種展示会などで紹介している。

装幀／三矢千穂

昭和イラストマップ　名古屋なつかしの商店街

2014年8月25日　第1刷発行　（定価はカバーに表示してあります）

編　者　　名古屋タイムズアーカイブス委員会
発行者　　山口　章

発行所　名古屋市中区上前津2-9-14　久野ビル
電話 052-331-0008　FAX052-331-0512
振替 00880-5-5616 http://www.fubaisha.com/
風媒社

乱丁・落丁本はお取り替えいたします。　＊印刷・製本／シナノパブリッシングプレス
ISBN978-4-8331-0160-8

溝口常俊 編著

古地図で楽しむなごや今昔

絵図や地形図を頼りに街へ出てみよう。なぜ、ここにこれがあるのか？　人の営み、風景の痕跡をたどると、積み重なる時の厚みが見えてくる。歴史探索の楽しさ溢れるビジュアルブック。

一七〇〇円＋税

池田誠一

なごやの古道・街道を歩く

大都市名古屋にもこんな道がかくれていた！名古屋を通っている古道・街道の中から、江戸時代のものを中心に二十二本の道を選び収録。街道ごとに、その道の成立や全体像、そして二～三時間で歩ける区間を紹介。

一六〇〇円＋税

中井均 編著

東海の城下町を歩く

織田信長・豊臣秀吉・徳川家康の誕生地であり、彼らを支えた数多くの武将の出身地でもある東海地方。この地域には江戸時代に多くの城下町が栄えた。今もそこかしこに残る城下町時代の歴史と風土を訪ねる。

一五〇〇円＋税